Das hohe Mittelalter

1000–1300

herausgegeben von Rolf Toman

Das hohe Mittelalter

Besichtigung einer fernen Zeit

Benedikt Taschen Verlag

Umschlagvorderseite:
Kalenderbild Oktober aus den »Très Riches Heures« des Duc de Berry (Anfang 15. Jahrhundert)
Getreideaussaat

Umschlagrückseite:
Kloster Maulbronn, Kreuzgang

Hohenzollernring 53, D-5000 Köln 1
Redaktion und Produktion: Rolf Toman, Köln
Bildredaktion: Klaus Kramp, Köln
Graphische Gestaltung: Detlev Schaper, Köln
Umschlaggestaltung: Peter Feierabend, Berlin
Satz: type art förster, Dortmund
Reproduktionen: Ceynowa & Krüger, Köln
Gesamtherstellung: Druckerei Ernst Uhl, Radolfzell
Printed in West Germany
ISBN 3-8228-0414-2

Inhalt

Vorwort

Seit Jahren besteht ein erstaunliches Interesse am Mittelalter. Dafür sprechen die vielbesuchten Ausstellungen über die Staufer (1977) und die Wittelsbacher (1980) sowie eine enorme Anzahl von Büchern, die gerade in jüngster Zeit erschienen sind. Schwer zu sagen, wie tief dieses Interesse gegründet und wodurch es motiviert ist. Darüber gehen die Meinungen auseinander. Sicherlich hängt auch der Riesenerfolg des Mittelalter-Romans »Der Name der Rose« von Umberto Eco z. T. mit diesem Interesse zusammen (das er zugleich mächtig gefördert hat), obwohl man zweifeln mag, ob seine zahlreichen historischen Bezüge von den meisten Lesern auch nur annähernd erfaßt werden. Es sind wohl hauptsächlich das Ambiente dieser fernen, geheimnisvollen Klosterwelt und die geschilderten Ereignisse, von denen der publikumswirksame Reiz des Buches ausgeht. Historische Phantasie bedarf bei vielen der sinnlichen Anregung, um sich – vielleicht – zu sachlich motiviertem Interesse zu entfalten.

Das Interesse am Mittelalter, an Geschichte überhaupt, stößt bei manchen Beobachtern auf Mißtrauen. Man spricht von einer Flucht in die Geschichte. Diese hänge mit dem tief verankerten Bedürfnis nach Orientierung zusammen, das in unserer hochkomplexen Welt immer schwerer zu stillen sei. Unfähig oder auch unwillig, sich der Unübersichtlichkeit der Gegenwart zu stellen, griffen die Menschen zurück auf ein möglichst einfaches Bild der fernen Vergangenheit.

Diese kritische Sicht hat etwas Plausibles; doch erscheint sie allzu pessimistisch in bezug auf die Chancen, die der Rückgriff auf Vergangenheit *auch* zu bieten hat. Fest steht, daß die Gegebenheiten, um die es in der Geschichte geht, keine Fakten im berechnend-naturwissenschaftlichen Sinne sind. Als Bewohner der Jetztzeit setzt man sich zu den Personen, Ereignissen, Lebensformen und -einstellungen der Vergangenheit immer auch emotional in Beziehung. Man *freut* sich etwa, mit Blick auf das harte Leben im Mittelalter, des vergleichsweise hohen Lebensstandards und der längeren Lebenserwartung heute, *wundert* sich über viele Dinge, die mit unserem Rationalitätsbegriff nicht zu fassen sind, und ist vielleicht *bekümmert* darüber, daß die rationale Entzauberung der Welt bei allem Fortschritt zugleich ein Sinnvakuum hinterlassen hat, das durch die allgemeine Betriebsamkeit nur leidlich zu verbergen ist. In dieser oder jener Form wird man sich vergleichend zur Vergangenheit einstellen. Wenn man sich Nachdenklichkeit erlaubt, kann man die Jetztzeit, sein eigenes Leben, Denken und Fühlen vor dem *fernen Spiegel* einer Prüfung unterziehen. Beschäftigung mit der Geschichte birgt also auch Chancen der Reflexion – und bisweilen werden sie auch genutzt.

Damit soll nun nicht behauptet werden, man könne in einer Weise aus der Geschichte lernen, daß daraus Prognostizierbarkeit und Handlungsorientierung erwüchsen. Eine solche Vorstellung wäre naiv; sie ist zudem von einer ausgesprochen eindimensionalen Sicht von Nützlichkeit geprägt. Um aber die Rede von den Chancen der Reflexion durch Beschäftigung mit der Geschichte nicht allzu vage erscheinen zu lassen, soll hier wenigstens an einem Beispiel deutlich gemacht werden, worin eine solche Chance bestehen könnte. Dazu sei noch einmal der oben genannte Sachverhalt bedacht, daß wir geschichtlichen Ereignissen immer auch mit affektiven Einstellungen begegnen. Nun lohnte sich allerdings – in reflexiver Denkbewegung – die Probe, auf welche

Wertmaßstäbe sich solche Einstellungen beziehen. Nehmen wir das erste Beispiel: Freude bzw. Zufriedenheit über den Umstand des vergleichsweise höheren Lebensstandards und der längeren Lebenserwartung. So naheliegend es ist, in der Rolle eines mittelalterlichen Bauern, Kreuzritters oder Klosterbruders die Vor- und Nachteile damaliger Lebensstationen zu erwägen, so ergebnislos wird man den Versuch beurteilen müssen, auf diese Weise zugleich historischen Fortschritt bilanzieren zu wollen. Läßt sich historischer Fortschritt überhaupt bilanzieren? Gibt es einen vernünftigen Maßstab für den Vergleich von Lebenssituationen aus verschiedenen Epochen unserer Geschichte? – Wenn Beschäftigung mit der Geschichte zu solchen Fragen führt, hat man jene Chancen der Reflexion bereits wahrgenommen.

Dieses Buch möchte historisches Sachinteresse und geschichtsphilosophische Nachdenklichkeit auf sinnliche und unterhaltsame Weise fördern. Dafür stehen zunächst die vielen Abbildungen, die das Vorstellungsvermögen des Lesers unterstützen sollen; dafür stehen aber auch die verständlich und anregend geschriebenen Texte, die dem Umstand Rechnung tragen, daß im Falle des Mittelalters nur wenig historisches Wissen vorausgesetzt werden kann. Seiner Anlage nach – indem es in elementarer Weise alltagshistorische, soziologische, wirtschaftliche, politische und kulturelle Aspekte beleuchtet – hat das Buch Einführungscharakter. Daß es sich zeitlich im wesentlichen aufs Hochmittelalter (etwa 11. bis 13. Jahrhundert) und geographisch auf das Deutsche Reich (siehe Karte S. 141) konzentriert, erscheint mit Blick auf die genannte Aspektvielfalt bei vorhandenem Raum dringend geboten. Sollte der Leser sein Mittelalterbild nach der Lektüre erweitern wollen, findet er in der Bibliographie eine überschaubare und meist leicht zugängliche Titelauswahl.

Bei der Auswahl des Bildmaterials wurde zum Teil auf Darstellungen aus spätmittelalterlicher Zeit zurückgegriffen. Die gegenständlichen Darstellungen aus dieser Zeit zeichnen sich gegenüber den meist grob stilisierten früheren Darstellungen durch einen größeren Realismus in den Details aus, sie bieten dem Betrachter einfach mehr zu sehen. Auf diesen Vorzug wollten wir ungern verzichten, ohne jedoch dabei leichtfertig die Bezüge zum Hochmittelalter zu vernachlässigen: Die dargestellten *Bildinhalte* – und auf die kam es hier wesentlich an – dürften auch für die Zeit zwischen 1000 und 1300 einen Aussagewert besitzen.

Dank – zum Schluß – an die Autoren, die der koordinierenden Betreuung des Herausgebers weitgehend entbehren mußten. Dadurch sind gelegentliche Überschneidungen in den Beiträgen zu erklären, die die Aspektvielfalt indes kaum schmälern. Für seine Mithilfe bei der Bildauswahl und bei der Herstellung der Bildlegenden dankt der Herausgeber besonders Herrn Klaus Kramp sowie allen, die an dem Zustandekommen des Buches beteiligt waren.

Rolf Toman

Lebensformen der ständisch gegliederten Gesellschaft im hohen Mittelalter

von Tilmann Lohse

Die Einteilung der mittelalterlichen Gesellschaft in die klassischen drei Stände – den Wehr-, Lehr- und Nährstand: Ritterschaft, Geistlichkeit und Bauern – ist kein Ordnungsschema später, nachmittelalterlicher Geschichtsschreibung. Diese Einteilung gehört zum Selbstverständnis des Mittelalters, ist Produkt seines theologisch motivierten Denkens über die wahre Ordnung der Welt. Auch wenn dieses Schema des gesellschaftlichen Aufbaus recht grob ist und für die Jahrhunderte zwischen 500 und 1500 (den ebenfalls groben Eckdaten des Mittelalters) manche Differenzierung erfordert – für eine Beschreibung der hochmittelalterlichen Gesellschaft kann sie in diesem Beitrag als Leitfaden dienen.

Die bäuerliche Welt

Die bäuerliche Familie lebte auf engem Raum, in Norddeutschland mit dem Vieh unter einem Dach, in Süddeutschland getrennt von ihm. Die Enge nahm im Winter zu: Wegen der Kälte rückte man noch näher zusammen. Die Häuser waren aus Holz gebaut, in Norddeutschland hauptsächlich Fachwerk mit Lehmfüllung, die Dächer waren mit Stroh, Schilf oder Schindeln gedeckt. In den Räumen herrschte ziemliche Dunkelheit, Fenster gab es nicht. Das wenige Licht fiel durch kleine Öffnungen ein, die durch Holzgitter gesichert waren und im Winter gegen die Kälte mit Stroh abgedichtet wurden. Die Fußböden bestanden aus gestampftem Lehm, die Wände aus rohen Balken oder Fachwerk. Die groben Türen hingen an Lederriemen oder Weidenruten. Die Feuerstelle war offen, in manchen Häusern gab es einen Lehmofen. Der Rauch zog durch die Wandlöcher und durch die Türen ab. Bei Dunkelheit, und die setzte in diesen fensterlosen Räumen früh ein, erhellten Kienspäne oder Talglichter notdürftig die Arbeitsstellen. Verbrannter Talg, der Viehgeruch, die Körperausdünstungen der Bauern selbst, der Rauch vom Feuer, vom Kochen – all dies ergab eine Geruchsmischung, die man sich bei dieser Raumenge als äußerst unangenehm vorzustellen hat.

Die Bewohner dieser engen Behausungen schliefen auf Strohlagern, die entweder auf dem Fußboden oder auf Wandbänken bereitet waren. Gegessen wurde an einem groben Tisch aus einer gemeinsamen Holzschüssel. Als Besteck war der Holzlöffel gängig, bisweilen einer für alle. Ein Messer wurde kaum benötigt, denn Fleisch gab es nur selten. Die Nahrung war allgemein kärglich und wenig abwechslungsreich. Da es bei den meisten Bauernfamilien nur zu einer bescheidenen Vorratshaltung reichte, waren sie im Falle von Mißernten schnell vom Hunger bedroht. Bedenkt man, daß zu Beginn des hohen Mittelalters die Äcker noch mit dem Hackpflug bearbeitet wurden, die Egge noch nicht eingeführt war, erst allmählich die Sichel durch die raumgreifende Sense ersetzt und das Kummet eingeführt wurde, mit dem man die Kraft der Rinder und Pferde besser nutzen konnte, bedenkt man ferner, daß sich erst allmählich die produktivere Dreifelderwirtschaft durchsetzte, dann wird die extreme Wetterabhängigkeit des Bauern deutlich.

Die mittelalterlichen Stände (Ende 12. Jh.)
Die Abbildung illustriert den Alptraum eines mittelalterlichen Herrschers: Die Stände erheben sich gegen den König.

Mittelalterliche Haushaltsgeräte
Die Koch- und Feuerstelle war das Zentrum des bäuerlichen Hauses: Hier traf man sich nach getaner Arbeit zum Essen, hier wärmte man sich im Winter. Die Familie aß gewöhnlich aus einer gemeinsamen Holzschüssel, bisweilen mit einem einzigen Holzlöffel. Messer benötigte man nur selten, da Fleisch nur ausnahmsweise auf dem Speiseplan stand. Kochkessel und Kochtöpfe, die über dem Feuer hingen, waren üblicherweise aus Metall.

Meist waren es nur zwei Generationen, die in einem bäuerlichen Haushalt unter einem Dach zusammenlebten. Der Tod war immer gegenwärtig. Die kräftezehrende Arbeit, Anfälligkeit bei Krankheiten, besonders in Hungerzeiten, und fehlende medizinische Betreuung führten zu einer geringen Lebenserwartung. Sie lag bei der bäuerlichen Bevölkerung bei ca. vierzig Jahren. Eine Schwangerschaft in der Familie war immer auch eine akute Gefahr für das Leben der Mutter und des Neugeborenen. Die Lebenserwartung der Bäuerin war noch geringer als die ihres Mannes. Die hohe Zahl der Geburten bei schlechten hygienischen Verhältnissen stellte für sie ein zusätzliches Lebensrisiko dar. Die Quote der Kindersterblichkeit lag ebenfalls sehr hoch; nur vierzig von hundert Kindern überlebten die ersten Jahre.
Die bäuerliche Familie war wie alle anderen Familien im Mittelalter patriarchalisch geordnet. Schon die Gliederung des Wohnraums drückt dies sinnfällig aus. Die Hälfte des Raumes um den Tisch herum war dem Manne zugeteilt, der Platz an der Feuerstelle der Frau, was nicht nur einer häuslichen Arbeitsteilung entsprach. Zur bäuerlichen Familie gehörten über den Kern hinaus auch unverheiratete Geschwister, bisweilen gar entfernte Verwandte, auf größeren Höfen auch das Gesinde. Der soziale Status der einzelnen Familienmitglieder richtete sich u.a. nach Gesichtspunkten der innerfamiliären Arbeitsteilung. Der innere Zusammenhalt der einzelnen Mitglieder hing wesentlich davon ab, daß die Familie von allen als ein Verband empfunden wurde, der den Erwerb der täglichen Nahrung, die Arbeit organisierte. Nur so und hier konnte der einzelne überleben. Ganz anders als heute, wo wesentliche Funktionen wie Arbeit, Teile der Ausbildung und die Altersversorgung aus der Familie ausgelagert sind, erfüllte die mittelalterliche bäuerliche Familie fast alle diese Lebensfunktionen selbst. Sie gruppierte sich um den bäuerlichen Besitz. Besitz und Arbeit erzwangen und bestimmten den Zusammenhalt, wobei der Vorrang des Mannes hauptsächlich durch den Besitz begründet war; die Frau war in der Regel zugezogen.
Der Mann bestimmte auch die Arbeitsteilung, er entschied über den Anbau, über die Verteilung des Erwirtschafteten. Es ergab sich aus den Zwängen der bäuerlichen Verhältnisse, daß alle Mitglieder der Familie, auch die Kinder in sehr frühem Alter, nach Kräften mitarbeiten mußten. Die Männer arbeiteten überwiegend auf dem Feld. Die Frauen kamen hier in drängenden Zeiten, beim Säen und Ernten, hinzu. Sie waren also nicht nur mit leichten Arbeiten im Haus und auf dem Hof befaßt. Sie sichelten z. B. das Getreide – die dann aufkommende Sense war eher dem Mann zugeordnet –, sie banden die Garben, waren bei der Heuernte beteiligt, beim Dreschen; sie versorgten das Vieh, verarbeiteten die Milch zu Butter und Käse und schlachteten. Zudem waren sie, wenn auch weniger als die Männer, einbezogen in den Frondienst beim Grundherrn. Sie versorgten das Herdfeuer, sie kochten, legten Vorräte an, erzogen die Kleinkinder. Die Frauen spielten bei aller patriarchalischen Dominanz der Männer eine entscheidende Rolle im Alltag des bäuerlichen Lebens, in dem jeder in hohem Maß auf den anderen angewiesen war. Sicherlich hat dieses Aufeinander-angewiesen-Sein auch die emotionalen Bindungen der Familienmitglieder unterstützt.
Um die ehelichen Beziehungen von Mann und Frau innerhalb der Familie nachvollziehen zu können, muß man sich von unserem Bild der Neigungsehe, der Liebe als Grundlage der Ehe, frei machen. Ganz andere Gründe waren damals für die Ehe entscheidend. Die Arbeitskraft der Frau stand für den Mann im Vordergrund, die ungefähre materielle Ebenbürtigkeit bei der Wahl

Heuernte mit der Sense (um 1500)
Die Sense wurde im Mittelalter ausschließlich zur Heu-, niemals zur Getreideernte eingesetzt. Man kannte verschiedene Sensentypen: Ob eine Sense ohne bzw. mit mehreren Griffen am Sensenbaum verwendet wurde, war regional unterschiedlich. Der Bauer auf dem Bild benutzt eine Sense mit zwei Griffen.

des Partners für den Sohn oder die Tochter, denn die Eltern hatten meist die Aufgabe, die Ehepartner für ihre Kinder zu wählen. Je mehr ein Bauer besaß, um so wichtiger waren Verhandlungen über das Materielle im Vorfeld einer Eheschließung. Arme Bauersleute fanden deswegen schneller zueinander, oft noch ohne formelle Eheschließung. Auf die Eheschließung der hörigen Bauern hatte allerdings der Grundherr Einfluß. Widersprach eine Verbindung seinen materiellen Interessen, konnte er ein Vetorecht für sich geltend machen und, im umgekehrten Fall, gar zu einer Heirat zwingen. (Dieser direkte Heiratszwang nahm jedoch im hohen Mittelalter ab.) In manchen Gegenden war bei der Eheschließung eines Hörigen eine Heiratsabgabe an den Grundherrn zu entrichten – als Entgelt für dessen Einverständnis.
Trotz dieser weitreichenden Eingriffsmöglichkeiten in das »Privatleben« der hörigen Bauern durch den Grundherrn gab es auch für diesen Bereiche, die seinem Eingriff versagt blieben: Innerhalb des Zaunes um seinen Hof und in seinem Haus war der Bauer sein eigener Herr, das Haus war ein eigener Friedens- und Rechtsbezirk. Der Hausherr nahm hier all die Funktionen wahr, die heute als staatlich gelten. Reste dieser Vorstellung finden wir aufbewahrt in dem Straftatbestand des Hausfriedensbruchs. Die Umfriedung, das Abgrenzen durch Zäune – bei den Burgen und Städten waren es die wehrhaften Mau-

Schafschur (um 1500)
Das Schaf fand im Mittelalter von allen Haustieren die weiteste Verbreitung, da es wegen seiner Anspruchslosigkeit relativ leicht zu halten war. Karge Grasböden im Tiefland boten dem Schaf genauso Nahrung wie Wiesen im Hochland. Es lieferte Milch und Käse, vor allem aber Wolle, die als Grundstoff zur Kleiderherstellung besonders wichtig war.

ern, auch das Dorf als Ganzes wurde noch einmal umzäunt –, war ein Grundzug mittelalterlichen Wohnens. Der Zaun um den Hof war nicht zuletzt ein Mittel im Überlebenskampf gegen die Natur.

Die Einfriedung hatte Schutz- und Ordnungsfunktion. Sie faßte zusammengehörende Einheiten in sich zusammen, war also auch eine Erscheinung fortschreitender Organisation: Einzelhöfe wurden im hohen Mittelalter immer seltener. Der bäuerliche Mensch lebte jetzt in Dörfern zusammen mit anderen. Mit den umwälzenden Änderungen der Agrarwirtschaft im hohen Mittelalter ging auch ein Wandel des Dorfes einher. Man geht heute nicht mehr davon aus, daß ab einer gewissen Anzahl von Höfen und von Menschen eine Siedlung zum Dorf wurde, daß sich der frühmittelalterliche Weiler vom Dorf also nur quantitativ unterschied. Man ordnet dem Dorf heute auch qualitative Merkmale zu, Merkmale, die sein Wesen bestimmen, die über ein bloßes Nebeneinander in sich geschlossener Höfe hinausgehen: gemeinsame Anlagen wie Brunnen, Weiher, Wege, gemeinsame Regelungen zur Bewirtschaftung, gemeinsame Organisation von Arbeiten. Hier hat das hohe Mittelalter einen durchgreifenden Wandel auf dem Lande gebracht, so daß man geradezu von einer »Verdorfung« der ländlichen Bevölkerung in dieser Zeit spricht. Die dörflichen Strukturen, die hier entstanden, prägten bis ins 19. Jahrhundert das Leben unserer Vorfahren.

Im Hintergrund dieser Entwicklung steht das erstaunliche Bevölkerungswachstum dieser Zeit. Zwischen dem 11. und 14. Jahrhundert nimmt die Bevölkerung überall in Europa um das Zwei- bis Dreifache zu. Eine vergleichbare Dynamik kennen wir in unserer Geschichte nur noch aus der Zeit der Entstehung der industriellen Gesellschaft. Das Bevölkerungswachstum stand in einer wechselseitigen Beziehung zu den Entwicklungen der Landerschließung und -kultivierung. Durch intensive Rodungstätigkeit, Trockenlegen von Mooren und Eindeichung am Meer wurden neue Anbauflächen gewonnen, die nötig waren, um die gewachsene Bevölkerung zu ernähren. Zu den Fortschritten in der Agrartechnik dieser Zeit gehörten der Wendepflug, die Egge und das sich durchsetzende Prinzip der Dreifelderwirtschaft. Die Wasserkraft wurde vermehrt genutzt und das Mühlenwesen ausgebaut.

Diese technischen Neuerungen wurden begleitet von einer allmählichen Auflösung des alten Fronhofsystems (Villikation). In diesem alten System war der Bauer eindeutig dem Fron-, d. h. dem Herrenhof, zugeordnet. Sein Bezug zum Herrn oder zu einem seiner Beauftragten war persönlich und unmittelbar, er bestimmte den bäuerlichen Alltag. Ziel und Zweck dieses Systems war die Versorgung des Herrenhofes. Dem hörigen Bauern oblag die gesamte Feldbestellung, das Pflügen, Säen, Mähen, Dreschen, Ernteeinfahren, das Bewachen der Ernte, das Mahlen, auch das Backen. Das Vieh des Fronhofes mußte versorgt, gehütet und eingezäunt werden. Das Material für den Zaun hatte der Fronbauer zu stellen. Im Winter mußte Bau- und Brennholz für den Herrn geschlagen werden. Botengänge kamen hinzu, dann die vielen Fuhrdienste. Auch die Frauen der Fronbauern wurden in dieses Netz der Dienste mit Spinn-, Web- und Wascharbeiten einbezogen. Der Bauer mußte seine eigene Ausrüstung mitbringen, sein Gespann, seine Zugtiere, seinen Wagen. Natürlich gab es regionale Unterschiede, der Frondienst war mancherorts härter als anderswo; doch das Prinzip war überall gleich: Unbedingten Vorrang hatten die Arbeiten auf dem Herrenhof, erst danach durfte der Bauer für sich arbeiten.

Die Auflösung des Fronhofsystems im Laufe des hohen Mittelalters beendete diese enge persönliche Ausrichtung auf den Herrn und seinen Hof. Die dörfliche Gemeinschaft, der Markt der nahen Stadt mit seinem Getriebe, das Geld traten in das Leben des Bauern. Das soziale System wandelte sich. Jetzt erst, mit der soziologischen Ausdifferenzierung einer städtischen Bevölkerung und der zunehmenden Eigenständigkeit der Bauern im 12. Jahrhundert, wurde sich das Bauerntum seiner selbst als Stand bewußt. Der Grundherr, der seine Eigenwirtschaft reduzierte, wandelte die Frondienste zunächst in Naturalabgaben, mit der Zunahme der Geldwirtschaft dann immer mehr in Geldabgaben, in einen Pachtzins, um. Damit entpersönlichte sich die Beziehung zwischen dem Herrn und dem Hörigen, sie verdinglichte sich. Die Abgaben wurden nun fest vereinbart, der Wert einer Grundherrschaft war nun in Geldform errechenbar geworden.

Bis zur Auflösung des Fronhofsystems waren die ländlichen Siedlungen eher bloße Nachbarschaftsverbände. Gewisse Absprachen waren nötig, um das Zusammenleben zu regulieren, man feierte Familienfeste zusammen, half sich in Notfällen, aber das Leben war ausgerichtet auf den eigenen und den Hof des Herrn. Nun aber wurde aus der Nachbarschaft eine politische Gemeinde. Die sozialen Beziehungen im Dorf gestalteten sich neu, das Dorf wurde zu einem eigenen Rechtsverband mit eigenen Organen. Die Zahl der Selbstverwaltungsrechte nahm zu, eine dörfliche Verwaltung entstand, ein eigenes Gericht, an denen die Bauern aktiv als Schöffen teilnahmen. An die Stelle der Hofgenossenschaft am Fronhof trat nun die Dorfgemeinschaft mit differenzierten sozialen Beziehungen. Der Grundherr oder sein Beauftragter, der je nach Landschaft Schulte, Schulze, Schultheiß oder Burmester hieß, blieb im Dorf aber gegenwärtig. Das Dorf wurde jetzt insgesamt umzäunt (Dorfetter), worin sich das neue Bewußtsein einer dörflichen Zusammengehörigkeit sichtbar ausdrückte.

Beim verbreitetsten Dorftyp, dem Haufendorf, lag im Mittelpunkt das umzäunte Kerndorf mit seinen Wohn- und Stallgebäuden sowie dem Gartenland. Um dieses Kerndorf herum erstreckte sich ein Ring von Feldblöcken (Gewanne), die jeweils in schmale Streifen geteilt waren. Jeder Bauer besaß in jedem Gewann einen oder mehrere Streifen. Er konnte seinen Streifen meistens nur über andere erreichen, denn Wege wären Landvergeudung gewesen in jenen Zeiten der Nahrungsknappheit. Bei der Dreifelderwirtschaft wurden die Gewanne zu je drei Blöcken zusammengefaßt, einer für die Winter-, einer für die Sommerfrucht und einer für die Brache. Dieses System verlangte eine Flurordnung. Die Dorfgenossenschaft oder der Vorsteher legte fest, wann gesät, wann die Saat eingezäunt, wann geerntet, wann das Vieh auf die Stoppelfelder getrieben wurde. Die Gewannflur umschloß ein weiterer Ring, der der Allmende. Das waren Gebiete, die von allen Bauern, die einen Hof hatten, gemeinsam genutzt wurden: Weideflächen, auf denen das Vieh aller Bauern weidete, und Wald für die Waldmast der Schweine, für das Holz zum Bauen und Heizen. Für das bäuerliche Wirtschaften wurde die dörfliche Gemeinschaft unentbehrlich; der einzelne Bauer war auch hier wieder eingebunden in ein Geflecht von Abhängigkeiten, die seinem Hof übergeordnet waren.

Trotz eines verbindenden bäuerlichen Selbstbewußtseins, das sich mit der Entwicklung solcher dörflichen Strukturen stabilisierte, darf man sich das soziale Gefüge eines hochmittelalterlichen Dorfes nicht nach dem Bilde einer kooperierenden Gemeinschaft von Gleichen vorstellen. Das Dorf war bei aller Einheitlichkeit deutlich gegliedert. Da gab es nicht nur Unterschiede zwischen den reichen Bauern, die sich wegen der Größe ihrer Äcker Gesinde leisten konnten, und den armen Bauern, die den Hof mit ihrer Familie alleine

Ein Bauer bei der Eichelmast der Schweine im Wald (um 1520)
Die gewöhnliche Tracht der Bauern bestand aus grobem Material. Sie trugen ein Hemd, eine kurze Hose (sog. Bruch), lange Strümpfe (Beinlinge), darüber einen Leibrock, meist mit Gürtel, der höchstens bis auf die Knie reichte, um bei der Feldarbeit nicht hinderlich zu sein.

Die Gerichtslinde (aus der »Luzerner Chronik«, 1513)
In heidnisch-germanischer Zeit wählte man kultische Plätze (Grabhügel der Ahnen, Hünensteine, Quellen, alte Bäume etc.) zu Gerichtsstätten. Diese Tradition, Gericht im Freien abzuhalten, wurde auch nach der Christianisierung noch lange Zeit beibehalten. Auf den Dörfern sprach man in aller Regel unter einer umhegten Linde, der sog. Gerichtslinde, Recht, die darüber hinaus auch als Versammlungsort diente.

bewirtschafteten. Zu den Vollbauern kamen im Zuge der Landverknappung und der Bevölkerungszunahme neue Siedler als Unterschicht ins Dorf, Kleinstellenbesitzer, Seldner, Schupposer, Tagelöhner, also Landarme. Sie füllten die Lücken zwischen den Höfen mit ihren Katen oder bauten eigene Hüttenzeilen am Rande des Dorfes. Sie verdienten als Tagelöhner ihren Unterhalt, sie hüteten das Vieh der Bauern, halfen ihnen bei größerem Arbeitsaufkommen aus. Der Dorfzaun umschloß also nicht nur Menschen mit verschiedener Rechtsstellung, freie und unfreie Bauern, die Menschen waren auch nach ihrem Einkommen gestuft. Dem großen Bauern war es eher möglich, Überschüsse auf den Markt zu bringen, sie in Geld zu verwandeln, um zu investieren oder Kredite zu geben. Andere waren froh, hatten sie nur ausreichend Nahrung im Winter. Die älteren rechtlichen Differenzierungen der Bauern, aus denen sich zuvor die sozialen Rangstufen ableiteten, wurden im hohen Mittelalter immer mehr zurückgedrängt. Nun bestimmten vorrangig die materiellen und beruflichen Kriterien die soziale Rangfolge.
Im 12. und 13. Jahrhundert lebten nicht nur der Adel und die Geistlichen von der »überschüssigen« Produktion des Bauern, sondern auch die Stadtbevölkerung, die in dieser Zeit an Zahl zunahm. Vom Grundherrn bekam der Bauer als Gegenleistung Rechtsschutz und militärischen Schutz, von der Stadt aber Geld, von dem er einen Teil an den Grundherrn abführte, einen anderen Teil aber für sich behalten und selbst in der Stadt kaufen konnte. Der städtische Markt schaffte für einige Bauern neue soziale Kontakte, vor allem aber nahm ihm die Stadt seine Produkte ab: Feldfrüchte, Gemüse, Obst, Tierhäute für den Gerber, Honig, Wachs. Die Stadt konnte alles gebrauchen. Und der Bauer kaufte dort Geräte aus spezialisierten Handwerksbetrieben. Er machte hier neue Erfahrungen, er erlebte Lärm, Gedränge, Betriebsamkeit und lernte Waren aus fernen Ländern kennen. Der Bauer erlebte eine Welt, in der dynamischer, rationeller gearbeitet wurde, in der er sich – so oder so – als Bauern, als Mann vom Land, begreifen lernte.
Die Kirche trat dem Bauern zunächst in Gestalt des Klerikers gegenüber. Hatte er einen Geistlichen als Grundherrn, so nahm dieser die Natural- und Geldabgaben entgegen. Alle Bauern entrichteten den Kirchenzehnt. Die Begegnungen zwischen dem Repräsentanten der Kirche und dem einfachen Bauern waren ansonsten auf wenige Gelegenheiten zwischen Taufe und Begräbnis beschränkt. Ehen wurden erst im 12. Jahrhundert zunehmend kirchlich geschlossen. Nur der Mann besuchte den Gottesdienst, Frauen waren von ihm ausgeschlossen. Noch im hohen Mittelalter war das Netz der Pfarrkirchen auf dem Lande weitmaschig, die Wege zur nächsten Kirche mitunter sehr weit. Die Dörfer waren, verglichen mit den heutigen, recht klein. Wenn das vierte Laterankonzil 1215 vorschrieb, daß erwachsene Christen einmal jährlich beichten und das Abendmahl nehmen sollten, so war dies ein Zeichen dafür, daß das Netz der kirchlichen Versorgung dies jetzt grundsätzlich leisten konnte, es zeigte aber auch, daß es für den einzelnen gewisse Mühen kostete, das Gebot auch zu erfüllen. Gab es in der Nähe eine Kirche, war der Kontakt zu ihr eng. Der höhere Klerus blieb der bäuerlichen Welt aber immer fern. Die Dorfkirche war neben dem Platz unter der Dorflinde der einzige Versammlungsort. Die heute übliche Stille und Aufmerksamkeit während der Messe war wohl damals nicht üblich. Der Kirchenbesuch diente auch dem Austausch, man ging umher, man unterhielt sich. So hatte der Gottesdienst neben dem religiösen Aspekt auch die Funktion, das Gemeinschaftsgefühl der Gemeinde zu stärken.

Pferdepanzer und Kettenhemd
Den Rittern war innerhalb der mittelalterlichen Gesellschaft der Platz des Wehrstandes zugedacht. Um dieser kriegerischen Pflicht nachzukommen, waren sie gezwungen, sich eine entsprechende Ausrüstung zuzulegen. Neben Helm, Schwert, Lanze, Kettenpanzerhemd gehörte auch ein Panzer zum Schutz des Pferdes zur notwendigen Ausrüstung. Da die ritterliche Rüstung ungeheuer kostspielig war – ein Kettenpanzerhemd entsprach dem Gegenwert von mehreren Ochsen –, bildete Grundbesitz eine unabdingbare Voraussetzung für den Ritter.

Der Adel

Bei den meisten von uns ist das Bild vom Mittelalter stark geprägt von Rittern, Burgen, Turnieren, dem adligen Burgfräulein, der ritterlichen Minne. Sogar Namen von Rittern sind uns aus der Literatur geläufig: Erec, Iwein, Parzival u. a. Es gibt Filme, Opern und Comics, in denen die Helden Ritter sind. In den Märchenbüchern unserer Kindheit tauchen romantische Bilder von ihnen auf. Seltener dagegen sind Bilder von der bäuerlichen Mehrheit der Bevölkerung; die regt unsere Phantasie nicht so sehr an, obwohl Adel und Geistliche auf die Arbeit der Bauern zur Sicherung ihrer Lebensgrundlage angewiesen waren. Der Adel war weitgehend frei von produktiver Arbeit, das Herrenleben seiner Repräsentanten beruhte auf der Grundherrschaft. Die adlige Oberschicht beherrschte Land und vor allem Leute. Sie schützte diese mit dem Schwert gegen die Feinde und erhielt dafür reichliche Abgaben. Auch die Kirche war von dieser Schicht durchsetzt: Die Bischöfe entstammten dem Adel, die Äbte waren adlig, unversorgte adlige Söhne und Töchter wurden Mönche oder Nonnen.

Doch darf man sich diese Oberschicht nicht durchweg wohlhabend und noch weniger gleichförmig vorstellen. Man hat es hier mit einer deutlich gestuften Herrenschicht zu tun. Die Mitglieder dieser Schicht hatten sehr unterschiedliche Anteile an der Macht. Es gab sehr reiche Adlige und relativ arme, auch der rechtliche Status wies deutliche Rangdifferenzen aus. Grob läßt sich der Adel in folgende Hierarchie gliedern: Auf den König folgte der fürstliche Adel, dann der nichtfürstliche Adel und als unterste Schicht die Ministerialen.

Um die soziale Mobilität in der Oberschicht der mittelalterlichen Gesellschaft bewußtzumachen, ist ein Blick auf die Entwicklung der Ministerialen und das Rittertum aufschlußreich. Ritter zu sein hieß zunächst, zu Pferde zu kämpfen. Die Bewaffnung war aufwendig und teuer. Das Pferd hatte einen Gegenwert

von fünf bis zehn Ochsen, für die Ausrüstung kam ein Mehrfaches hinzu. Zog ein Ritter in den Kampf, so hatte er mehrere Pferde bei sich. Das ermüdete Pferd, auf dem er zum Kampfplatz ritt, mußte für den Kampf gegen ein anderes ersetzt werden; ein weiteres trug die Ausrüstung. Dazu gehörten ein fester Sattel sowie Helm und Schwert. Steigbügel ermöglichten dem Kämpfer zu Pferd seit 900 einen festen Halt beim Stoßen mit der Lanze. Wer Ritter sein wollte, mußte Grundbesitz haben, um eine so aufwendige Ausrüstung bereitstellen zu können.

Da der hohe Adel, wollte er militärisch stark sein und eine Hausmacht bilden, auf niedrigere Schichten zurückgreifen mußte, um aus diesen seine Kämpfer zu rekrutieren, bot sich für edelfreie Dienstmänner und immer häufiger auch für Nichtadlige und Unfreie die Möglichkeit zum Aufstieg. Aus ihnen setzte sich dann die Schicht der Ministerialen zusammen. Im frühen Mittelalter hatten noch Bauern als Milizsoldaten ausgereicht. Jetzt aber, bei der Zunahme

Adliger und Dame beim Schachspiel (Große Heidelberger Liederhandschrift, Anfang 14. Jh.) Um die Mitte des 12. Jahrhunderts setzte sich in Deutschland das in Frankreich ausgebildete Ideal des höfischen Ritters durch. Der höfische Ritter sollte gerecht, tapfer und weise sein, zugleich aber die feinen Sitten des Hofes und vor allem die richtigen Umgangsformen gegenüber Damen beherrschen. Die mittelhochdeutschen Dichter haben dieses ritterliche Tugendverhalten mit den Begriffen »zuht« und »vuoge« umschrieben.

Ritterlicher Zweikampf (Miniatur aus dem »Jungfrauenspiegel«, spätes 12. Jh.)
Der ritterliche Zweikampf vollzog sich in aller Regel nach einem festgelegten Ritual: Am Anfang stand der Lanzenkampf zu Pferde (das »Stechen«), dem sich dann ein Kampf mit dem Schwert anschloß. Sehr deutlich sind auf dem Bild die Hauptbestandteile der ritterlichen Rüstung zu erkennen: Topfhelm, Harnisch, darüber das Waffenhemd, Schwert und Schild.

der Fehden der Oberschicht, mußte der Adel ständige militärische Macht zur Verfügung haben. Die Bauern, die bisher militärisch eingesetzt wurden – es waren freie Bauern mit kleinem Grundbesitz –, wurden durch die häufigen Kriegsdienste allmählich ruiniert, denn ihre Äcker lagen allzuoft unbebaut da. Die schwächeren unter ihnen wurden zu Hörigen, zu Fronbauern; andere aber, die sich behaupten konnten, wurden mit Lehen ausgestattet, fanden ihre Zukunft im Ritterwesen und stiegen als Vasallen in den niederen Adel auf.
Für die Ausdifferenzierung der sozialen Struktur des hochmittelalterlichen Adels ist eine weitere Entwicklungslinie bedeutsam. Die allmähliche Errichtung von Territorialstaaten durch den hohen Adel, das rapide Bevölkerungswachstum und die umfassende Ausweitung und Differenzierung der Wirtschaft verlangten von dieser Herrscherschicht eine Umstellung der Verwaltungsstruktur. Freie Vasallen wie im frühen Mittelalter standen für die neuen Aufgaben nicht in ausreichender Zahl zur Verfügung. Weltliche und geistliche Fürsten waren also immer mehr auf Unfreie angewiesen, für ihre Verwaltung wie für ihre Kriege. Die neue Schicht der Aufsteiger, die Ministerialen, mußte materiell gut ausgestattet werden, um ihre Ritterdienste erfüllen zu können. Sie benötigten Grundbesitz und untergebene Bauern. Dieser vom Dienstherrn zur Verfügung gestellte Grundbesitz wurde bereits im Laufe des 11. Jahrhunderts erblich und so zum persönlichen Eigentum. Er war die Grundlage des Aufstiegs der Ministerialen in den niederen Adel.
Neben den Kriegsdiensten waren die Ministerialen auch als Funktionsträger für die Eigenwirtschaft des Herrn zuständig; sie waren Aufseher der hörigen Bauern, der hörigen Handwerker in grundherrlichen Betrieben (Müller, Bäkker, Schmied, Förster, Brauer, Jäger), aber auch der hörigen Kaufleute. Sie wurden in dieser Zeit des Burgenbaus zu Burgverwaltern, zu Burggrafen. Die Ministerialen erreichten also Positionen, die sie aus der produktiven Arbeit lösten, die sie hervorhoben aus der Masse der Hörigen. Diese Zwischenstellung ist der Ausgang zahlreicher Karrieren, aus ihr formte sich eine neue Adelsschicht. Die Ministerialen übernahmen schließlich auch Verwaltungsaufgaben beim fürstlichen Adel. Wesentliche Teile des Territorialadels entstammten dieser Schicht der Aufsteiger. Aus ehemaligen Dienern wurden

hohe Funktionsträger; sie bauten ihre neuen Machtpositionen aus, wurden dem alten Adel z.T. ebenbürtig.

Besonders gute Chancen, reich zu werden, hatten die Ministerialen in der Stadt. Dort beteiligten sie sich am Fernhandel und erwarben Vermögen. War einmal eine starke soziale und wirtschaftliche Position erreicht, ergab es sich fast zwangsläufig, daß die Ministerialen auch ihre rechtliche Position als Unfreie verändern konnten. Ein Ministeriale zu werden muß offensichtlich recht günstig gewesen sein, denn es gab Fälle, in denen sich selbst freie Adlige auf die Stufe der unfreien Ministerialen begaben. Der Adel hatte sich im hohen Mittelalter noch nicht nach unten abgeschottet. Das gilt erst für das spätere Mittelalter, in dem die Ministerialen bereits zum Adel gehörten.

Die Ministerialen verdankten ihren Aufstieg dem Umstand, daß sie als Herrschaftsinstrument der Könige und des hohen Adels gebraucht wurden, um deren Landesherrschaft zu errichten bzw. auszubauen und zu sichern. Selbstverständlich gab es innerhalb der Gruppe der Ministerialen selbst große soziale Unterschiede, die weitgehend mit dem jeweiligen Machtstatus ihrer Herren zusammenhingen. Doch Aufstieg hatte immer auch Nachahmungen zur Folge; und so bildete sich mit der Zeit ein gemeinsamer Lebensstil heraus, der sich am Vorbild des hohen Adels orientierte. Es entstand so etwas wie eine höfische Kultur, auch wenn die herrschaftliche Wirklichkeit nur selten so glanzvoll war, wie sie uns die hochmittelalterliche Literatur ausmalt. Die Lebensweise des alten Adels war bald nicht mehr von der der Ministerialität zu unterscheiden. Im 13. Jahrhundert starben zahlreiche altadlige Familien aus, so daß der Anteil der Ministerialen an der Oberschicht immer deutlicher überwog. Um 1300 bestand der Adel zu ungefähr achtzig Prozent aus Ministerialen. An dieser Zahl lassen sich erstaunliche soziale Umwälzungen und beträchtliche Machtverschiebungen in der Zeit des hohen Mittelalters ablesen.

Sozial gesehen ist die Schicht der Ministerialen diejenige, aus der das Rittertum seine Kraft entwickelte. Für sie selbst war das Rittertum ein Vehikel ihres Aufstiegs. Unter den Rittern gab es zwar auch freie Vasallen, doch die weitaus meisten waren Ministerialen. Das Rittertum als Idee indes war nicht allein an diese Schicht gebunden. Es war zentraler Bestandteil der adligen Kultur, vereinigte Tugenden und Ideale adliger Lebens- und Bewußtseinsweise. Um so erstaunlicher mag es da erscheinen, daß der »Ritter« als Standesbegriff sich später hauptsächlich auf den niederen Adel bezog.

Was war es, was die Ritter als solche prägte? Was hatten sie gemeinsam? Materiell waren sie so gestellt, daß sie sich ein zum Kampf freigestelltes Leben leisten konnten. Das Verhalten der meist jungen Leute war von einem bestimmten Männlichkeitsideal bestimmt. Es galt, unverheiratet, draufgängerisch, kriegerisch zu sein. Das Kriegshandwerk erlernte man in einer langen Ausbildungszeit. Zunächst war man Junker (Jungherr), zwei bis vier Jahre lang, dann, mit Vierzehn, wurde man Knappe am Hof, mit Zwanzig war man Ritter. Nicht alle Junker erreichten dieses Ziel, denn nicht alle erfüllten die dazu erforderlichen körperlichen Voraussetzungen. Die Ritterweihe stand am Abschluß der Ritterlehrzeit, eine feierliche Zeremonie mit der Übergabe der Waffen (Schwertleite). Ein mehrtägiges Fest schloß sich an: teuer, bunt, wild, mit Turnieren. Danach galt es für den jungen Ritter, Kämpfe zu bestehen, Abenteuer zu erleben, Beute zu machen. Ein solches Leben verlangte Mut, Kühnheit und Kraft. Der Ruf eines Ritters gründete sich auf seine Siege, danach strebte er; Bildung durch Lesen war nicht seine Sache. Der Kampf des Ritters ist vor allem ritualisierter Zweikampf, Lanze und Schwert gehörten zu ihm;

Kalenderbilder Januar bis Dezember aus den »Très Riches Heures« des Duc de Berry (Anfang 15. Jh.)
Die folgenden 12 Seiten entstammen einem der schönsten und berühmtesten Stundenbücher des Mittelalters, den »Très Riches Heures« des französischen Herzogs von Berry (1340–1461). Es handelt sich dabei um die Monatsbilder des Kalendariums, mit dem ein jedes Stundenbuch begann, da der Benutzer dieses liturgischen Buches wissen mußte, welche Gebete an welchem Tag zu verrichten waren, ob der betreffende Tag ein Werk- oder Feiertag war bzw. welcher Heilige verehrt wurde. Über den Monatsbildern, die eine für den jeweiligen Monat typische Arbeit oder Tätigkeit im adligen bzw. bäuerlichen Milieu illustrieren, sind Bogenfelder mit astronomischen Angaben angebracht.
Januar: Neujahrsempfang beim Herzog von Berry
Februar: Winter auf dem Bauernhof
März: Bauern bei der Feldarbeit: Pflügen und Beschneiden von Weinstöcken
April: Hochzeitsszene im adligen Milieu
Mai: Ausritt einer adligen Gesellschaft
Juni: Bauern bei der Heuernte
Juli: Ernte und Schafschur
August: Falkenjagd
September: Weinlese
Oktober: Getreideaussaat
November: Eichelmast der Schweine
Dezember: Eberjagd

Initium
piscium
mensis
february
gradus

Libre
Initium
Scorpionis
mensis
octobris
dies

Initium.
capricorni.
sagittarii.
gradus.
mensis.
decembris.
dies.

Fernwaffen galten als unritterlich. Selbst eine Schlacht folgte gewissen Regeln. Ort und Zeit wurden vereinbart, Hinterhalte widersprachen der ritterlichen Ehre. Solche Gepflogenheiten ritterlichen Kampfes erscheinen durchaus plausibel, wenn man bedenkt, welchen Aufwand, welche Zeit es kostete, bis der Ritter in voller Montur gerüstet war. Dennoch – man muß aufpassen, daß man die Regeln des Kampfes, wie man sie aus Ritterepen dieser Zeit kennt, nicht einfach mit der Wirklichkeit kriegerischer Auseinandersetzungen gleichsetzt. Rohe, ungezügelte Gewalttaten werden im Ernstfall eher die Norm gewesen sein. Ein staatliches Gewaltmonopol gab es in dieser Zeit nicht, um die Legitimation von Gewalt scheint man sich nicht sonderlich gekümmert zu haben. Daß in der Literatur *zuht* (Zucht) und *mâze* (Maßhalten) immer wieder betont werden, mag als Hinweis zu deuten sein, daß es in der Wirklichkeit nicht gut um diese ritterlichen Ideale bestellt war. Der Ritter konnte maßlos in seiner Gewalt sein, unbeherrscht im Kampf vor allem gegen rangniedrigere Menschen, grob gegen Frauen, was eigentlich ganz dem Ritter widersprach, der im Minnedienst stand. Deswegen findet man in der Literatur so häufig das Bemühen, das Ungestüme, Wilde des ritterlichen Menschen durch die hohen Ideale zu dämpfen und zu zügeln. Der Ritter habe ständig *êre* (Ehre) zu wahren, *triuwe* (Treue), *reht* (Recht) und *milte* (Freundlichkeit/Güte) walten zu lassen, allesamt Tugenden, die die Affekte dieses Standes kanalisieren sollten. In diesem Zusammenhang ist auch sein Auftrag zu verstehen, dem christlichen Glauben zu dienen. Der Ritter sollte seine Kraft in den Dienst der Armen und Hilflosen stellen – karitative Vorstellungen, die den Johannitern, den Templern und den Rittern des Deutschen Ordens als Leitbild dienten.

Die Ritterzeit war auch eine Zeit der Burgen. Im hohen Mittelalter wurden viele Burgen gebaut, so daß man geradezu von einer Burgenpolitik des Adels spricht. Adelsburgen sind Ausdruck der Macht der großen Familien, nicht nur symbolische, sondern auch tatsächliche Herrschaftsinstrumente, verwaltet von Ministerialen, gebaut von Fronbauern in Tausenden von Frontagen, in drei bis sieben Jahren Bauzeit. Im Vordergrund stand, noch heute sichtbar dominierend, die Wehrfunktion. Der Gegner war besiegt, hatte man seine Burg erobert. Deswegen standen die Burgen auf unzugänglichen Höhen, deswegen hatten sie so hohe und dicke Mauern. Oft wurden sie auch als Gefängnisse genutzt (wie bisweilen auch Klöster). Innerhalb der Mauern herrschte Burgfrieden. Die Burg war das Zentrum der Grundherrschaft des Herrn, dessen Verwaltungszentrale sozusagen, zugleich repräsentativer Treffpunkt des Adels. Sie war weithin sichtbares Zeichen von Herrschaft, wehrhaft nach außen, abweisend für den Bauern, bedrohlich für ihn, monströs, für die Ewigkeit aus Stein gebaut. Die Orte, an denen die Burgen errichtet wurden, drücken dies aus: abseits der Siedlungen, auf den Bergen, in Distanz zu den Beherrschten. Der Bergfried, innerhalb der hochstehenden Burgen diese noch einmal um zwanzig bis dreißig Meter überragend, war ein besonderes Statussymbol in dieser männlich bestimmten Welt, diente aber auch als Fluchtburg, war einmal die Mauer vom Feind überwunden.

In diese Burgen wurden Luxusgüter verkauft, die die Fernhandelskaufleute von weit her heranschafften, exotische Gewürze, teuer und beliebt im Mittelalter, wertvolle Tuche in den buntesten Farben, kunstvolle Wandteppiche und anderes mehr. Hier wurden die höfischen Feste gefeiert, in deren Zentrum das Gastmahl stand. Eine umfangreiche Dienerschaft bediente die Versammelten im Palas, Spielleute unterhielten die Gäste, Musik und Dichtungen wurden

Burg Eltz (Mitte des 12. Jh.s erstmals urkundlich erwähnt)
Ursprünglich besaßen in Deutschland nur Könige das Privileg, Festungssysteme zur Abwehr von Eindringlingen zu bauen. Unerlaubter Burgenbau wurde hart bestraft. Erst im Laufe des 11. Jahrhunderts begannen auch Adlige, ihre Wohnsitze zu befestigen. Burg Eltz (an der Mosel) ist eine sog. »Ganerbenburg«, d. h., sie war durch Erbfolge gemeinsamer Besitz mehrerer Adliger.

Der Fürst der Welt (Straßburger Münster, um 1275)
Seit jeher bildete Kleidung ein besonderes Standesattribut und war äußerliches Kennzeichen für Macht und Wohlstand. Die Kleidung der adligen Gesellschaft des 12. und 13. Jahrhunderts war vor allem durch die Buntfarbigkeit der kostbaren Stoffe bestimmt, die sich dadurch deutlich von der einfachen graublauen oder schwarzen Tracht der Bauern unterschied. Kunstvolle Schmuckverzierungen aus Gold und Edelsteinen und andere Accessoires der Gewänder vervollständigten den ungeheuren Kleiderluxus des Adels, der zeitgenössische Dichter immer wieder veranlaßte, ganze Seiten mit ausführlichen Kleiderbeschreibungen zu füllen.

vorgetragen, Schauspieler und Akrobaten führten ihre Künste vor. Der Minnesang fand hier seinen gesellschaftlichen Rahmen. Er war eine öffentliche Dichtung, wurde in Geselligkeit vorgetragen. Bisweilen wurde tagelang gefeiert, nicht oft, denn die Kosten waren hoch. Und längst nicht jeder Burgherr konnte sich solche Feste leisten, so gerne er auch die soziale Anerkennung genossen hätte, die mit ihrer Ausrichtung verbunden war. Natürlich gab es in diesem Rahmen auch die bekannten Turniere, Waffenübungen und Sport zugleich. Hier konnte sich das Rittertum darstellen. Sie wurden nach festen Regeln ausgetragen. Obwohl mit stumpfen Waffen gekämpft wurde, gab es zahlreiche Verletzte, bisweilen auch Tote. Am Anfang solcher Turniere standen Gruppenschaukämpfe, dann folgten Zweikämpfe zu Pferd mit der Lanze, anschließend mit dem Schwert, bis jeweils einer der Kämpfer aufgab. Der Turniersieg bei einem großen Fest war der Höhepunkt im ritterlichen Leben. Doch solche Höhepunkte gab es selten und nur für wenige. Der Alltag eines Ritters war von anderen Aufgaben bestimmt, das normale ritterliche Leben war wenig glanzvoll.

Mönchische Lebensformen

Vom *christlichen* Mittelalter ist allenthalben die Rede. Wohl zu Recht – und doch ist dieser Begriff auch etwas zu relativieren. Die meisten europäischen Länder wurden erst im Laufe des Mittelalters christianisiert, die nordeuropäischen erst im 11. und 12. Jahrhundert. Wie weit christliches Gedankengut den Alltag der einfachen Leute formte, darüber ist wenig bekannt. Die Schriftquellen dieser Zeit können leicht einen irreführenden Eindruck erwecken, denn die Schrift war lange eine Domäne der Klöster. Das religiöse Leben in den Klöstern, den Hochburgen christlicher Lebenspraxis im Mittelalter, ist

gut dokumentiert; unser Begriff vom christlichen Mittelalter ist wesentlich von den Auswirkungen klösterlicher Kultur geprägt.
Das Christentum etablierte sich in Europa nicht, wie in urchristlichen Zeiten, als eine Religion von unten, als eine Religion der einfachen Leute, sondern es kam gewissermaßen als Staatsreligion über sie. Die politischen Führer, die Mächtigen hatten sich dafür entschieden. Das christianisierte Land wurde dann mit Pfarrkirchen vernetzt, mit Zehntsammelstellen. Im hohen Mittelalter war dieser Prozeß in den Gebieten des Deutschen Reiches weitgehend abgeschlossen. Christianisierung bedeutete sicherlich nicht, daß die religiöse Praxis überall einförmig wurde. Eher wird man davon auszugehen haben, daß die alten – auch lokal gebundenen – religiösen Traditionen überformt wurden, ohne dabei ganz ihre Wirkung zu verlieren.
Der mittelalterliche Mensch fühlte sich in seiner Existenz ständig bedroht. Der Gewalt der Natur, dem Hunger durch Mißernten, den epidemischen Krankheiten und räuberischen Überfällen waffentragender Plünderer war er hilflos ausgesetzt. Wie sollte er da nicht zur Religion – als Arznei der Seele – greifen! Doch an Ruhe im Glauben war nicht zu denken; der Glaube selbst enthielt angsteinflößende Elemente. Erwartete man nicht 1033, 1000 Jahre nach dem Kreuzestod Christi, das Weltgericht? In diesem Jahr gab es tatsächlich eine Sonnenfinsternis, die panischen Schrecken auslöste. Der Tod war allgegenwärtig im Mittelalter; er kam früher als heute und oft überraschend. Ruhe und Geborgenheit fanden die Menschen nur selten. Es mag darin auch ein Grund dafür liegen, daß sie in Stadt und Dorf näher zusammenrückten. Die Gemeinschaftlichkeit des Dorfes und die starken, gemeinsam errichteten Wehrmauern der Stadt hatten für die Bedrohten etwas Beruhigendes. Man tat etwas gemeinsam gegen die Bedrohung, der man ausgesetzt war, man schloß Bündnisse. Die genossenschaftlichen Züge des dörflichen Zusammenlebens wird man ebenfalls nicht nur unter pragmatischen Gesichtspunkten zu sehen haben: Neben der Funktion, sagen wir, gemeinsam die Arbeit eines Hirten zu bezahlen, ging es auch darum, das ständige Gefühl des Bedrohtseins durch Gemeinschaftlichkeit zu mindern.
Grundherren und Ritter übernahmen im Falle der Bedrohung durch Dritte den Schutz ihrer Untergebenen. In dieser Schutzfunktion bestand die ideologische Rechtfertigung eines Lehensverhältnisses, sie war die Gegenleistung für die geforderten Abgaben. Die Kleriker nun waren diejenigen, die für die seelischen Bedrängnisse einzustehen hatten. Diese wurden als so heftig empfunden, daß eigenes Beten allein offensichtlich nicht ausreichte. Kaum nachvollziehbar sind die sinnlich konkreten Höllenängste, von denen die mittelalterlichen Menschen, die ja auch an die Leibhaftigkeit des Teufels glaubten, gepeinigt wurden. Da bedurfte es der Weltgeistlichen, denen als wichtigste Aufgabe die Seelsorge aufgetragen war, sowie der Mönche, die im Kloster für die Selbstheilung und für das Heil der Welt lebten und beteten. Konzentrieren wir uns hier auf die Klöster, die im Mittelalter in zahlreichen Beziehungen zur außerklösterlichen Welt standen und deren kulturelle Bedeutung insgesamt kaum hoch genug angesetzt werden kann.
Durch große Landschenkungen schon im frühen Mittelalter waren einige Klöster zu grundherrschaftlicher Macht gekommen. Die von Klöstern ausgehenden Wirkungen auf die mittelalterliche Gesellschaft beschränkten sich also keineswegs auf religiöse und kulturelle Aspekte, sie waren auch wirtschaftlicher und politischer Natur. Bauern standen in klösterlichen Frondiensten, lieferten Naturalien und Zinsen ab und darüber hinaus den Kirchenzehnt,

Zisterziensermönche bei der Feldarbeit (12. Jh.)
Als Reaktion auf die zunehmende »Verweltlichung« der Klostergemeinschaften entstanden im Laufe des 12. Jahrhunderts zahlreiche Reformorden, die das Armutsideal in der Nachfolge Christi besonders betonten. Vor allem die Zisterzienser nahmen den Grundsatz des »ora et labora« sehr ernst. In den ältesten Statuten von Cîteaux heißt es: »Die Mönche unseres Ordens müssen von ihrer Hände Arbeit, Ackerbau und Viehzucht, leben.«

Dominikaner beim Chorgebet
Mit Unterstützung Papst Innozenz' III. gründete Dominikus Anfang des 13. Jahrhunderts einen Orden, der sich besonders der Glaubenspredigt widmete und auf diesem Gebiet neue Maßstäbe setzte. Eine wichtige Rolle spielte der Dominikanerorden bei der Entwicklung der scholastischen Philosophie sowie bei der Widerlegung des Ketzertums. Der bekannteste Inquisitor des Mittelalters, Bernardus Gui (gest. 1331), stammte aus den Reihen dieses Ordens.

wenn das Kloster die Pfarrkirche war. So besaß Kloster Prünn in Oberlothringen (damals Deutsches Reich) insgesamt 2 000 Hufe (Bauernstellen), die entsprechende Verpflichtungen gegenüber dem Kloster hatten, sowie 35 Mühlen, 7 Brauhöfe und Wälder mit 6700 Mastschweinen. Die dieser Grundherrschaft unterstehenden Bauern leisteten 70 000 Tage Frondienste, 4 000 Fronfuhren, sie lieferten 2000 Doppelzentner Getreide, 4000 Hühner, 1800 Schweine und 4 000 Eimer Wein. Diese Zahlen machen deutlich, wieviel wirtschaftliche Macht Klöster besitzen konnten. Daneben gab es die klösterliche Eigenwirtschaft, die von Laienbrüdern betrieben wurde. Weniger wirtschaftsstarke Klöster strebten zumindest Eigenversorgung an; erzielte Überschüsse wurden auf den Markt gebracht. Viele Klöster hatten neben der Landwirtschaft auch gewerbliche Betriebe.

Um Mönch zu werden, bedurfte es in der Regel eines langen Weges. Nicht jedem stand dieser Weg offen. Nach mittelalterlicher Auffassung von den Lebensaltern hörte für ein Kind mit seinem siebten Lebensjahr die Kindheit auf. Die frühe Einbeziehung in die Erwachsenenwelt bedeutete für die meisten Mitarbeit auf dem Acker oder im Handwerksbetrieb. Auch in den adligen Familien wurden für die Siebenjährigen die Weichen für ihr künftiges Leben gestellt. Um Erbteilungen zu vermeiden, wurden viele Kinder der Obhut von Klöstern überantwortet, auch behinderte Kinder wurden häufig für das Klosterleben bestimmt. Da es üblich war, Novizen nur dann in die Klöster aufzunehmen, wenn die Familie der Novizen eine Schenkung machte (Aufnahmeschenkung), wurden die Klöster zu reinen Adelsklöstern, denn wer sonst als der Adel konnte diese Bedingung erfüllen! Kirche und Adel bildeten so eine gesellschaftliche Einheit, Klerus und Mönche waren adlig. Bischöfe und Äbte entstammten angesehenen und mächtigen Familien.

Die siebenjährigen »dargebrachten Knaben« (pueri oblati) hatten sich in ihren jungen Jahren einer strengen Zucht zu unterwerfen. Sie unterstanden der ständigen Kontrolle eines Lehrmönchs. Sie saßen beispielsweise getrennt voneinander, durften kein Wort oder Zeichen miteinander wechseln und sich schon gar nicht berühren. Der Lehrmönch war immer zugegen, selbst beim Waschen und Verrichten der Notdurft. Bis zum fünfzehnten Lebensjahr dauerte die Ausbildung und Disziplinierung, dann folgte die Novizenzeit. Mit etwa sechzehn Jahren legte der Novize das Gelübde der Armut, der Keuschheit und des Gehorsams ab. Damit verschlossen sich für ihn die Tore zur Welt, meist war er zeitlebens an dieses eine Kloster gebunden.

Über die Rangfolge der Mönche innerhalb des Konvents, der Gesamtheit der Mönche eines Klosters, entschied u. a. das Profeßalter eines Mönchs: die Anzahl der Jahre, die sein Gelübde zurücklag. Den älteren Mönchen wurde von den jüngeren Platz gemacht, die älteren wurden mit nonus (Großvater), die jüngeren mit frater (Bruder) angeredet. Man saß in dieser Rangfolge im Chor, und auch der Gang zur Kommunion war demgemäß festgelegt. Andere Kriterien konnten die durch das Profeßalter festgelegte Rangordnung verändern, ja mitunter ganz aufheben. Es gab Auf- und Abstufungen als Belohnung oder Strafe für den jeweiligen Lebenswandel. Noch entscheidender war die Übernahme von verschiedenen Ämtern innerhalb des Klosters, die mit gestuftem Ansehen und unterschiedlicher Macht verbunden waren. Eine wichtige Rolle spielte auch, welcher Familie ein Mönche entstammte. Je mächtiger sie draußen in der Welt war, um so größer war in der Regel auch die Chance des Mönchs, Ämter und Ansehen innerhalb der Klostermauern zu erlangen.

Benediktinerkloster Saint Martin-du-Canigou
Die mittelalterlichen Klöster hatten zahlreiche Funktionen: Sie waren nicht nur Mittelpunkte des Glaubens und der Glaubenspflege sowie der Kultur und Bildung, sondern auch Wirtschaftszentren von größter Bedeutung. Besonders die Benediktiner und die Zisterzienser haben auf dem Gebiet technischer Innovationen entscheidende Dienste geleistet.

Grabmal des Erzbischofs Siegfried III. von Eppstein im Mainzer Dom (um 1249)
Vakante Bischofssitze wurden im Mittelalter häufig mit unversorgten Mitgliedern des weltlichen Adels besetzt, da Bischöfen nicht nur eine große Macht z. B. als Stadtherren zukam, sondern weil sie auch überregional einen politischen Faktor ersten Ranges darstellten. So waren die Erzbischöfe von Mainz, Trier und Köln bei der Wahl des deutschen Kaisers stimmberechtigt und konnten daher entscheidenden Einfluß auf die Reichspolitik nehmen.

An der Spitze eines Klosters stand der Abt, dem alle Mönche Gehorsam zu leisten hatten. Seine Macht beschränkte sich nicht nur auf das interne Klosterleben, sondern sie war auch mit seinen Repräsentationsaufgaben nach außen verbunden. Neben einem mächtigen Abt stand der Dekan, sein Stellvertreter. Er hatte auch die Interessen der Brüder gegenüber dem Abt zu vertreten. Dann folgte der Probst. Er hatte das Kloster als Wirtschaftsunternehmen zu verwalten: das Eigenland, die Grundherrschaft und den anderen Besitz. Bei größeren Klöstern gab es bisweilen mehrere Pröbste. Der Zellerar verwaltete die Geräte, die Kleidung, die Vorräte. Er war auch für die Küche verantwortlich. Manchmal war dieses Amt geteilt. Die Kleidung und das Vieh waren in die Hände des Kämmerers gelegt. Der Hospitarius sorgte für die Armen und Kranken, deren unmittelbare Not zu lindern die Klöster als ihre christliche Pflicht ansahen. Der Pförtner bewohnte eine eigene Zelle am Klostereingang. Zu den weiteren Aufgaben gehörten die Betreuung der liturgischen Geräte und Gewänder sowie das Bedienen der Glocken, dem in Anbetracht des genau reglementierten Tagesablaufs der Mönche eine besondere Bedeutung zukam. Da die Zeiteinteilungen zu differenziert waren, um sich, wie es die Landbevölkerung tat, an den natürlichen Gegebenheiten wie Tagesanbruch, Höchststand der Sonne zu Mittag und Einbruch der Dunkelheit orientieren zu können, wurden in den Klöstern immer bessere Verfahren der Zeitmessung entwickelt. Strittig ist, ob schon die Benediktiner im hohen Mittelalter die mechanische Zeitmessung entwickelt haben. Eine sehr wichtige Position war die des Bibliothekars, der oftmals zugleich der Lehrer der »dargebrachten Knaben« war. Die jungen Brüder begannen ihre Klosterlaufbahn nach dem Gelübde meist als Urkundenschreiber, Kopierer, Miniaturenmaler; besondere Fähigkeiten auf diesen Gebieten waren günstige Voraussetzungen für die weitere Karriere eines Mönches. Ältere, erfahrene Mönche wurden als Boten zu anderen Klöstern, zum Bischof, König oder gar zum Papst eingesetzt; oder sie waren Priester der Eigenkirche des Klosters. – Viele dieser Ämter lassen erkennen, daß die Klöster in mehr oder weniger direktem Kontakt zur Außenwelt standen, auch wenn die Mönche selbst, von den Boten abgesehen, die Klostermauern zeit ihres Lebens nicht verließen.

Der Tagesablauf der Mönche sah etwa folgendermaßen aus: Nach vierstündigem Schlaf, angekleidet und bei Kerzenlicht in einem gemeinsamen Schlafsaal, begann der Tag früh um ein Uhr mit dem Nachtgottesdienst. Daran schloß sich mit dem Hellwerden das Morgengebet an. Bei der kurzen zugestandenen Schlafzeit konnte es vorkommen, daß jemand während des Tages einschlief – ein besonders schlimmes Vergehen, vor allem wenn es während des Chorgesangs geschah. Vor- und nachmittags gab es zwischen den Stundengebeten feste Zeiten für die Arbeit, die für aus adligen Familien entsprossene Mönche im wesentlichen geistiger Natur war. Schreiben und das Studieren der Schrift gehörten zu den Pflichten der Mönche – von wenigen Ausnahmen abgesehen, waren über Jahrhunderte allein sie des Lesens und Schreibens kundig. Diejenigen Mönche, die besondere Ämter innehatten, kamen ebenfalls während dieser Zeit ihren Aufgaben nach. Die körperlichen Arbeiten wurden im hohen Mittelalter meist von Laien verrichtet. Gegessen wurde gemeinsam im Refektorium, die Hauptmahlzeit mittags um zwölf Uhr; zu Fastenzeiten erst abends. Das Essen war vielfältig und abwechslungsreich, wie man aus Rechnungslisten ersehen kann.

Obwohl die klösterlichen Sitten aus heutiger Sicht eher körperfeindlich waren – Mönche konnten, anders als die für den Ritterstand vorgesehenen

Söhne, ihre Affekte nicht angemessen ausleben –, wurde im Kloster größter Wert auf Hygiene gelegt: Tägliches Waschen, an Samstagen eine Vollwäsche sowie zu Weihnachten und Ostern je ein Vollbad waren recht viel nach damaligem Maßstab. Und alles erfolgte nach festgelegten Regeln; sogar für den Toilettengang gab es feste Zeiten.

Neben die Erzeugung landwirtschaftlicher Produkte trat in den Klöstern auch die Weiterverarbeitung dieser Produkte: Sie besaßen eigene Mühlen, Bäckereien und vor allem Brauereien, die ja z.T. heute noch bekannt sind, z. B. in Süddeutschland. Die Arbeit in diesen Betrieben erledigten nicht die Mönche, sondern neben den hörigen Bauern und Handwerkern die Laienbrüder, die von den Mönchen abgetrennt im Kloster lebten. Sie führten als Konversen für sich ein gemeinschaftliches Leben, hatten andere Kirchenbereiche und waren die Diener und Arbeiter der Mönche. Sie bestellten die Felder, versorgten das Vieh, waren Handwerker, Krankenpfleger und Händler. Sie waren anders gekleidet, ihrer Rangstufe und ihrer Arbeit gemäß. So spiegelte sich auch im Kloster die mittelalterliche Auffassung von der gesellschaftlichen Aufteilung körperlicher Arbeit wider.

Die hörigen Bauern lieferten ihre Abgaben an das Kloster, hatten dort Frondienste zu leisten, lernten dort aber auch die Techniken der Laienbrüder, in den Gärten wie in den gewerblichen Betrieben. Zwischen den Klöstern und

St. Gallener Klosterplan (frühes 9. Jh.)
Es gibt keine vollständig erhaltenen Klosteranlagen aus dem Mittelalter; eine um so größere Bedeutung kommt dem St. Gallener Klosterplan zu, der allerdings keine tatsächlichen Verhältnisse wiedergibt, sondern als Musterbauplan diente. Die gesamte Anlage umfaßt 145 × 205 Meter. Im Zentrum stehen die Klosterkirche und die Klausen der Mönche.

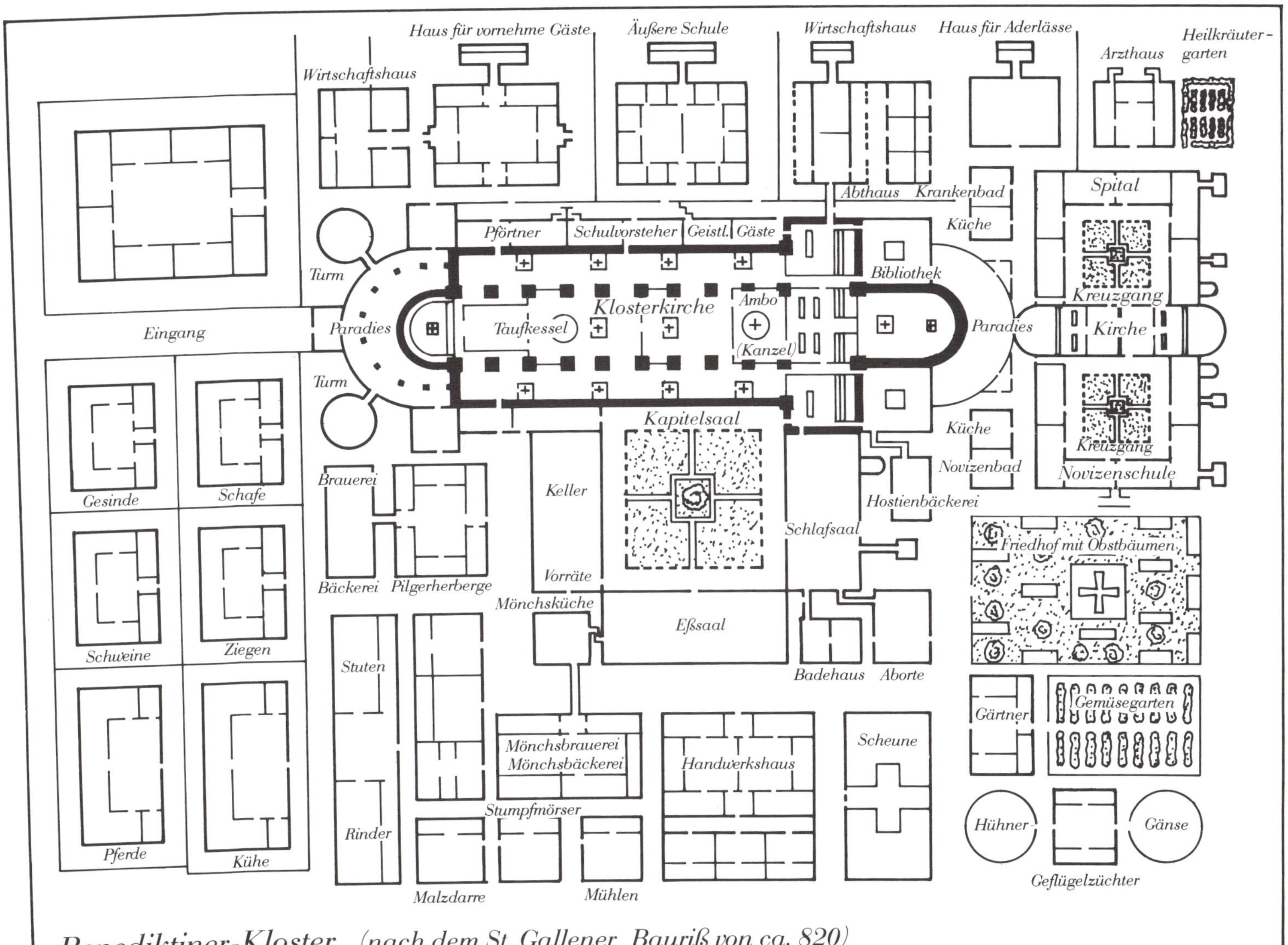

Benediktiner-Kloster (nach dem St. Gallener Bauriß von ca. 820)

Mönch und Schüler
Die Klöster waren im Mittelalter die wichtigsten und zunächst einzigen Bildungsstätten. In den sogenannten »inneren Schulen« wurden die »pueri oblati«, die für das Mönchsleben bestimmten Knaben, auf ihr späteres Dasein vorbereitet, während die Ausbildung der Kleriker und Weltgeistlichen in den »äußeren Schulen« stattfand. Erst seit dem 12. Jahrhundert wurde es üblich, daß Fürsten ihre Söhne in die Obhut von Kloster- oder Domschulen gaben, ohne daß für sie zugleich eine »Laufbahn« als Mönch vorgesehen war. Oftmals war die Bildung der adligen Söhne auch in die Hände von Hauslehrern gelegt.

den Städten entwickelte sich zusehends ein reger Warenhandel: Einerseits wurden die überschüssigen landwirtschaftlichen Produkte der Klöster auf den städtischen Markt gebracht, andererseits aber kamen auch die Händler aus den Städten in die Klöster. Hier konnten die Städter technische Neuerungen bewundern und Anregungen für die eigenen Tätigkeiten gewinnen. Der Probst besuchte z.T. entlegene Güter, gab dort Anweisungen nach dem neuesten Erkenntnisstand. Vom Kloster als Wirtschaftsunternehmen geht in dieser Zeit eine bedeutende Wirkung aus. Und neue Wirtschaftsformen zogen auch gesellschaftliche Veränderungen nach sich. Vor allem die Zisterzienser, die sich nach ihrer Gründung gegenüber den Benediktinern bewußt wieder mehr der produktiven Arbeit zuwandten, haben an der technischen Erneuerung und ihrer Verbreitung einen entscheidenden Anteil. Die Dreifelderwirtschaft wurde in Deutschland in weiten Gebieten von ihnen durchgesetzt, die Verwendung der Wasserenergie wurde entwickelt, die Verhüttung von Eisenerz technisch verbessert. Die Arbeitsteilung innerhalb der Eigenbetriebe war in unserem Sinne modern. Sie kannten in ihren Klöstern fließendes Wasser, das in Blei- oder Holzleitungen in die Werkstätten geleitet wurde. Auch die Gärten wurden über Leitungen bewässert und die Wasserspülung im Abort eingeführt. Sie entwässerten mit neuen Grabensystemen sumpfiges Gelände, gruben Kanäle für die Wasserzufuhr ihrer Mühlen. All diese und andere technische Innovationen hatten eine nicht zu unterschätzende Ausstrahlungskraft. Völlig neue Berufe entstanden: Die Liste der städtischen Handwerksberufe ist sehr umfangreich. Infolge dieser Neuerungen kam es zu einer Veränderung des Sozialgefüges, denn die Menschen entwickelten sich zu Spezialisten, auf die man angewiesen war; man wurde abhängiger voneinander, die sozialen Gruppen formierten sich neu, es ergaben sich neue soziale Rangstufen. Das Kloster hatte maßgeblichen Anteil an dieser Entwicklung. Die Abgeschlossenheit war nur eine Seite des Klosters, denn sie wurde vielfach durchbrochen: auf technologischem und wirtschaftlichem Gebiet, durch Straßen- und Brückenbau zur Erschließung neuer Gebiete sowie durch Rodungen. Darüber hinaus hatten die Klöster einen entscheidenden Anteil an der Fortentwicklung der Wissenschaften, Theologie und Philosophie. In den Skriptorien wurden antike Schriften abgeschrieben und studiert sowie die Werke der Kirchenväter sorgfältig erarbeitet. Eigene Schriften wurden verfaßt: Chroniken des Klosters, Lebensbeschreibungen der Heiligen, Wundergeschichten. Zeichnerisch begabte Mönche statteten die Bücher mit heute noch bewunderten Miniaturen aus. Die Klöster waren die Zentren der Kultur dieser Zeit. Allerdings trat neben diese Kultur die erste Laienkultur des Mittelalters, die höfisch-ritterliche.

Eine staatliche Sozialfürsorge war im Mittelalter unbekannt. Aber Alte, Kranke, Krüppel, ohne Chance, selbst für das Überleben zu sorgen, ohne Familie, die sie stützen könnte, gab es wahrhaftig genug. Hier erfüllten die Klöster eine gemeinnützige Funktion, die unmittelbar in die Gesellschaft hineinwirkte. Die Mönche fühlten sich an den Auftrag zu Nächstenliebe und Fürsorge gebunden. An bestimmten Tagen wurden die Armen verköstigt, bisweilen auch gebadet, rasiert, manchmal gekleidet. Die Tagesportionen gingen manchmal in die Hunderte, was für die Leistungsfähigkeit der Klöster, aber auch für die Breite der Armut spricht. Außerdem war, da es keine Gasthäuser gab, die Aufnahme im Kloster für Reisende meist die einzige Möglichkeit, unterzukommen. Klöster bildeten daher die notwendige Bedingung für Reisen im Mittelalter. In manchen Klöstern gab es auch regelrechte Armen-

häuser, die zugleich als Krankenhäuser dienten. Ein Teil der Abgaben der Hörigen floß auf diese Weise wieder zu den ärmsten Schichten der Gesellschaft zurück.
Klostergründer waren Könige, Bischöfe, dann aber auch der Adel, der die sogenannten Hausklöster gründete. Diese sollten die Zukunft der unversorgten Söhne und Töchter sichern, hatten aber auch einen frommen, wenn auch nicht uneigennützigen Zweck: Die im Hauskloster ansässigen Mönche sollten für das Seelenheil der verstorbenen Gründer beten. Der Besitz eines Haus- oder Eigenklosters förderte das gesellschaftliche Ansehen der Gründerfamilie. Kloster und Adel standen also auch auf diese Weise in enger Verbindung. Aber auch materiell zog der Adel Vorteile aus solchen Gründungen. Der Klosterherr (der Gründer oder sein Nachfolger) samt seinem Gefolge war jederzeit auf Durchreisen zu bewirten; der Schriftverkehr wurde durch die Mönche erledigt, die Vasallen des Klosters hatten dem Gründer Heeresdienste zu leisten.
Die Entstehung der Bettelorden und ihr rapides Wachstum im 13. Jahrhundert zeigen einen Wandel im Ordenswesen an, der in Zusammenhang mit anderen Umbrüchen dieser Zeit stand. Waren trotz aller Wechselwirkungen zwischen Kloster und Gesellschaft die Mönche auf Abschluß von der Welt bedacht – sie wollten ein frommes, zurückgezogenes, keusches, besitzloses Leben führen –, so wuchs den Klöstern dennoch immer mehr Macht zu, sie wurden Besitzorden. Trotz des Verzichts auf persönlichen Besitz gehörten die Mönche ebenso zur Herrenschicht wie der Adel selbst. Bewußt sich gegen diese Besitzorden abgrenzend, wurden im 13. Jahrhundert die Bettelmönche zu einer neuen Kraft. Besonders bedeutsam waren die Franziskaner. Zu Beginn ihres Wirkens (1210) zählten sie gerade zwölf Mitglieder, fünfzig Jahre später gab es bereits 17 500 Franziskaner. Die Brüder dieses Reformordens waren nicht mehr ortsgebunden, nicht mehr an ein Kloster gebunden. Dieser Orden schloß sich nicht mehr gegen die Welt ab, wollte keinen Grundbesitz, keine eigenen Produktionsbetriebe. Seine Häuser waren offen, die Mitgliedschaft war nicht mehr dem Adel vorbehalten, sondern erstreckte sich auf alle Volksschichten. Die Bettelmönche zogen in die Städte, wo sie ihren Lebens- und Wirkungskreis fanden. Ihre materielle Basis waren die Spenden der Bürger. Die Bettelmönche nahmen das Armutsideal ernst und bezogen es nicht mehr nur auf den persönlichen Besitz, sondern nun auch auf den ganzen Orden. Die Predigt rückte in den Mittelpunkt der Franziskaner sowie der anderen Reformorden, die ihre Hauptaufgabe in den rapide wachsenden bzw. neu entstehenden Städten fanden. Dieser Wandel im Ordenswesen verweist mit aller Deutlichkeit auf den Umbruch dieser Zeit: Abkehr vom Adel, vom Land, Hinwendung zum Bürgertum, zur Stadt.

Abt und Novize (Große Heidelberger Liederhandschrift, Anfang 14. Jh.)
Dem freiwilligen Eintritt in ein Kloster lagen meist zwei Motive zugrunde: Berufung und Sorge um das Seelenheil. In aller Regel vollzog sich der Eintritt in ein Kloster eher unfreiwillig, da die meisten Mönche bereits als Kinder in die strenge Zucht der Orden gegeben wurden. Da die Aufnahme in eine Mönchsgemeinschaft mit einer Schenkung an das Kloster verbunden war, besaß eigentlich nur der grundbesitzende Adel die Möglichkeit, ein mönchisches Dasein zu wählen. Als Folge dieser Praxis entwickelten sich die Klöster immer mehr zu reinen Adelsklöstern.

Königtum und Adel: Vom empfindlichen Gleichgewicht der Machtverhältnisse im Mittelalter

von Ludwig Vones

Reiterstandbild Karls des Großen (9. Jh.)
Der sicherlich bemerkenswerteste Herrscher des frühen Mittelalters war Karl der Große (742–814). Seit seiner Königskrönung im Jahre 768 (Kaiserkrönung im Jahre 800) verfolgte er zielstrebig und äußerst erfolgreich seinen Plan, das römische Imperium in seinem Glanz und seiner Machtfülle wiedererstehen zu lassen. Aber nicht nur als Machtpolitiker ersten Ranges, sondern auch als Mäzen der Kunst (sog. »Karolingische Renaissance«) und vor allem als Initiator einer weitgefaßten Bildungsreform machte er sich einen Namen. In der »Admonitio generalis« von 789 verfügte er u. a., daß jedes Kloster eine Schule und Schulbücher besitzen sollte.

Nimmt man eine der älteren Darstellungen zur Geschichte des Deutschen Reiches im Hochmittelalter zur Hand, so erscheint die »altdeutsche Kaiserzeit« zumeist als eine nahtlose Abfolge einzelner Herrscher und Dynastien, die – hielten sie sich an die Normen des guten alten Rechts und der Kirche – in ihrer Machtausübung kaum eingeschränkt schienen. Die überragenden Persönlichkeiten bestimmten den Lauf der Geschichte, weniger die gesellschaftlichen Kräfte und die übergeordneten Entwicklungszusammenhänge, die von langfristigen rechtlichen, sozialen oder wirtschaftlichen Prozessen abhängig waren. Siegreiche Schlachten, ruhmverheißende Italienzüge, Hoftage voller Prachtentfaltung bildeten den äußeren Rahmen für ein deutsches Königtum und römisches Kaisertum, dessen Herrschaftsanspruch nur das Papsttum, die zweite Universalgewalt innerhalb der abendländischen Christenheit, als gleichrangig gelten ließ. Zwar regte sich bereits im 12. Jahrhundert von seiten der immer selbstbewußter werdenden europäischen Königreiche Kritik an dieser Haltung, die allmählich in gezielten Widerstand und vor sätzliche Mißachtung überging, doch konnte Friedrich Barbarossa noch 1184 unter Beteiligung von schätzungsweise 20 000 Rittern und Großen aus fast allen europäischen Ländern einen Mainzer Hoftag als glanzvolles Hoffest und Apotheose des Rittertums feiern, vier Jahre später einen weiteren Mainzer Hoftag, der der Vorbereitung des dritten Kreuzzugs diente, und ihn in Einklang mit seiner frommen Zielsetzung sogar als »Hoftag Jesu Christi« und »Hoftag Gottes« deklarieren. Der darin zum Ausdruck kommenden christlichen Demut Barbarossas, eine Tugend, die dem zur Regierung berufenen König und Kaiser unentbehrlich war und die er nach dem Urteil seiner Zeitgenossen öffentlich unter Beweis zu stellen hatte, entsprach auf der anderen Seite ein herrscherliches Selbstverständnis, dessen Kraft und Durchsetzungsvermögen bis auf den heutigen Tag beeindruckend wirken und das, zumindest in der Theorie, wie in Mainz 1188 nur hinter dem Anspruch Gottes zurücktrat. Die glanzvollen Selbstdarstellungen des deutschen Königtums, zu denen auch die immer wieder vollzogenen feierlichen Festkrönungen zählten, ließen vor allem die auf die Persönlichkeit fixierte Geschichtsschreibung des 19. Jahrhunderts, von romantischen und nationalen Gefühlen geprägt, in euphorische Schilderungen alter Kaiserherrlichkeit verfallen.

Heutzutage wissen wir indes, daß die historische Wirklichkeit, wie so oft, etwas anders aussah. Der römische Kaiser, der ja gleichzeitig König des Deutschen Reiches war, mußte sich nicht nur mit dem Papsttum und den europäischen Mächten auseinandersetzen, sondern sah sich im Innern auch einem Adel gegenüber, der zunehmend selbstbewußter auftrat und den königlichen Herrschaftsansprüchen eigene Forderungen entgegensetzte. Diese Forderungen gründeten in einer Rechtsebene, die sich nicht leicht erschließt, deren Kenntis jedoch für jedes tiefer gehende Verständnis der Machtstrukturen innerhalb des mittelalterlichen Deutschen Reiches unentbehrlich ist. Bevor wir zur Ausdeutung des Verhältnisses Adel – Königtum übergehen, wollen wir uns deshalb zuerst den einfachsten Grundlagen des deutschen Staatswesens im Mittelalter zuwenden, die ihren Ursprung im germanischen Erbe hatten. Die germanischen Völker, die mit der Völkerwanderung in das helle Licht der Geschichte eintraten, waren in Stämmen organisiert (Goten, Langobarden, Alemannen, Franken, Sachsen, Friesen, Thüringer, Baiern, Hessen), denen wiederum die einzelnen Sippen und Familien angehörten. Der Stamm, die *gens* (ahd. thiuda), der Völkerwanderung hatte jedoch die ursprünglich vorhandene ethnische Einheit durch die Aufnahme versprengter Gruppen verloren und ist folglich besser als religiöse Kultgemeinschaft, als Friedens- und Rechtsgemeinschaft sowie vor allem als Abstammungsgemeinschaft zu fassen. Versammelte sich der Stamm als Kultgemeinschaft um eine zentrale Opferstätte, wo der Vollzug des Kultes ein einigendes Band knüpfte, so wurde die Friedens- und Rechtsgemeinschaft durch ein übergeordnetes Recht, die *lex*, konstituiert, das nur für die Stammesmitglieder Gültigkeit hatte, streng an die einzelne Person – nicht an das Stammesgebiet! – gebunden war und jeden Fremden von vornherein in den Stand der Rechtlosigkeit versetzte. In besonderem Maße wurde indes das Zusammengehörigkeitsgefühl innerhalb des Stammes durch ein ethnisches Bewußtsein gefördert, das sich aus der Vorstellung einer gemeinsamen Herkunft aller Stammesmitglieder von den Göttern selbst speiste und natürlich eng mit den kultischen Gebräuchen verbunden war. Dieses gentile Denken sah den Stamm als Abstammungsgemeinschaft und stellte nach dem Vorbild der Sippe eine allgemeine Verwandtschaft her, die alle Stammesangehörigen erfaßte. Es braucht nicht eigens betont zu werden, welche Bedeutung vor diesem Hintergrund dem Vollzug des Kultes zukam, aber auch demjenigen, der die religiösen Handlungen ausführte. Diente der Kult dazu, die Verbindung zu den göttlichen Vorfahren herzustellen und dadurch dem Stamm das Heil zu vermitteln, so verschaffte er dem Priester oder Magier, der ihn vollzog, sowie seiner ganzen Sippe eine herausragende politische Stellung innerhalb der Gemeinschaft. Auf diese Weise bildete sich der sog. *Sakralkönig* heraus, dem aufgrund seiner engen Beziehung zu den Göttern sowie seiner Fähigkeit der Heilsvermittlung die Leitung des Stammes in Friedenszeiten oblag und aus dessen Sippe sich oftmals der Stammesadel rekrutierte. Die Funktion des Sakralkönigs wurde innerhalb dieser Sippe durch Vererbung weitergegeben, wobei der Vorstellung entscheidende Bedeutung zukam, daß das in den Adern fließende Blut in ununterbrochener Linie bis zu der jeweils als Ursprung erkorenen Stammesgottheit zurückreichte, daß dieses Blut der eigentliche Träger des Heils war und daß diese *Geblütsheiligkeit*[1] sich am reinsten agnatisch, d.h. vom Vater auf den Sohn, fortpflanzte. Allerdings war diese Geblütsheiligkeit, die im Normalfall nur mit dem Tod endete, nicht auf eine einzelne Person beschränkt, sondern gemeinsames Merkmal für die gesamte Sippe bzw. Familie, so daß jedem Mitglied das gleiche Heilsvermögen und damit die latente Befähigung zur Heilsvermittlung zugeschrieben wurde. Von besonderer Wichtigkeit ist, daß auf der Ebene des Sakralkönigtums der Erbgedanke tiefe Wurzeln schlagen konnte.

Der Sakralkönig war indes nicht der einzige hervorragende Funktionsträger innerhalb des germanischen Stammes. Für die Zeiten großer Not und Bedrängnis, also vor allem für Kriegszeiten, bestimmte die Stammesversammlung aus ihrer Mitte durch Wahl eine Führerpersönlichkeit, die aufgrund ihrer Tatkraft und Eignung, ihrer *Idoneität*, prädestiniert schien, den Stamm unbeschadet durch die bevorstehenden Ausnahmesituationen zu schleusen. Es war dies der *Herzog*, der Anführer des Heeresaufgebots, der kurzfristig für bestimmte Unternehmungen gewählt wurde, sich eine durch Treue gebun-

Fränkischer Prunkhelm (um 600)
Die germanischen Stämme kannten zwei hervorragende herrscherliche Funktionsträger: den Sakralkönig, dem in Friedenszeiten die Führung des Stammes oblag, und den Heerkönig (Herzog), der in Kriegszeiten an die Spitze gestellt wurde. Durch die Völkerwanderung verschmolzen beide Funktionen zu einer: Von nun an verkörperte der Heerkönig Herrschaftsfähigkeit und Stammesheil in einem. Nach der Seßhaftwerdung wandelte sich der Herzog zum Stammeskönig.

Martyrium des heiligen Bonifatius (Detail aus einer Miniatur im »Göttinger Sakramentar«, Ende 10. Jh.)
Die zweigeteilte Szene dokumentiert die Missionstätigkeit des Heiligen: Auf der linken Bildhälfte sieht man Bonifaz (an der Gloriole erkenntlich) bei der Taufe eines Neubekehrten, auf der rechten wird sein Tod dargestellt. Obwohl sich Bonifaz durch ein Evangeliar zu schützen sucht, spaltet ihm ein Heide mit dem Schwert den Schädel.

dene Gefolgschaft bildete und nach erfolgreicher Beendigung der erforderlichen Aktionen wieder zurücktreten mußte, aber bei Mißerfolgen abgesetzt und durch einen Fähigeren ersetzt werden konnte. In der Person des germanischen Herzogs verband sich das Moment der Wahl mit dem Idoneitätsgedanken. Hier hatte überhaupt das *Wahlrecht*, das primär auf die Herrscherqualitäten, weniger auf die Fähigkeit zur Heilsvermittlung achtete, seinen Ursprung.

Einen tiefen Einschnitt stellte die Völkerwanderung dar. Nachdem die Stämme aus ihren ursprünglichen Siedlungsräumen verdrängt worden waren und sich auf die Wanderschaft in unbekannte Gebiete begeben hatten, wurden die Zeiten friedlichen Ausruhens immer kürzer, während sich die Phasen kriegerischer Auseinandersetzungen stetig ausdehnten. Angesichts dieser veränderten äußeren Bedingungen festigte der Herzog in dem Maße seine Stellung, wie das Ansehen des Sakralkönigs schwand, dessen Existenz ja ihre Berechtigung darin fand, dem Stamm Glück und Wohlergehen zu vermitteln. Als sich die dauernder Bedrohung ausgesetzten Wanderungen über Jahre und Jahrzehnte hinzogen, lief die Entwicklung darauf hinaus, daß sich die Herzogsfunktion auf unbestimmte Zeit verlängerte, bis sie schließlich mit dem Sakralkönigtum eins wurde, d.h. Herzog und Sakralkönig fielen in einer Person zusammen: dem *Heerkönig*[2], der nun Herrscherfähigkeiten und Stammesheil verkörperte. Im Heerkönig, der nach der Seßhaftwerdung zum *Stammeskönig* wurde, verschmolzen damit auch Erbgedanke und Wahlrecht, Geblütsrecht und Idoneität zu einer Einheit, ohne indes ihre charakteristischen Wesenszüge aufzugeben und gedanklich untrennbar zu werden. Der für das deutsche Mittelalter bestimmende Grundkonflikt zwischen Erbrecht und Wahlrecht, der insbesondere bei der Königswahl zum Austrag kam, ist hier bereits im Kern angelegt.

Nach Ende der Völkerwanderung setzte sich im Zuge der Landnahme bei den Franken das Geschlecht der Merowinger als Königsdynastie durch, da es ihnen gelang, alle konkurrierenden Kleinkönige – meist gewaltsam – zu beseitigen. Die Merowinger, die jahrhundertelang das Frankenreich beherrschen sollten, leiteten den Ursprung ihres Geschlechts in direkter Abstammung von dem germanischen Halbgott Merowech ab, verkörperten Geblütsheiligkeit und das daraus fließende Königsheil, was in charakteristischer Weise durch den langen Haarwuchs nach außen hin demonstriert wurde, und regierten in der Form der *Samtherrschaft*, da alle Söhne gleichermaßen Heilsträger und somit regierungsfähig waren. Diese Machtverteilung hatte wiederholte Reichsteilungen und endlos scheinende Thronkämpfe zur Folge, wodurch im

Endeffekt die merowingische Dynastie so geschwächt wurde, daß die letzten Könige gewissermaßen ein Schattendasein führten und in ihrem Sog das Geschlecht der Karolinger einen rasanten Aufstieg erlebte, dessen Grundlage die Ausübung des Hausmeieramtes darstellte.

Die Ablösung der merowingischen Dynastie gestaltete sich allerdings nicht einfach, da die Karolinger natürlich nicht imstande waren, das Königsheil, das eben nur durch agnatische Erbfolge weitergegeben werden konnte, für sich in Anspruch zu nehmen. Es war Philipp der Jüngere (751–768), dem dies gelingen sollte. Er hatte sich mit harter Hand faktisch zum Alleinherrscher im Frankenreich aufgeschwungen. Da Pippin durch die Förderung der von Bonifatius eingeleiteten Reform der fränkischen Kirchenorganisation die von den karolingischen Hausmeiern gepflogenen engen Beziehungen zum Papsttum im Rom weiter vertieft hatte, lag es für ihn nahe, dort Unterstützung für den beabsichtigten Regierungswechsel zu suchen. Eine Gesandtschaft an Papst Zacharias, die in seinem Auftrag 749 die entscheidende Anfrage stellte, ob es gutzuheißen sei, daß die Könige im Frankenreich zu jener Zeit nicht die königliche Gewalt *(regalis potestas)* besäßen, erhielt die gewünschte Antwort: »es sei besser,

Die Pfalzkapelle zu Aachen mit dem Thron Karls des Großen
Als Otto der Große im Jahre 936 zum König gekürt wurde, fand die Thronerhebungsfeier in Aachen statt: Otto griff bewußt auf die fränkische Reichstradition zurück. Er legte das fränkische Krönungsornat an, ließ sich krönen und salben durch die Erzbischöfe von Mainz und Köln und setzte sich anschließend auf den Thron Karls des Großen. Auf diese Weise stellte er sich symbolisch in eine Reihe mit den fränkischen Herrschern.

Lehnswesen (aus dem »Heidelberger Sachsenspiegel«, um 1330)
Entsprechend dem mittelalterlichen Ordo war das Lehnswesen organisiert. Der König belehnte geistliche und weltliche Fürsten mit Zepter- bzw. Fahnenlehen (Bild 1). Innerhalb von Jahr und Tag mußte der König ein Fahnenlehen an Reichsfürsten weitergeben (Bild 2); Reichsfürsten ihrerseits konnten Untergebene, sog. Vasallen, mit einem Lehen ausstatten (Bild 3), allerdings mußten sie üblicherweise adliger Abstammung sein (Bild 4: Einem Bauern, einem Kaufmann und einer Frau wird ein Lehen vorenthalten). Nur ausnahmsweise wurden Nichtadlige belehnt (Bild 5): Sie konnten ein Lehen nicht weitervererben.

jenen König zu nennen, der die Gewalt habe, als jenen, der ohne königliche Gewalt verblieben sei«. Der Bericht der Fränkischen Reichsannalen fügt dem noch hinzu, daß der Papst kraft seiner apostolischen Autorität befohlen habe, Pippin zum König zu machen, damit die (Welt-)Ordnung *(ordo)* nicht gestört werde. Gestärkt durch diese kirchliche Legitimierung seines Herrschaftsanspruchs ließ sich Pippin gemäß fränkischem Brauch durch eine Stammesversammlung, die das Reichsvolk repräsentierte, zum König wählen und gleichzeitig durch einen Bischof salben. Der letzte merowingische Schattenkönig erhielt die Mönchstonsur und wurde für den Rest seines Lebens in ein Kloster gesteckt, d.h. er verlor sein langes Haupthaar, das Zeichen für sein Königsheil, und damit unwiderruflich die Befähigung zur Herrschaftsausübung. Der Wechsel der Königsdynastie war auf diese Weise vollzogen.
Wahrscheinlich spielten sich zwischen 749 und 751 im Inneren des Frankenreiches ähnliche Vorgänge ab wie zur Zeit der Völkerwanderung innerhalb der Stämme, als die Sakralkönige verschwanden und sich die Heerkönige gewissermaßen als bifunktionale Herrschafts- und Heilsträger etablierten. Es kann kein Zweifel daran bestehen, daß verfassungsrechtlich die Wahl durch den Stamm der eigentlich konstitutive Akt war, das Wahlmoment folglich die Grundlage für die zukünftigen Ansprüche auf den Königstitel legte. Die Wahl allein reichte jedoch nicht aus. Durch sie wurde zwar derjenige zur Herrschaft berufen, dem die Idoneität zukam, doch das Problem des fehlenden Königsheils war dadurch nicht gelöst. In diese Lücke trat die Kirche ein, indem sie dem neuen König durch die Salbung zur notwendigen sakralen Weihe verhalf, die germanischem Denken verhaftete Geblütsheiligkeit durch eine kirchliche Weihe mit sakramentalem Charakter ersetzte. Als Papst Stephan II. 753 ins Frankenreich kam, die Königssalbung Pippins bekräftigte und gleichzeitig mit ihm seine beiden Söhne, d.h. die potentiellen Nachfolger, zu Königen salbte, war für das Königtum die Ablösung von den althergebrachten Vorstellungen vollzogen, der Weg zum *Gottesgnadentum* beschritten. Die Verbindung des Königsgeschlechts, der *stirps regia*, mit der Kirche erhielt eine neue Dimension, da die ideologischen Machtgrundlagen des Königtums nun immer stärker mit der christlichen Vorstellungswelt verknüpft wurden und die kirchliche Weihe im Unterschied zur Wahl das kontinuierliche Element darstellte, das die Aspirationen anderer Großer ausschloß. Unter diesem Blickwinkel kann die vor allem durch Karl den Großen intensiv betriebene Christianisierung, durch die die germanischen Vorstellungen von der Heiligkeit der Könige kontinuierlich zurückgedrängt wurden, auch als Strategie der Machterhaltung und -festigung gedeutet werden, da bis zur Mitte des 8. Jahrhunderts nur eine verhältnismäßig dünne Schicht im eigentlichen Sinne als »christlich« zu bezeichnen war und eine weitere Durchdringung not tat.
Mit dem Verschwinden der merowingischen Königsdynastie lösten sich auch tragende Teile des Unterbaus der Königsherrschaft endgültig auf. In erster Linie wäre die sog. *trustis regia*, die engere Gefolgschaft des Königs, anzuführen, die in Einklang mit dem germanischen Gefolgschaftsdenken dem Herrscher durch das freiwillig eingegangene Band der Treue verbunden war, von diesem Schutz erhielt und ihm dafür Kriegsdienste leistete. Die *Antrustionen*, die Mitglieder der trustis regia, gehörten nach dem Herrschaftswechsel ebenso einer vergangenen Zeit an wie das Amt des Hausmeiers, das die Karolinger hinfort unbesetzt ließen, um die Machtübernahme durch ein anderes Geschlecht auf diesem Wege auszuschließen. Eine zuverlässige, auf den König ausgerichtete Gefolgschaft, die sich – bis zum Verbot durch die Merowinger –

jeder Adlige, der Schutz zu gewähren imstande war, hatte halten können, war jedoch zur Machterhaltung unerläßlich. In die Lücke, die der Verfall der trustis regia hinterlassen hatte, trat mit der Karolingerzeit ein umgeformtes verfassungsrechtliches Instrument ein, das zur staatstragenden Institution des Deutschen Reiches im Mittelalter werden sollte: das *Lehnswesen.*

Das Fundament des Lehnswesens bestand aus drei miteinander verfugten Elementen. Zum ersten muß auf das persönliche, bereits in der Spätantike nachzuweisende, aus der Sphäre des römischen Privatrechts herrührende Element der *Vasallität* eingegangen werden. Der Begriff rührt von »gwas«, dem keltischen Wort für Knecht her, aus dem lateinisch »vassus«, »vasallus« wurde. Es bezeichnete einen Mann, der sich aus einer wirtschaftlichen Notlage heraus in ein Abhängigkeitsverhältnis begeben hatte, einem Herrn lebenslänglich Dienst *(obsequium)* leisten mußte und ihm zum Gehorsam verpflichtet war, wofür dieser für seinen Unterhalt Sorge zu tragen hatte. Der Vasall war ursprünglich ein Unfreier, gehörte also einer niedrigen Gesellschaftsschicht an und hatte sich durch eine rechtsförmliche Ergebungshandlung, die *Kommen-*

Kaiser Otto der Große (Reiterstandbild, Magdeburg, um 1240)
Als 919 der Sachse Heinrich I. die Franken in der Königsherrschaft ablöste, wurde er als »Primus inter pares« von den Herzögen auf den Thron gehoben. Sein Sohn hingegen, Otto I., der Große, wurde bereits 929 frühzeitig von seinem Vater zum Nachfolger designiert und 936 gekrönt. Eine der wichtigsten Maßnahmen während seiner beinahe vierzigjährigen Herrschaft (936–973) war die Missionierung der Slawen, die im Anschluß an den Sieg über die Ungarn im Jahre 955 erfolgte.

dation, in die Abhängigkeit begeben. Kern dieser Handlung war der *Handgang*, wobei die gefalteten Hände des Vasallen vom Herrn umfaßt wurden, eine Unterwerfungs- und Schutzgebärde zugleich.
Zum zweiten wäre auf das dingliche Element, das *beneficium, feudum* bzw. *Lehen*, hinzuweisen. Vorläufer des Lehens war in der Spätantike das *precarium*, ein Besitz, der gegen die Zahlung einer Zinsleistung dem Empfänger zur Nutznießung übertragen wurde. Unter den Karolingern – und diese Entwicklung setzte spätestens unter dem Hausmeier Karl Martell (714–741) ein – wurde Lehnsgut, das häufig aus Kirchenbesitz stammte, an Vasallen ausgegeben, die dafür aber nun Waffendienst leisten mußten, um dem Adel Ersatz für die verbotene Gefolgschaft bieten zu können. Da das Tragen von Waffen, gleichbedeutend mit der Fähigkeit, Schutz zu gewährleisten, eigentlich ein Vorrecht der Freien war, wurde im Zuge dieser Entwicklung die soziale Stellung der Vasallen angehoben, so daß es mit der Zeit auch für die Freien interessant wurde, Vasallenverhältnisse einzugehen. Hier bot sich für die Karolinger die Gelegenheit, eine einzig von ihnen abhängige Gefolgschaft zu schaffen.
Von entscheidender Bedeutung war dabei, daß zu den beiden genannten Elementen ein drittes hinzutrat und untrennbar mit ihnen vereinigt wurde: die *Treuepflicht*. Der Begriff der Treue, der in diesem Zusammenhang nicht ethisch zu verstehen ist, entstammte dem Gefolgschaftsdenken und bezeichnete die durch einen Treueeid begründete Bindung zwischen freiem Gefolgsmann und Herrn, die für beide eine Verpflichtung enthielt, ohne die Freiheit des Gefolgsmannes anzutasten. Nach dem Untergang der alten Gefolgschaft war das Element der Treuepflicht gewissermaßen wieder disponibel und wurde in das Lehnswesen eingebracht. Vasallitischer Dienst und Treuepflicht fielen zusammen. Der Vasall, der nun konsequenterweise nur ein Freier bzw. Adliger sein konnte, hatte mit der Kommendation gleichzeitig einen Treueid abzulegen und empfing in der Regel durch die *Investitur* als Ausstattung ein Lehen, wofür er die erforderlichen Dienste leisten mußte. Diese Dienste wurden als *consilium et auxilium*, Rat und Hilfe, gefaßt, wobei Hilfe natürlich in erster Linie Waffenhilfe bzw. Heerfolge unter Bereitstellung eines Aufgebots meinte, während Rat nicht zuletzt Beisitz bei Gericht bedeutete, wenn Fälle des Lehnrechts und seiner Verletzung – man denke an die Felonie, die Verletzung der Treuepflicht – abgeurteilt wurden. Der Lehnsherr seinerseits stellte nicht nur das Beneficium bereit, sondern gewährte auch Schutz, so daß man von einem beiderseitig bindenden Vertragsverhältnis auszugehen hat. Das Lehnswesen bot zwar jedem Adligen die Möglichkeit, durch Vergabe von Lehen eine eigene Gefolgschaft, bestehend aus Vasallen und den diesen wiederum nachgeordneten After- bzw. Untervasallen, zu bilden, doch stand an der Spitze der stufenartigen Ordnung als oberster Lehnsherr, auf den alle lehnrechtlichen Bindungen letztlich zuliefen, der König. Man spricht von der Lehnspyramide, in die der Adel völlig einbezogen war, so daß Eigenherrschaftsbestrebungen, die ihre Grundlage im *Allod* (Eigenbesitz) hatten, von vornherein verfassungsrechtliche Schranken auferlegt waren. Dieses System erfuhr seine äußere Abrundung, indem die Ämter *(honores)* einbezogen wurden. Der adlige Amtsträger erhielt nicht nur Lehen als Ausstattung für die von ihm im Auftrag des Königs ausgeübte Funktion, sondern es wurden auch die Ämter selbst in Lehen umgewandelt bzw. wie Lehen behandelt und durch die Normen des Lehnrechts an die königliche Spitze gebunden.
Diese *Feudalisierung* des Staatsaufbaus – man spricht nun vom *Personenverbandsstaat* – bezog einerseits den Adel in einen Konnex von Machtaus-

Die Marksburg bei Braubach am Rhein (Baubeginn Anfang des 13. Jh.s)
Der Besitz von Burgen war im Mittelalter untrennbarer und wichtigster Bestandteil adliger Lebensweise und leitete im 12. Jahrhundert den Prozeß der Feudalisierung ein. Eine Burgenpolitik großen Stils betrieb als erster Heinrich IV. (gest. 1106), um seine Landesherrschaft zu sichern. Den Höhepunkt dieser Entwicklung bildeten die Festungsbauten der Staufer, vor allem die Reichspfalzen Friedrich Barbarossas, die das gesamte Reich überzogen und neben ihrer militärischen eine eindeutig repräsentativ-symbolische Funktion besaßen: Mit ihnen dokumentierten die Staufer ihren Herrschaftsanspruch.

übung und Herrschaftsdelegation ein, der die herausragende Stellung des Königtums unabhängig von der Anerkennung ihrer sakralen Wurzeln sicherte, unterwarf andererseits auch die Herrscher selbst den Normen des Lehnrechts bis hin zur Verweigerung der Heerfolgepflicht in bestimmten Fällen und setzte sie allen Gefahren aus, die mögliche Auflösungserscheinungen dieser Institution mit sich brachten. In diesem Zusammenhang wäre vor allem an die Doppel- bzw. Mehrfachvasallität, die Lehnsbindung an zwei oder mehrere Herren, und an die Erblichkeit der Lehen zu denken, beides Entwicklungen, die ihre Brisanz durch die Schwäche des karolingischen Königtums im 9. Jahrhundert erhielten. Benutzt man die gängige Formel von den *zentrifugalen Kräften des Lehnswesens*, die beim Zerfall des Karolingerreiches wirksam geworden sind, so meint man damit neben der Außerkraftsetzung jenes Grundsatzes Karls des Großen (768–814) und Ludwigs des Frommen (814–840), ein Lehnsmann dürfe nur Vasall eines einzigen Herrn sein, um der Treuepflicht voll genügen zu können, auch noch das Eindringen erbrechtlicher Vorstellungen, die dem Erben beim *Mannfall*, dem Tod des Lehnsträgers, wie selbstverständlich einen Anspruch auf Nachfolge in Amt und Lehen einräumten.

Einen wichtigen Einschnitt bildet hier das Kapitular von Quierzy aus dem Jahr 877, in dem Karl der Kahle (840–877) zwar Regelungen in diesem Sinne traf, jedoch seinen Bestimmungen über die augenblickliche Situation hinaus keine Geltung zugestehen wollte. Der Niedergang der Karolinger bewirkte indes den ungehemmten Fortbestand der besagten Regelungen, die schließlich zur Gewohnheit wurden und damit Rechtscharakter erhielten. Die politisch bedingte Unfähigkeit der königlichen Zentralgewalt, die die auseinanderstrebenden Kräfte der Reichsverfassung nicht mehr im Zaum halten konnte, führte auf längere Sicht zur untrennbaren Verknüpfung des Erbgedankens mit dem Lehnrecht. Wenn aber die Amtsgewalt und der Lehnsbesitz des einzelnen Adligen unter Anwendung erbrechtlicher Normen weitergegeben werden konnten, dann mußte dies nach lehnrechtlichen Vorstellungen auch für die Spitze, d.h. die Königsgewalt, gelten. Sakrale Weihe, Erbrecht und Lehnrecht lagen mithin auf einer gemeinsamen Ebene, ohne daß dies vorerst zum Tragen gekommen wäre, da das Karolingerhaus ausstarb und die sächsische Königsdynastie folgte.

Fragt man nach den eigenständigen Machtgrundlagen des Adels im Mittelalter, dann ist klar, daß diese nicht im Lehnsbesitz zu suchen sind, da ein Lehen – sei es Amt oder Gut – ursprünglich »verliehen« worden war und bei Nichterfüllung der damit verbundenen Pflichten wieder entzogen werden konnte. Unabhängig von seinem Lehnsbesitz mußte jeder Adlige Allod nachweisen können, das er als Eigen frei vererben, verkaufen, verschenken und tauschen durfte. Dieser Eigenbesitz und zumeist natürlich auch das erworbene Lehnsgut war, um ertragreich genutzt zu werden, als *Grundherrschaft* organisiert. Im Mittelpunkt einer Grundherrschaft, die meist als Herrschaft über Land und Leute definiert wird, lag der *Fronhof*, den der Grundherr ebenso wie das umliegende *Salland*, das eigentliche Herrenland, mit Hilfe des Hofgesindes selbst bewirtschaftete; um diesen Bereich herum gruppierten sich die Bauernstellen und – bei ausgedehnteren Komplexen – die Meierhöfe, auf denen die *Grundholden* bzw. *Hintersassen*, also die abhängigen Bauern, lebten, die den Hauptteil der dem Grundherrn unterworfenen und zu Hand- und Spanndiensten verpflichteten *familia* bildeten. Sowohl über den engeren Bereich des Fronhofs und die dort weilenden Mitglieder der familia als auch über den

Kampfszene und Belagerung einer Burg (aus dem »Psalterium aureum«, 2. Hälfte 9. Jh.)
Gegen den erbitterten Widerstand der fränkischen Stammesfürsten konnte sich Pippin der Jüngere 751 zum Alleinherrscher im Frankenreich aufschwingen und auf diese Weise die karolingische Königsdynastie begründen. Die Macht der Karolinger festigte sich immer mehr; besonders unter Karl dem Großen kam es zu einer stetigen Erweiterung ihres Machtbereiches. Nach dem Tode Ludwigs des Frommen, 843, zerfiel das Reich jedoch in ein Mittelreich, ein Ost- und ein Westfrankenreich.

ABB. SEITEN 50 u. 51:
Der Sachsenspiegel des Eike von Repgow (fol. 11 r. und 11 v., um 1320)
Der »Sachsenspiegel« ist das bedeutendste Rechtsbuch des deutschen Mittelalters. Verfaßt wurde es zwischen 1220 und 1235 von dem sächsischen Ritter Eike von Repgow, der das damals bestehende Land- und Lehnrecht zum ersten Mal kodifizierte. Die Rechtstexte wurden an den Rändern durch Bildszenen erläutert, so daß auch die des Lesens und Schreibens Unkundigen – der weitaus größte Teil der Bevölkerung – die Möglichkeit besaßen, sich über erlaubte und strafbare Handlung in Kenntnis zu setzen.

sinē iaren getun daz iz sine lip mite vor wirke. Sleit iz einē man
od̉ belemt iz in. sin vormunde sal daz bezzern mit ienes wer
gelde. ab iz uf in vollbracht wirt. Welchen schaden iz tut dē
sal he gelden mit des kindes gute na sime werde. Slet ab
ein man ein kint tot. he sal sin volle wergelt geben. Schilt
ab ein mā ein kint. od̉ roufet iz. od̉ sleit iz mit besemē.
durch sine missetat. he blibet is ane wandel. tar he iz geswe
ren uf den heiligen. daz he iz durch anders nicht en sluge wē
durch sine missetat. Nu vornemet den alden vride den di
keiserliche gewalt gestetiget hat in sachsen lande. mit d̉
guten knechte willekor des landes. Alle tage vñ alle zit
sullen vride haben phaffen vñ geistliche lute. meide vñ
wip. vñ iuden an irme gute. vñ an irme libe. kirchen vñ
kirchhove. vñ iclich dorf binnē sime graben. vñ sime zu
ne. phluge. vñ molen. vñ des kuniges straze in wazzer
vñ in velde di sullen steten vride haben. vñ allez daz
da binnē kumt. heilige tage. vñ gebundene tage. di
sin allen lutē zu vride tagen gesatzt. dar zu in ichlicher
wochen vier tage. donrestac. vñ vritac. sunnabint. vñ
suntac. Des donrestages wiet man den cresme.
da man uns alle mite zeichent zu d̉ kristenheit mit d̉
toufe. des donrestages meste got mit sinē iungerē in
deme kelche. da began unse e. Des donrestages vurte
got unse menscheit zu himele. vñ offente uns dē wec
da hin d̉ uns beslozen was. Des vritages mach
te got den man. vñ wart des vritages gemartiret
durch den man. Des sunnabendes ruwete he do
he himel vñ erde gemacht hatte. vñ alles daz dar
inne was. he ruwete ouch des sunnabendes in
deme grabe nach siner marter. Des sunnabendes
wiet man ouch di phaffen in d̉ cristenheit meī
stere sin. Des suntages worde wi vor siner

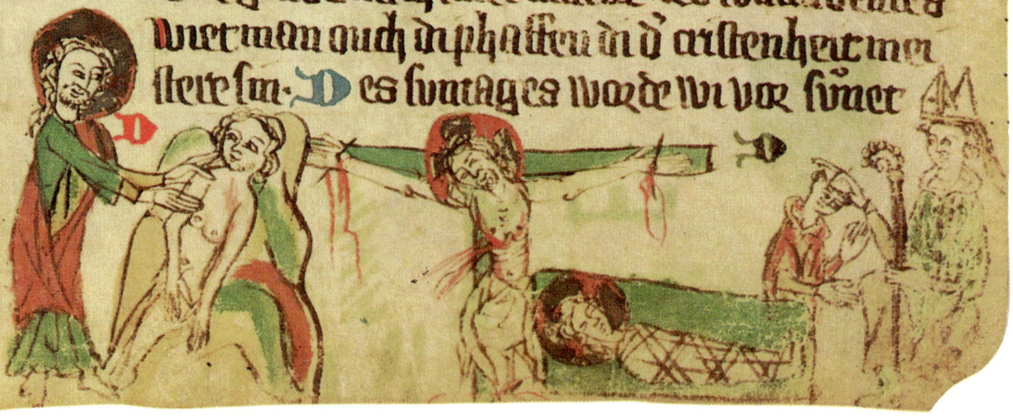

mit gote vmme adames missetat· d' sunetac was d' er
ste tac· d' ie gewart· vñ wirt d' leste· Alse wir vf sten
sullen von me tode· vñ varn czu gnaden mit libe vñ
mit sele· di daz wid' got vordinet habē· dar vmme
sin dise vier tage gemeine vride tage allen lutē· ane
den di mit' hanthaften tat gevangē werden· od' i des
riches achte sin· od' vorvest in deme gerichte· Wer so
vmme vngerichte bedaget wirt· he en muz nicht me
wen drizic man vuren vor gerichte wen he vor kumt·
di en sullen keine wafen tragen ane swert· Icliget
deme wegevertigen manne sin phert· he muz wol
sniden korn vñ im geben· alse verre alse he gereichē
mac· stende in dem wege mit eime vuze· he en sal is lxx.
ab' nicht denne vurē· Wer so totet ad' wndet eine
vridebrechere he blibet is ane wandel· ab hez selbe
siebende gezugē mac· daz he in vundete in d' vlucht·
od' an d' tat· da he den vride brach· Binnē geswor lxxi.
nen vride en sal man keine wapen vuren· wen czu
des riches dienste· vñ czu turnei· sund' swert· Alle di
anders wapen vuren· ub' di sal mā richten· wen si
in des riches achte sin· ab si da inne gevangē werden·
Swert en muz man ouch nicht tragen· in burgen·
noch in steten· noch in dorfen· ane alle di dar inne
wonunge· od' herberge haben· Wapen muz mā
auch wol vuren wēne mā dem gerufte volget· deme
sullen durch recht volgen alle, di czu iren iaren kumē
sin· alse verre daz si swert gevuren mugen· iz en be
neme in echt not· sund' phaffen· vñ wip· vñ kirchenē
vñ hirtē· ab si volgen vor eine burk· dri tage sullen
si da bliben menlich mit siner spise· kumt deme ge
richte di wile ien vor get· od' wer d' daz gerufte ge
schriet hat· is ab he gewindet daz he nicht gevolgen

HEINRICVS.REX.
FRIDERICVS.IMPERATOR.
FRIDERICVS.DVX

Dü lantgre vin võ düringē
Lantgraue h'man von düringen.
hie kriegēt mit sange. h' walth' võ d' vogilweide. h' wolfran von Eschibach. h' Reimar der alte. der tugenthafte schriber. heinrich võ Ofterdingē vñ klingesor von vngerlant.

ABB. OBEN:
Die Provinzen des Reiches huldigen Otto III.
(Ausschnitt, um 1000)
Wie schon seine Vorgänger (Otto der Große und Otto II.) versuchte auch Otto III. (983–1002), die Reichskirche als Stützpfeiler der Königsherrschaft zu nutzen. Seine Pläne gingen dahin, der Stadt Rom ihre alte Stellung als Zentrum des Erdkreises wiederzugeben und das Römerreich zu erneuern. Ottos Verehrung für Karl den Großen zeugt davon, daß es ihm letztlich um eine Wiederbelebung des karolingischen Kaisergedankens ging. Seine weit ausgreifenden Ideen konnten jedoch nicht in die Tat umgesetzt werden, da ihn ein frühzeitiger Tod dahinraffte. Die Miniatur zeigt den jugendlichen Herrscher im Krönungsornat, die geistlichen und weltlichen Herrscher zu beiden Seiten des Throns.

ABB. SEITE 52:
Friedrich Barbarossa und seine Söhne (um 1200)
Nur wenige Kaisergestalten des deutschen Hochmittelalters üben noch heute eine solche Faszination aus wie Friedrich Barbarossa (1152–1190). Glanzvoll hebt sich seine Epoche von der unruhigen Regentschaft seines glücklosen Vorgängers Konrad III. ab. In seiner Persönlichkeit spiegelt sich die Kraft und Herrlichkeit des geeinten Reiches wider, das nach seinem Tod durch innenpolitische Machtkämpfe langsam zerbröckelte. Auf dem Bild sind neben dem in der Mitte thronenden Friedrich seine beiden Söhne, Heinrich VI. und Friedrich, Herzog von Schwaben, dargestellt.

ABB. SEITE 53:
Der Landgraf und die Landgräfin von Thüringen (Große Heidelberger Liederhandschrift, Anfang 14. Jh.)
Die Kaiser des Deutschen Reiches mußten ihre Herrschaft immer wieder gegen den zum Teil erbitterten Widerstand der geistlichen und weltlichen Fürsten durchsetzen. Als Heinrich VI. 1196 die Umwandlung des Reiches in ein Erbreich erzwingen wollte, traf er auf starken Widerstand seitens der Fürsten. Als Haupt der kaiserlichen Gegner trat der hier abgebildete Landgraf von Thüringen hervor.

gesamten Komplex der Grundherrschaft übte der Grundherr Schutz und Schirm sowie einfache Gerichtsrechte aus, deren Herkunft man aus dem alten germanischen *Hausrecht* vermutet. Dieses Hausrecht besagte nichts anderes, als daß der Hausherr über die zum engeren Bereich des Hauses gehörigen Menschen, seien es Familienangehörige, sei es das im Haus lebende Gesinde, eine Schutzfunktion ausübte, die ihm zugleich das Recht einräumte, über die anfallenden Vergehen zu richten. Die gewohnheitsrechtliche Ausübung von Schutz und Gericht führte zur Genese von Herrschaftsrechten, für die keine spezielle Verleihung durch eine staatliche Ordnungsgewalt vorzuliegen brauchte und die man gemeinhin als *autogene Adelsrechte* zu bezeichnen pflegt. Hierzu sollte im Laufe der Zeit die permanente Ausübung von Machtfunktionen hinzutreten, die wie etwa die Grafengewalt[3] ursprünglich vom Königtum delegiert, dann aber entfremdet und dem Besitzstand einzelner Adelsfamilien als erbliche Amtslehen einverleibt worden waren. Es war diese auf dem Eigenbesitz beruhende, dem Königtum und seinen Amtsträgern weitgehend unzugängliche Rechts- und Herrschaftsebene, die dem Adel den Aufbau einer eigenständigen politischen Stellung ermöglichte. Dabei verstand sich der Adel als Genossenschaft, die sich ohne Zwang zusammenschloß, um gemeinsame Zielvorstellungen zu verwirklichen. Der Sprecher bzw. Anführer einer Genossenschaft, die aus Gleichberechtigten bestand, der *Primus inter pares*, konnte konsequenterweise einzig durch Wahl bestellt werden. Das genossenschaftliche Denken des Adels, an der Wurzel gespeist aus ursprünglichen germanischen Vorstellungen, in dem der Wahlgedanke seine feste Heimat fand, sollte sich zum hartnäckigsten Hemmschuh für die Erbfolgepläne des Königtums entwickeln.
Mit der allmählichen Auflösung des Karolingerreiches und der Entstehung des Deutschen Reiches kristallisierte sich in den jeweiligen Reichsteilen ein Adel heraus, der von einem steigenden, wenn auch nur unterschwellig zu ahnenden Selbstbewußtsein geprägt war. An die Stelle der karolingischen Reichsaristokratie, die auf die Königsdynastie fixiert war und die Bestätigung ihrer hervorgehobenen Stellung, sieht man von besitzrechtlichen Besonderheiten ab, hauptsächlich in der unmittelbaren Königsnähe suchen mußte, traten genossenschaftlich organisierte Adelsgruppen, die dem adligen Mitspracherecht innerhalb der Teilreiche Geltung verschafften und als Einung ihren Standpunkt gegenüber dem König durchzusetzen verstanden. Dieser Prozeß, dessen erste Anzeichen bereits in Ergänzung des Vertrags von Verdun bei den Verhandlungen von Coulaines (843) für das westfränkische Reich aufzuspüren sind und dessen Auswirkungen mit dem Sturz Karls III., des Dicken (876–888), 887 auch im ostfränkischen Reich deutlich sichtbar werden, führte schließlich durch die Anhäufung von Besitz und Rechten in den Händen einzelner Familien zur Ausbildung jener adligen Stammesherrschaften, die die Forschung des 19. Jahrhunderts für den Bereich des Deutschen Reiches als »Jüngere Stammesherzogtümer« bezeichnete. Aus dem Kreis der so nach oben gekommenen Stammesführer wurde 919 mit Heinrich I. (919–936), dem Herzog der Sachsen, der erste deutsche König gewählt, der nicht dem fränkischen Stamm angehörte, bei dem wohl keine geblütsrechtlich bedingte Designation vorlag und der sich die Königsherrschaft bewußt als Primus inter pares zueignen ließ. Die wohlüberlegte Ablehnung der Königssalbung, die vordem der Herstellung geblütsrechtlicher Kontinuität gedient hatte, paßt in dieses Bild, in dem die Einsetzung in die Königsherrschaft aufgrund wahlrechtlicher Vorstellungen erfolgte. Als Reichsvolk trat gemäß altem Herkom-

Gregor der Große (540–604; aus dem »Olmützer Horologium«, um 1140)
Seiner Herkunft nach römischer Adliger, gilt der 590 zum Nachfolger Petri gewählte Gregor als der erste mittelalterliche Papst. Vor seinem Pontifikat war Gregor Benediktinermönch, Abt und Gründer mehrerer Klöster. In der konsequenten Nachfolge seines mönchischen Ideals hat er die Position des Papstes gegenüber weltlichen politischen Einflüssen gefestigt. Auf sein Wirken geht u. a. zurück, daß die Ämter des päpstlichen Haushalts ausschließlich von Geistlichen besetzt wurden. Die Zuschreibung »erster mittelalterlicher Papst« erscheint insofern gerechtfertigt, als Gregors streng klerikale Politik in einen Zusammenhang mit den späteren Auseinandersetzungen zwischen Papst und Kaiser im Investiturstreit zu stellen ist.

men der fränkische Stamm in Erscheinung, mit dem sich die Sachsen zu einer einmütigen Wahlhandlung verbanden.

Schon bei der Nachfolge von Heinrichs Sohn, Otto dem Großen (936–973), sah dies anders aus. Durch eine interne »Hausordnung« 929 vorzeitig und unter Aufhebung des Teilungsprinzips allein für die Thronfolge vorgesehen, im Frühjahr 936 offiziell durch seinen Vater zum Nachfolger designiert, verwies Ottos Regierungsantritt mit der Aachener Thronerhebungsfeier am 7. August 936 wieder verstärkt auf die fränkische Reichstradition zurück, was rein äußerlich schon durch das Anlegen der fränkischen Tracht sichtbar wurde. Insignienübergabe, Salbung und Krönung durch die Erzbischöfe von Mainz und Köln mit der anschließenden zweiten Thronsetzung auf den Marmorthron Karls des Großen standen im Mittelpunkt der Handlung, während ein Krönungsmahl, bei dem die vier Herzöge symbolisch die Hofämter ausübten – der Herzog von Lotharingien als Kämmerer, der Herzog von Franken als Truchseß, der Herzog von Schwaben als Mundschenk und der Herzog von Bayern als Marschall –, den Abschluß der Zeremonie darstellte. Thronerhebung und Huldigung durch die weltlichen Großen, präjudiziert durch eine im

Vorfeld der Aachener Vorgänge erfolgte »Vorwahl« des fränkisch-sächsischen Reichsvolkes, sowie die Volksakklamationen bildeten dabei nur den weltlichen, eher formal aufzufassenden Teil der Feier, wohingegen das Krönungsmahl deutlich werden ließ, daß die Machtausübung der Stammesherzöge durch die Betonung des Amtscharakters entscheidend eingeschränkt und letztlich auf das Königtum bezogen werden sollte.

Angesichts dieser Prämissen können weder die zahlreichen Adelsaufstände verwundern, die die Regierungen Ottos des Großen und seines Sohnes Ottos II. (961–983) erschütterten, noch die Wiederbelebung des Kaisertums und das Bestreben, die Reichskirche als Stützpfeiler der Königsherrschaft zu nutzen. Der Rückbesinnung auf die Praktiken Ludwigs des Frommen, der die Bistümer und Klöster durch die Verleihung von Königsschutz und Immunität dem Zugriff des Adels entzogen und sie damit gewissermaßen zu königlichen Eigenkirchen, d.h. zu Machtstützpunkten des Königtums, gemacht hatte, entsprach das Bedürfnis zunehmender Sakralisierung der königlichen Stellung. Die Sakralität des Königtums schweißte Reich und Kirche mit den divergierenden Kräften zusammen.

Ohne diese Entwicklungstendenzen hier im einzelnen nachzeichnen zu können, bleibt festzuhalten, wie sehr der Einsatz der Reichskirche zur Festigung der Königsmacht gegenüber dem Adel als unabdingbare Voraussetzung die sakrale, ja die priesterliche Stellung des Königs innerhalb der Kirche erforderte. Erst durch sie, die den König aus der Masse der Laien heraushob und seine Einflußnahme auf wichtige innerkirchliche Angelegenheiten rechtfertigte, konnte die Zusammenarbeit zwischen weltlicher und geistlicher Gewalt im Sinne der Machterhaltung sichergestellt werden. Das vom Kaisergedanken geprägte Königtum der Ottonen und Salier beanspruchte in letzter Konsequenz sogar ein Aufsichtsrecht über das Papsttum.

Führt man sich dies vor Augen, kann man begreifen, welch umwälzende Folgen die Forderungen der Kirchenreformbewegung des 11. Jahrhunderts für die Stellung des deutschen Königtums und für die Machtstrukturen innerhalb des Reiches haben mußten. Die *libertas ecclesiae*, die Freiheit der Kirche, meinte nicht nur die Bekämpfung offenkundiger Mißstände wie den An- und Verkauf geistlicher Ämter sowie die Priesterehe, sondern zuvorderst auch die radikale Ausmerzung des Laieneinflusses innerhalb der amtskirchlichen Hierarchie. Der König wurde aber nun ebenfalls als Laie gesehen, ein Standpunkt, der einem geänderten Verständnis von der priesterlichen Funktion Rechnung trug und den die Kirche durch den sich anschließenden *Investiturstreit* durchsetzen konnte. Dabei ging es vordergründig um das Recht, die in der Regel dem Adel angehörigen Bischöfe unter Ausschöpfung lehnrechtlicher Möglichkeiten in ihr Amt einsetzen zu dürfen, im Kern jedoch um die Verfügung über die Reichskirche als Machtinstrument. Am Ende dieses Streites stand ein Kompromiß, der durch das *Wormser Konkordat* von 1122 festgelegt wurde. Während der König seinen Verzicht auf die Investitur des neugewählten kirchlichen Amtsinhabers mit Ring und Stab erklärte und eine freie kanonische Wahl und Weihe gestattete, gestand der Papst die Gegenwart des Königs bei den Bischofs- und Abtswahlen sowie begrenzte Eingriffsmöglichkeiten bei umstrittenen Entscheidungen zu. Die Übertragung der Regalien, der dem Königtum zustehenden Güter, Rechte und Einkünfte, wurde vor der Weihe vom König durch die Übergabe eines Szepters vorgenommen, wofür in lehnrechtlichen Formen ein *Hominium*, eine Mannschaftsleistung, erbracht werden mußte. Die geistlichen Fürsten wurden fortan bei der Übertragung der

Kniefall Heinrichs IV. vor Mathilde von Tuszien
(aus der »Vita Matildis«, 1114)
Da die Heranziehung der Geistlichkeit zur Administration des Reiches unumgänglich war, nahmen Könige bzw. Kaiser, also Laien, das Recht für sich in Anspruch, hohe geistliche Würdenträger in ihre Ämter einzusetzen. Diese Investiturpraxis führte immer wieder zu großen Differenzen zwischen Kaisern und Päpsten, eskalierte aber erst in dem Streit zwischen Heinrich IV. und Gregor VII. (1073–1085). Als Heinrich 1076 den Rücktritt von Gregor forderte, belegte der Papst den König mit dem Bann. Heinrich blieb nichts anderes übrig, als Gregor um Verzeihung zu bitten. Im Jahre 1077 trat Heinrich seinen schweren Gang nach Canossa an, der mit der Versöhnung der beiden Gegner endete. Das Bild zeigt Heinrich vor Mathilde von Tuszien und Abt Hugo von Cluny, deren Vermittlung beim Papst er erbat.

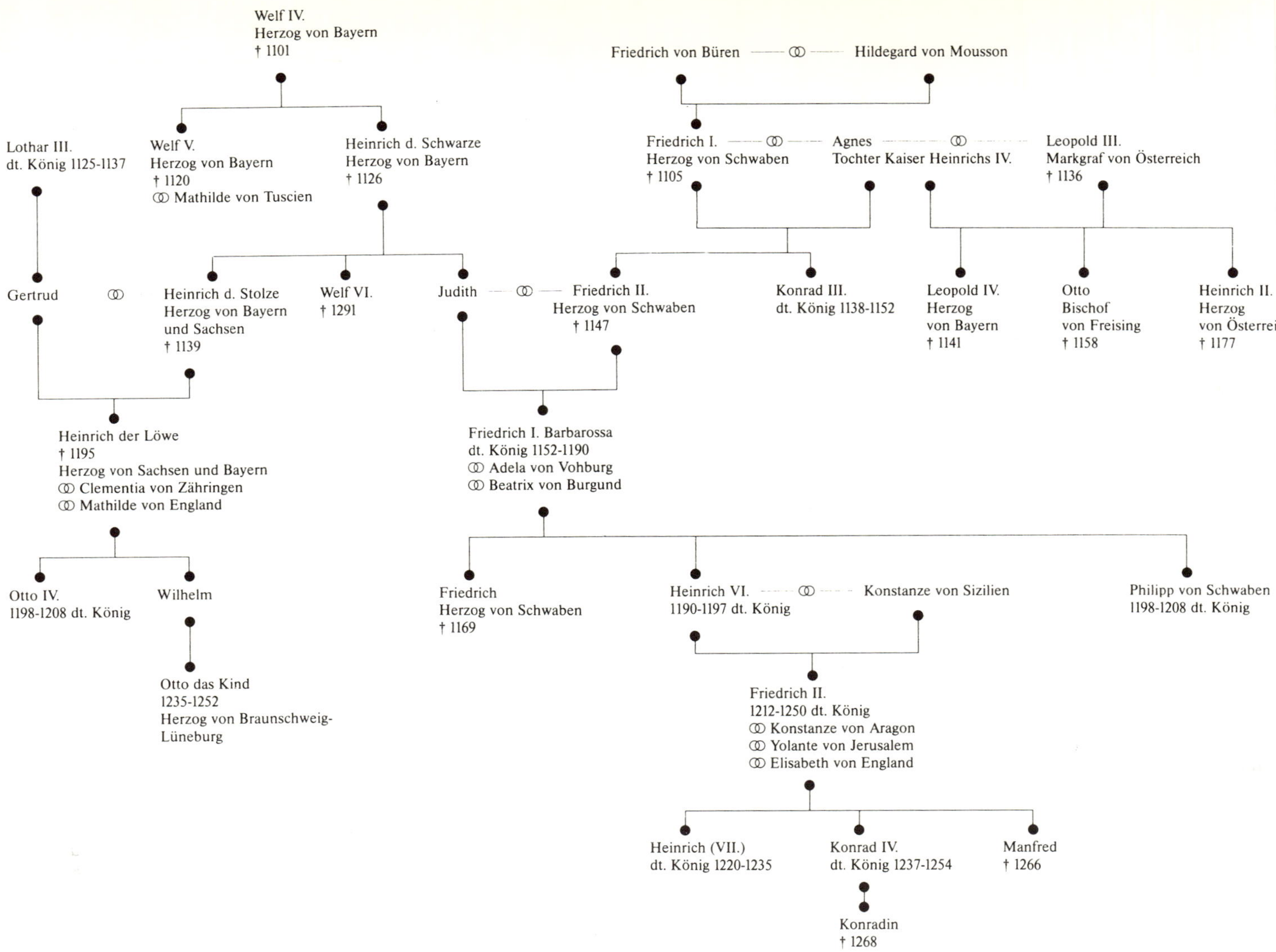

Genealogie der Staufer und Welfen
Seit Konrad III. bestimmte rund 130 Jahre lang das Geschlecht der Hohenstaufen die Geschicke des Deutschen Reiches. Die Regentschaft der Staufer wurde von den Auseinandersetzungen mit den Welfen überschattet, deren schillerndster Repräsentant Heinrich der Löwe war. Gleichwohl erlebte Deutschland unter staufischer Herrschaft eine Periode relativer Sicherheit und Stabilität, die eine hohe kulturelle Blüte ermöglichte: Vor allem Literatur und Architektur nahmen einen ungeahnten Aufschwung.

Regalien durch lehnrechtliche Bande an das Königtum gebunden, ohne daß bei ihnen die Gefahren der Mehrfachvasallität und der Weitervererbung der Lehen bestanden hätten. Damit erhielt das Lehnrecht, das seit dem Ende der Karolingerzeit als Herrschaftsinstrument für die Königsgewalt ambivalent geworden war, wiederum eine eindeutig bestimmbare verfassungsrechtliche Funktion, die zunächst auf das Verhältnis König–Kirche beschränkt war, deren Ausbau allerdings jederzeit möglich schien. Die bewußte Feudalisierung der Reichskirchenverfassung durch das Wormser Konkordat öffnete die Tür zur hochmittelalterlichen Auffassung vom Deutschen Reich als *Reichslehnsverband* mit königlicher Spitze.

In der Zwischenzeit hatte auch der im Reich ansässige Adel eine komplexe Entwicklung durchgemacht und war im Laufe des 11. Jahrhunderts gar von einem regelrechten Verfassungsumbruch erfaßt worden. Hatten die einzelnen Adelsfamilien in früherer Zeit ihre Herkunft eher rein biologisch-genealogisch verstanden, ohne ein übergeordnetes, über viele Generationen reichendes Gemeinschaftsbewußtsein auszubilden, so begannen sie sich jetzt als historisch und sozial zusammenhängendes Geschlecht zu begreifen, das durch die erinnernswerte Großtat eines Spitzenahns begründet worden war. Das Adelsgeschlecht schuf sich einen Mittelpunkt, auf den die verschiedenen Zweige ausgerichtet blieben. Dies war im Normalfall eine Burg, zu der ein Hauskloster mit einer gemeinsamen Grablege für alle Familienmitglieder hinzutrat. Die Angehörigen des Adelshauses begannen, sich nach dieser Burg, die, grob gesagt, im Zentrum des Besitzes lag und die Gerechtsame des Geschlechts verkörperte, zu benennen. Zumeist im Umkreis des Hausklosters entstanden Genealogien, die die oft von sagenhaften Elementen durchsetzte Geschichte des Geschlechts seit dem Wirken des Gründers schilderten, ebenso parallel dazu feste Wappen, die sich als Erkennungszeichen während der nach 1095 durchgeführten Kreuzzugsunternehmen ausbildeten. Diesem neuen Selbstverständnis des Adelsgeschlechts entsprach auch ein gewandeltes Rechtsbewußtsein.

Zum einen hatten die *leges*, die alten Stammesrechte, die der Abstammungsgemeinschaft den rechtlich-politischen Rahmen geliefert hatten, wahrscheinlich wegen der zunehmenden Verchristlichung des Adels und der Stammesmitglieder ihre ursprüngliche Funktion verloren und waren im Laufe des 10. Jahrhunderts verschwunden. Der Ablauf dieses Prozesses ist noch nicht im einzelnen geklärt, doch blieb schließlich nur die bereits erwähnte adelsrechtlich-genossenschaftliche Ebene übrig, durch die ein neuer Rechtskreis konstituiert wurde: das *Landrecht*. Friedenswahrung und Gerichtsbarkeit auf unterer Ebene, autogene Adelsrechte, die aus dem Hausrecht über Grundherrschaft und Burg flossen, bildeten die herrschaftliche Grundlage für die Ansprüche der Adelsgenossenschaft, organisiert im adligen Landtag, auf Mitsprache bei Entscheidungen, die sie direkt betrafen. Die wichtigste Entscheidung war jedoch die Frage der Königsnachfolge, die gemäß diesem Rechtsverständnis, das als Folge eines genossenschaftlichen Zusammenschlusses von Gleichen sozusagen eine horizontale Ebene manifestierte, nach wahlrechtlichen Kriterien zu erfolgen hatte. Hier schlug der letztlich siegreiche Wahlgedanke im Laufe des 12. Jahrhunderts immer tiefere Wurzeln.

Zum anderen hatte es im Laufe des 11. Jahrhunderts im Rechtsdenken einen beachtenswerten Fortschritt gegeben. Man war nun imstande, Recht und Besitz voneinander abzulösen, d.h., im konkreten Fall war es nicht mehr notwendig, ein Gut besitzrechtlich innezuhaben, um die damit verbundenen Herrschaftsrechte ausüben zu dürfen. Folglich genügte es zum Aufbau oder zur Ausdehnung einer Adelsherrschaft, sich die Herrschaftsrechte vorzubehalten bzw. dieselben in einer Hand zu sammeln, während die Besitzungen zur Herstellung nutzbarer Beziehungen weitergegeben werden konnten. Und noch ein anderer Aspekt rückte in den Vordergrund. Der kirchliche Grundbesitz, sei es bischöflicher oder klösterlicher, war ebenfalls als Grundherrschaft organisiert, die *Immunität* genoß, also aus der weltlichen Rechtssphäre herausgenommen war. Ein Problem stellte jedoch die Gerichtsbarkeit nach dem Aufkommen der Blutgerichtsbarkeit dar, da es der Kirche nach den Normen des Kirchenrechts verboten war, »Blut zu trinken«. Um die Ausübung der Gerichtsbarkeit und die Wahrnehmung der weltlichen Hoheitsrechte sicherzustellen, war die Kirche gezwungen, einen Adligen als *Vogt* zu bestellen, der die Immunität in amtlicher Eigenschaft betreten, dort Gericht halten und Abgaben eintreiben durfte. Der Erwerb von Vogteien, Herrschaftsrechten, die der adlige Vogt und in seiner Nachfolge seine Erben kontinuierlich bewahren konnten, gehörte zu den wichtigsten Bausteinen, um eine geschlossene Adelsherrschaft aufzubauen. Aber selbst vor Reichsgut machte man nicht halt, wenn es galt, durch den Zuerwerb von Rechtstiteln Lücken zu schließen. Dabei war es nicht vonnöten, einen lückenlosen Besitz- und Rechtskomplex zusammenzufügen. Es genügte ein Geflecht von Besitz- und Rechtsinseln, um den Weg zur *Territorialherrschaft* beschreiten zu können.

Die Johanneskapelle auf Schloß Pürgg
Das steigende Selbstbewußtsein und ein neues Selbstverständnis des Adels führten seit dem 11. Jahrhundert dazu, daß es neben dem Bau von Burgen häufig auch zur Einrichtung von Hausklöstern kam, die auf dem Eigenbesitz der Adelsfamilien entstanden. In aller Regel befanden sich in den Hausklöstern die Grablegen der Adelsfamilien, und die hier ansässigen Geistlichen beteten für das Seelenheil der Verstorbenen. Aber die Hausklöster dienten nicht allein frommen Zwecken – hier entstanden auch die Chroniken und genealogischen Aufzeichnungen zum Ruhme der Adelsfamilien, und von hier aus wurde die weitere Erschließung eines Landes eingeleitet.

Konrad III. (Miniatur aus der »Kölner Königschronik«, um 1240)
Konrad III., König von 1137–1152, war der Onkel Friedrich Barbarossas. Seine Regentschaft war eine »Unglückszeit«: Konrad hatte sich nicht nur der Ansprüche mächtiger Reichsfürsten, insbesondere der Welfen, zu erwehren, sondern überdies schwer an der Hypothek des gescheiterten 2. Kreuzzugs (1147–49) zu tragen. Ursache für die Niederlage im Heiligen Land war, daß das Zusammenwirken des französischen und des deutschen Heeres nicht funktionierte.

Von all diesen Vorgängen auf der verfassungsrechtlichen Ebene wurde das Königtum dann am meisten berührt, wenn es darum ging, die Nachfolge für den Fall zu regeln, daß die Dynastie im Mannesstamm ausstarb oder kein mündiger männlicher Thronerbe bereitstand. Je stärker der regionale Adel von landrechtlichem Denken beeinflußt war, desto mehr neigte er dazu, bei dieser Gelegenheit auf die Erfüllung wahlrechtlicher Vorstellungen zu dringen. Dies ließ die Königswahlen des 12. Jahrhunderts, als der Übergang vom Wahlrecht der Stämme zum Wahlrecht der adligen Großen vollzogen war, zu einem komplizierten Ringen zwischen den Adelsgruppen werden, denn nicht überall waren die landrechtlichen Normen gleich stark verwurzelt. Man ist versucht, in diesem Zusammenhang von einem Nord-Süd-Gefälle zu sprechen, sollte sich allerdings der unstatthaften Vergröberung durch diese Aussage bewußt sein. Während in den nördlichen Regionen des Reiches – mit Schwerpunkt am Niederrhein, in Westfalen und in Sachsen – der Adel vornehmlich landrechtlich orientiert war und entsprechend die Einhaltung des Wahlrechts propagierte, neigte man in den südlichen und südwestlichen Reichsteilen, wo das Zentrum des Reichsgutes lag und demgemäß die lehnrechtlichen Bindungen intensiver waren, zur Aufrechterhaltung erb- und geblütsrechtlicher Vorstellungen. Zwar achtete man zumeist darauf, daß der gewählte Kandidat irgendwie verwandtschaftlich an das vorherige Königsgeschlecht angebunden war – solche Konstruktionen bereiteten angesichts der engen Familienbeziehungen innerhalb der adligen Oberschicht kaum Schwierigkeiten –, doch konnte dies nicht verbergen, daß der Wahlgedanke bis zum 13. Jahrhundert zunehmend an Boden gewann.

Durch die Wahlen der Jahre 1024 (als der Salier Konrad II., 1024–1039, das sächsische Königshaus ablöste), 1077 (als der schwäbische Herzog Rudolf von Rheinfelden, 1077–1080, zum König gegen den Salier Heinrich IV., 1056–1106, erhoben wurde), 1081 (als der Graf Hermann von Salm, 1081–1088, zum Nachfolger Rudolfs im Königtum bestimmt wurde), 1125 (als Herzog Lothar von Sachsen, 1125–1137, dem letzten Salier, Heinrich V., 1106–1125, nachfolgte) und 1138 (als der Staufer Konrad III., 1138–1152, durch einen »Staatsstreich« den Königsthron in Besitz nahm) wurden neue Königshäuser begründet, wobei die Vorgänge von 1077 als erste freie deutsche Königswahl gewertet werden können und sich 1138 anscheinend die freie Wahl als anerkannter Rechtsgrund der Thronfolge durchgesetzt hatte. Damit war jeder mächtige Fürst vornehmer Abkunft königsfähig. Bereits Friedrich Barbarossa (1152–1190) sollte dies 1152 zu spüren bekommen, als er seinem Oheim Konrad III. nachfolgen wollte und eine solche Regelung gegenüber der Frankfurter Wahlversammlung nur durch geschickte Verhandlungen und Versprechungen durchzusetzen war, ohne daß der rein wahlrechtliche Charakter der Vorgänge in Zweifel zu ziehen wäre. Unabhängig von der Frage, ob der Welfe Heinrich der Löwe, Herzog von Sachsen und schließlich wohl infolge der Frankfurter Zugeständnisse auch Herzog von Bayern, 1152 als Gegenkandidat bei der Königswahl aufgetreten ist, war er als machtvoller Reichsfürst jederzeit ein potentieller Thronanwärter. Seine Heirat mit der englischen Königstochter Mathilde hob ihn noch zusätzlich aus dem Kreis seiner Standesgenossen heraus. Man hat ihm nicht von ungefähr Königsgedanken nachweisen können, die ihren deutlichen Niederschlag in einer Miniatur des Helmarshauser Evangeliars gefunden haben: Heinrich der Löwe und seine Gemahlin Mathilde, Herzog und Herzogin, werden durch Christus selbst im Beisein ihrer Ahnen, darunter zwei Könige (Lothar III., Heinrich II. von England), mit Königskronen gekrönt[4].

Krönung Heinrichs des Löwen und seiner Gattin Mathilde (Evangeliar Heinrichs des Löwen, um 1188)
Heinrich der Löwe, Herzog von Sachsen und Bayern, trat 1152 als Gegenkandidat bei der Wahl des Staufers Friedrich Barbarossa auf. Er war einer der mächtigsten Reichsfürsten und bedrohte bis zu seiner Entmachtung (zwischen 1178 und 1180) ständig die staufische Herrschaft. Daß er ein potentieller Thronanwärter war und sich mit Gedanken an die Königswürde trug, wird auf der Miniatur deutlich: Heinrich der Löwe und seine Gemahlin, die Königstochter Mathilde, werden durch Christus im Beisein ihrer Ahnen mit Königskronen gekürt.

Dabei spiegelte das so erkennbare Programm des Löwen, durch den Anspruch auf eine königliche Stellung seinem Fürstentum, ja man kann sagen seiner werdenden Landesherrschaft, einen abschließenden verfassungsrechtlichen Rahmen zu geben, im Grunde genommen auf einer höchsten Ebene nur die Bestrebungen anderer Fürsten wider, ihre eigene Territorialherrschaft zu konsolidieren und gegenüber äußeren Eingriffen undurchlässig zu machen. Das staufische Königtum stand diesen Ansätzen weitgehend ohnmächtig gegenüber, da ihm kein rechtliches Mittel an die Hand gegeben war, in die landrechtliche Ebene einzudringen. In Anbetracht dieser Sachlage verlegte man sich darauf, von seiten des Königshofs und der königlichen Kanzlei den Reichsaufbau streng lehnrechtlich zu sehen und abweichende Rechtsauffassungen zu ignorieren. Diese Sicht brachte nicht nur den Vorteil, daß die Stellung des Königs an der Spitze der Lehnspyramide unanfechtbar war, alle Gewalt ursprünglich von ihm ausging und alle Machtträger ihm aufgrund personaler Bindungen nachgeordnet waren, sondern sie ließ auch die Interpretation zu, daß die Nachfolge im Königtum durch Erbgang, wie im Lehnrecht üblich, zu erfolgen habe. Hinfort sollten sich lehnrechtliche, vom Königtum propagierte Vorstellungen und landrechtliche, von Teilen des Adels getragene Anschauungen in einer Art latentem Dualismus aneinander reiben und vor allem bei

Kaisersiegel Friedrich Barbarossas (um 1155)
Siegel bildeten im Mittelalter einen wesentlichen Bestandteil des Rechtswesens. Kaiser und Könige verwendeten seit jeher Siegel zur Beurkundung von Schriften und Erlassen: Thronend, mit den Insignien ihrer Macht sind sie porträtiert (s. Bild). Die Siegelführung war jedoch kein Privileg der Fürsten, denn schon im 11. Jahrhundert gab es gräfliche Siegel – im Unterschied zu den Herrschern verzichteten die Adligen aber auf eine »majestas«-Darstellung. Seit dem 12. Jahrhundert benutzten auch Städte und Klöster Siegel zur Dokumentation ihrer Rechtsstellung.

den Königswahlen, wenn es um die Durchsetzung von Wahlrecht oder Erbrecht ging, virulent werden.
Da man inzwischen durch das scholastische Denken und das von ihm geprägte Kirchenrecht gelernt hatte, Rechtsgebäude zu systematisieren, und zusätzlich die aktive Italienpolitik der Staufer permanent Normen des römischen Rechts ins Reich importiert hatte, wurde es nun selbstverständlich, sich das neue Herrschaftsgefüge als eine übergreifende Ordnung vorzustellen. Die eigentlich nur locker gegliederte Lehnspyramide wurde mit dem Heerschild, durch den jetzt die Stellung des Lehnsmannes innerhalb des hierarchisch gegliederten Lehnsnexus definiert wurde, zur sieben Ränge umfassenden *Heerschildordnung* verknüpft. Unter der königlichen Spitze rangierten, leicht voneinander abgesetzt, an zweiter und dritter Stelle die geistlichen und weltlichen Fürsten, dann die Grafen, freien Herren, Schöffenbarfreien und Dienstmannen als Vasallen und Aftervasallen bis hin zur siebten und untersten Stufe, dem Einschildritter, der Lehen empfangen, jedoch nicht weitergeben durfte. Der so gestaltete Reichsaufbau war auf den Adel beschränkt, da bisher niemand sonst lehnsfähig war, ging also an der politischen Wirklichkeit, die Städten und Bürgertum ein immer größeres Gewicht beimaß, weitgehend vorbei. Die Stellung des Königtums an der Spitze der weltlichen Machthierarchie fand sich hier allerdings zementiert, weshalb die Lehnsverfassung des Deutschen Reiches, ungeachtet des Aufkommens der Landesherrschaften, über das Mittelalter hinaus in Kraft bleiben sollte. Sie trug indes den Keim des Verfalls in sich, da die Machtbasis der Reichsfürsten eben nicht ausschließlich in ihren als Reichslehen aufgefaßten Herzogtümern und Grafschaften, ihrem Lehnsbesitz und ihren daraus abgeleiteten Rechten bestand.
Auf welche Schwierigkeiten es stieß, einen Reichsfürsten seiner Herrschaftsgrundlage vollkommen zu berauben, wenn seine Ambitionen für das Königtum und die adligen Standesgenossen unerträglich geworden waren, sollte sich am klarsten bei der Entmachtung Heinrichs des Löwen zeigen. Um ihm seine Machtstellung zu nehmen, war die Einleitung eines landrechtlichen und eines lehnrechtlichen Verfahrens notwendig, wobei sowohl die adligen Standesgenossen auf Landes- als auch die Mitlehnsträger auf Reichsebene als Urteilsfinder auftraten. Das lehnrechtliche Verfahren führte zum Entzug der Lehen, d.h. der Herzogtümer; das landrechtliche Verfahren endete mit der Verhängung der Reichsacht sowie der Aberacht, womit zumindest zeitweise der Verlust der Eigengüter verbunden war. Während der Allodialbesitz nach Aufhebung der Acht und Aberacht wahrscheinlich zum Teil restituiert wurde, blieben die Reichslehen auf Dauer verloren. Der Prozeß gegen Heinrich den Löwen, wiewohl politisch bedingt, legt die verfassungsrechtlichen Wurzeln der Adelsgewalt in Land- und Lehnrecht bloß. Gleichzeitig verdeutlicht der Gang der Verhandlungen, daß der König die Entmachtung eines Reichsfürsten auf der landrechtlichen Ebene nur im Verein mit der landsässigen Adelsgenossenschaft vornehmen konnte, sein Machtanspruch also auf dieser Ebene seine Begrenzung fand. Dieser verfassungsrechtlichen Dualität der adligen Herrschaftsgrundlagen entsprachen dann auch die Voraussetzungen, die bei der Aufnahme in den *Reichsfürstenstand* erfüllt werden mußten. Denn ungefähr mit dem Jahr 1180, als die Herzogtümer Heinrichs des Löwen durch die berühmte Gelnhäuser Urkunde (13. April 1180) wieder als Reichslehen ausgegeben wurden, kann im Zuge der lehnrechtlichen Ausrichtung des Staates durch die Staufer beobachtet werden, wie sich der Reichsfürstenstand nach unten abschloß, so daß eine spezielle Aufnahme durch den König erfolgen

mußte. Diese Aufnahme, die natürlich im Sinne der unmittelbaren königlichen Herrschaftsdelegation war, erfolgte durch einen Akt, bei dem verschiedene Schritte auseinanderzuhalten sind: Der zu Erhebende ließ dem Reich Allodialbesitz auf, den der König sodann als Reichsgut mit dem künftigen Reichslehngut zu einem neuen Lehen zusammenfügte und als Reichsfürstentum wieder unter Beachtung der lehnrechtlichen Formen ausgab. So wurden der Graf Balduin von Hennegau zum Markgrafen von Namur (1184/88), der Welfe Otto zum Herzog von Braunschweig (1235), der Landgraf Heinrich von Hessen (1292) und der Graf Amadeus von Savoyen (1310/13) in ihren neuen Stand erhoben, wobei der Kombination von Allod und Lehen größte verfassungsrechtliche Bedeutung zukam.

In welchem Ausmaß der landrechtliche Hintergrund der reichsfürstlichen Stellung den Forderungen des Königtums nach vorbehaltloser Anerkennung der lehnrechtlich-erbrechtlichen Struktur des Reichsaufbaus Schranken auferlegte, erwies sich 1196 bei der Ablehnung des Erbreichsplanes und 1198 bei jener Doppelwahl, die zum jahrelangen Thronstreit führen sollte. Jedesmal war es eine Fürstenposition aus den Reichsteilen, in denen landrechtliche Vorstellungen eine wichtige Rolle spielten, die die Pläne des Königtums, Reichsverfassung und Erbrecht untrennbar miteinander zu verbinden oder allein den Erbgedanken bei der Nachfolge in der Königsherrschaft gelten zu lassen, zu Fall brachten. Als Heinrich VI. (1190–1197) 1196 den Fürsten im Gegenzug gegen die Umwandlung des Reiches in ein Erbreich die unbeschränkte Erblichkeit der Lehen auch über die weibliche Linie zugestehen wollte und den geistlichen Fürsten den Verzicht auf das *Spolienrecht*[5] anbot, trat zuletzt der Landgraf Hermann von Thüringen als ein Haupt des Widerstands hervor. 1198 wiederum profilierte sich der Kölner Erzbischof Adolf von Altena als der

Castel del Monte (Apulien, um 1240)
Der Staufer Friedrich II. (1212–1250) hegte nicht nur ein starkes politisches Interesse an Italien, sondern war auch auf kulturellem Gebiet engagiert. Von diesem Engagement zeugt z. B. die Gründung der Universität Neapel im Juni 1224. Sein 1240 gebautes Jagdschloß Castel del Monte dokumentiert in eindrucksvoller Manier Friedrichs rege Bautätigkeit auf Sizilien. Bemerkenswert ist der achteckige Grundriß des Schlosses.

Timo von Kistritz (Stifterfigur im Naumburger Dom, um 1250)
Das Ende der staufischen Herrschaft in Deutschland (1254) brachte eine Periode der Friedlosigkeit und Rechtsbrüche mit sich, die den Adel in einer Zeit des Interregnums (bis 1273) zur Erneuerung der Reichsgewalt durch freie Königswahl zwang. Bereits 1256 überließ der Frankfurter Reichstag 7 Kurfürsten das Alleinstimmrecht bei der Wahl des Herrschers: 3 geistliche und 4 weltliche Kurfürsten forderten vom Kandidaten Kapitulationen (Sonderrechte) und Willebriefe (politisches Mitspracherecht), um die eigenen Machtbefugnisse zu erweitern. Der Wechsel der Krondynastie, also die Nichterblichkeit des Königstitels, diente dem Ziel, ein schwaches Königtum zu installieren und die starke Stellung des Adels zu zementieren.

unnachgiebigste Verfechter des Wahlrechts der Fürsten – schließlich als erfolgreicher Königsmacher für den Welfen Otto IV. (1198–1218) – gegenüber der staufischen, von erb- und geblütsrechtlichen Vorstellungen bestimmten Position zugunsten Philipps von Schwaben (1198–1208).

Berücksichtigt man das Beharrungsvermögen, das den Adel als soziale Schicht auszeichnete, kann es kaum Verwunderung erregen, daß sich im Spätmittelalter das Wahlrecht bei der Vergabe des Königsamtes endgültig durchsetzte, zumal es auch im kirchlichen Bereich beheimatet war. Durch die »Goldene Bulle« Karls IV. (1346–1378) von 1356 wurde die rein wahlrechtliche Prozedur bei der Königswahl in der ungeschriebenen Reichsverfassung ebenso verankert wie die Begrenzung des stimmberechtigten Wählerkreises auf die sieben Kurfürsten – die Erzbischöfe von Köln, Mainz und Trier, den Pfalzgrafen bei Rhein, den Markgrafen von Brandenburg, den Herzog von Sachsen sowie den König von Böhmen. Während die geistlichen Mitglieder dieses Kollegiums als Erzkanzler fungierten und bei der Krönung mit wichtigen Funktionen betraut waren, übten die weltlichen Kurfürsten nach dem Vorbild von 936 beim Krönungsmahl die Erzämter eines Truchsessen, Marschalls, Kämmerers und Mundschenks aus[6]. Die entscheidende Übergangsphase war indes das 13. Jahrhundert gewesen, als das Ende der staufischen Dynastie und die anschließende Zeit des bis 1273 andauernden Interregnums den Adelsgruppen Gelegenheit boten, ihre Vorstellungen von der Nachfolge im Königtum zu verfestigen. Der einmütigen Wahl Rudolfs von Habsburg (1273–1291) war bereits 1256 die Überlassung des Alleinstimmrechts durch einen Frankfurter Reichstag an einen Kreis von vermutlich sieben Kurfürsten vorausgegangen[7], so daß die Einsetzung eines neuen Königs nur noch wahlrechtlich erfolgen konnte. Aber noch in anderer Hinsicht hatte die politische Entwicklung die einstigen Positionen des staufischen Königtums überrollt. Durch die unsicheren Herrschaftsverhältnisse während der letzten Jahre Friedrichs II. (1212–1250), der Wirren unter Konrad IV. (1250–1254) und des anschließenden Interregnums war das Reichsgut, die ursprüngliche Machtbasis der Königsgewalt, in dramatischer Weise geschmälert, entfremdet oder verschleudert worden. Um im Reich überhaupt regieren zu können, war jede der drei großen Königsdynastien des Spätmittelalters – die Habsburger, die Wittelsbacher und die Luxemburger – darauf angewiesen, sich eine eigene *Hausmacht* aufzubauen, d.h., fast in Parallele zur früheren staufischen Reichslandpolitik den eigenen Herrschaftsbereich nach innen wie ein Landesherr zu durchdringen und mit hinzuerworbenen Territorien zu einem einheitlichen Machtblock zusammenzuschweißen. Die Lehnshoheit des deutschen Königs bestand daneben in der Theorie und unter Wahrung aller Formen weiter fort, ja wurde sogar verfeinert und institutionell durchgeformt, doch konnte sie gegenüber den Territorien nicht mehr herrschaftlich aktiviert werden und verkam zur leeren Hülse. Nur durch eine gezielte Hausmacht- und Bündnispolitik war der König fortan in der Lage, im Reich Regierungsaufgaben wahrzunehmen. Das Reich insgesamt von der Spitze aus im eigentlichen Sinne des Wortes zu regieren war unmöglich geworden. Je nach der Herrschaftsstruktur der Reichsteile kann man nun zwischen königsnahen, königsfernen und königsoffenen Landschaften unterscheiden. Fast schon selbstverständlich zählen die mittel- und niederrheinischen Gebiete zu den königsoffenen, Nord- und Mitteldeutschland zu den königsfernen Landschaften. Der Prozeß der Trennung von König und Reich, der im 15. Jahrhundert zu einem Dualismus von Herrscher und Ständen führte, schritt unaufhaltsam voran.

Auf der anderen Seite war der genossenschaftlich handelnde Adel zum *Land* geworden, dem nun oftmals auf dieser Ebene ein weltlicher oder geistlicher Landesfürst bzw. *Landesherr* gegenübertrat. Dieser wiederum, der sich durch die Anhäufung von Besitz und Rechten in seiner Hand herauskristallisiert hatte, leitete den Übergang vom Personenverband zum institutionellen Flächenstaat ein, indem er für eine übergreifende Verwaltungsorganisation sorgte. Es entwickelte sich die Gebietsherrschaft, bei der sich die Herrschaft über Leute durch die Herrschaft über Land konstituierte. Bei diesem komplexen Vorgang konnte der Landesherr neben anderen Funktionen auf das Lehnrecht zurückgreifen, um die organisatorische Gliederung auf eine Spitze hin, d.h. eine vertikale Herrschaftsstruktur, sicherzustellen, da die Gefahr einer Aktivierung dieses Instruments durch das Königtum endgültig gebannt war. Die letzte Stufe war erreicht, als die Lehnrechtsordnung in die Territorialrechtsordnung integriert werden konnte, d.h. die lehnrechtliche Bindung sich nicht mehr auf die Person des Landesherrn, sondern auf das Land selbst bezog. Damit war das Land kraft der landständischen Verfassung und der durch das Lehnrecht gefestigten Landesverwaltung endgültig eine nach außen abgeschlossene Einheit geworden, in der der Dualismus zwischen Landesherr und Landständen gewissermaßen den Dualismus von König und Reich abbildete. Angesichts des sich solchermaßen formierenden Partikularismus konnte das Königtum einzig durch eine dynamische, die eigenen (landesherrschaftlichen) Reserven ausschöpfende Machtpolitik bestehen. Die früher oftmals beschriebene Stellung des deutschen Königs und Kaisers quasi als Vorreiter absoluten Herrschertums hat es hingegen in der Herrschaftspraxis so nie gegeben, so nie geben können. Die Empfindlichkeit der Herrschaftsverhältnisse im Mittelalter erforderte immer die Herstellung eines Gleichgewichts, das die Herrschafts- und Rechtsgrundlage der gesellschaftlichen Gruppen, die ebenfalls Ansprüche auf Teilhabe an der Macht geltend machten, zwar nicht anerkennen, aber zumindest stillschweigend hinnehmen mußte. Dieses Schweigen aber erschwert uns bis heute den Zugang zum Mittelalter.

Anmerkungen

1) Zu diesem Begriff s. K. Hauck, Geblütsheiligkeit, in: Liber Floridus. Festschrift für Paul Lehmann, St. Ottilien 1950, S. 187–240.
2) Zum Heerkönigtum s. W. Schlesinger, Über germanisches Heerkönigtum, in: Das Königtum. Seine geistigen und rechtlichen Grundlagen, Sigmaringen 1956, S. 105–141.
3) Auf den komplexen Problemkreis der Grafengewalt und der sog. »Grafschaftsverfassung« kann hier aus Platzgründen nicht eingegangen werden. Vgl. dazu H. K. Schulze, Die Grafschaftsverfassung der Karolingerzeit in den Gebieten östlich des Rheins, Berlin 1973; M. Borgolte, Geschichte der Grafschaften Alemanniens in fränkischer Zeit, Sigmaringen 1984, und die Entgegnung darauf durch H. K. Schulze, Grundprobleme der Grafschaftsverfassung, in: Zeitschrift für Württembergische Landesgeschichte 44, 1985, S. 265–282.
4) Zu den Ambitionen Heinrichs des Löwen und ihrer ausführlicheren Ausdeutung s. J. Fried, Königsgedanken Heinrichs des Löwen, in: Archiv für Kulturgeschichte 55, 1973, S. 312–351.
5) Das Spolienrecht war in diesem Fall das dem König zustehende Recht auf den Nachlaß des verstorbenen Geistlichen.
6) Bereits im Sachsenspiegel des Eike von Repgow (ca. 1180–nach 1233), der in Landrecht und Lehnrecht gegliedert war, hieß es im landrechtlichen Teil (III 57 § 2): »In des keiseres kore scal de erste sin de biscop van Trire, de andere van Megenze, de dridde van Kolne. Under den leien is de erste an deme kore de palenzgreve van'me Rine, des rikes druzte; de andere de marschalk, de hertoge van Sassen; de dridde de kemerere, de markgreve van Brandeborch. De scenke des rikes, de koning van Behemen, de ne hevet nenen kore, umme dat he nicht dudisch n'is« (nach: Das Landrecht des Sachsenspiegels, hg. v. K. A. Eckhardt, Göttingen 1955, S. 127). Ausführlich dazu: E. Boshof, Erstkurrecht und Erzämtertheorie im Sachsenspiegel, in: Historische Zeitschrift. Beiheft N. F. 2, 1973, S. 84–121.
7) Vgl. dazu W. Giese, Der Reichstag vom 8. September 1256 und die Entstehung des Alleinstimmrechts der Kurfürsten, in: Deutsches Archiv 40, 1984, S. 562–590.

Formen des Wirtschaftslebens im hohen Mittelalter

von Manfred Groten

Lockern des Ackerbodens mit einer Blatthacke und Pflügen (um die Mitte des 13. Jh.s)
Von den mittelalterlichen Ackerbaugeräten war der Pflug das zweifellos wichtigste. In Gebrauch waren vor allem zwei Pflugarten: der Haken- und der Beetpflug. Letzterer, mit Rädern versehen, war zwar schon in der Spätantike bekannt, fand aber bis zum 11. Jahrhundert kaum Verbreitung. Erst allmählich verdrängte er den Hakenpflug (s. Abb.), der den Boden zwar lockerte und Krumen entstehen ließ, die Erde jedoch nicht umwendete.

Agrarwirtschaft

Die mittelalterliche Gesellschaft war eine Agrargesellschaft. Mindestens 90 Prozent der Bevölkerung waren in der Landwirtschaft tätig. Die Bauern schufen die Nahrungsgrundlage für den Adel, den Klerus und das städtische Bürgertum. In der bildhaften Sprache des Mittelalters wurden sie als die Füße bezeichnet, die den gesamten Volkskörper zu tragen hatten. Ihre rechtliche Stellung und ihr gesellschaftliches Ansehen entsprachen aber keineswegs ihrer wirtschaftlichen Bedeutung. Die überwiegende Mehrzahl der Bauern war entweder persönlich unfrei oder mit hohen Abgaben verschiedenster Art belastet. Das Mittelalter kannte drei grundlegende Lebensformen: die der Beter, der Krieger und der Arbeiter. Die ersten repräsentierten Kleriker und Mönche, die zweiten Adlige und Ritter, die dritten neben Handwerkern und Kaufleuten in erster Linie die Bauern. Letztere waren durch das Verbot des Waffentragens aus der sozialen Aufstieg verheißenden Welt des Rittertums ausgegrenzt. Herrschaft konnte allein der ausüben, der sie auch mit bewaffneter Hand zu verteidigen wußte. Wer waffenlos war, konnte nur Objekt der Herrschaft anderer sein. So war die hochmittelalterliche Ausprägung des Bauernstandes wesentlich bestimmt von der gleichzeitigen Ausbildung des ritterlichen Berufskriegertums.

Die Herrschenden haben es nicht an Versuchen fehlen lassen, die Lebensweise der Bauern zu reglementieren, um sie fest in ihren Standesschranken zu halten, vor allem als sich die wirtschaftliche Lage der Bauern im Hochmittelalter zusehends besserte. Die um die Mitte des 12. Jahrhunderts verfaßte Kaiserchronik bemüht die höchsten Autoritäten des Mittelalters, Kaiser Karl den Großen und Papst Leo III., zur Legitimierung von gesetzlichen Vorschriften für die Bauern:

»Nun will ich über den Bauern sprechen, welche Kleidung der tragen soll: sie sei schwarz oder grau, etwas anderes erlaubte er [der Kaiser] nicht. Keilstücke an den Seiten, die passen zu seinem Lebenswandel. Schuhe aus Rindsleder, damit ist es genug. Sieben Ellen Rupfentuch für Hemd und Hose. Hat er Keilstücke vorn oder hinten, hat er gegen das Standesrecht verstoßen. Sechs Tage hinter dem Pflug und andere Arbeit genug. Am Sonntag soll er zur Kirche gehen mit einem Stab in der Hand. Wird ein Schwert bei ihm gefunden, soll man ihn führen gebunden zu dem Kirchenzaun. Da halte man den Bauern und schlage ihm Haut und Haare ab. Wenn er angegriffen wird, wehre er sich mit der Mistgabel.«

In diesem Text kommt die Geringschätzung des der höfischen Kultur verpflichteten Dichters für die Bauern unverhüllt zum Ausdruck. Am Gegenbild des pöbelhaften Bauern sind in der mittelhochdeutschen Literatur immer wieder die höfischen Verhaltensnormen verdeutlicht worden.

Die literarische Figur des Bauern war bis zu einem gewissen Grade nur ein Zerrbild der Wirklichkeit. Die meisten Bauern konnten sich mehr, als ihnen die Herrschenden zugestehen wollten, gar nicht leisten. Die mittelalterliche Bauernwirtschaft warf, vor allem bedingt durch Düngerknappheit, nur geringe Erträge ab. Beim Weizenanbau etwa konnte im Durchschnitt nur mit einem Verhältnis von Saatgut zu Ernteertrag von 1 : 3 gerechnet werden. Der Mehrertrag wurde oft in so hohem Maße durch Abgaben abgeschöpft, daß die Ernährung der Bauernfamilie mit dem verbleibenden Rest nur mit Mühe und Not gesichert werden konnte. An Luxus und Prachtentfaltung war unter solchen Umständen nicht zu denken.

Die normale Tracht der Bauern bestand aus grobem Material. Sie trugen ein Hemd, eine kurze Hose (die sogenannte Bruch) und lange Strümpfe (sogenannte Beinlinge), darüber einen Leibrock, meist mit Gürtel, der höchstens bis auf die Knie reichte, um nicht bei der Feldarbeit hinderlich zu sein. Die Adligen und die reichen Bürger trugen dagegen Röcke, die bis auf den Boden reichten und modisch herausgeputzt waren, etwa mit den oben erwähnten Keilstücken. Vor Kälte und Regen schützten sich die Bauern mit einem offenen Mantel, der meistens eine Kapuze hatte. Als Fußbekleidung dienten oft nur Fußlappen oder Holzschuhe. Typisch für die Bauern war auch der mit Schnüren am Knöchel befestigte Bundschuh, der in den Bauernkriegen zum Feldzeichen der Aufständischen werden sollte. Der einfache Bauer besaß kaum mehr als einen Satz Kleidung. Noch in der frühen Neuzeit konnte die Farbe des Rocks ein steckbriefliches Kennzeichen sein. Nur reiche Bauern besaßen neben der Alltagskleidung auch noch einen Sonntagsstaat, dessen Pracht den höheren Ständen ein Dorn im Auge war.

Das Hauptnahrungsmittel der Bauern war ein Hirse- oder Haferbrei, der aus Holzgeschirr gelöffelt wurde. Brot wurde häufig ohne Hefe als Fladenbrot gebacken. Ansonsten kam Graubrot auf den Tisch. Das feine helle Weizenbrot galt als Herrenspeise. Zur Nahrung der Bauern zählte auch Gemüse, wie Bohnen, Linsen oder Erbsen, Butter, Käse und Fleisch, vor allem Schweinefleisch und Geflügel. Wild war strenggenommen tabu, weil den Bauern das Jagen verboten war. Von den eher kargen täglichen Mahlzeiten hoben sich die Festessen ab, gegen deren Exzesse die Prediger nicht müde wurden zu wettern.

Im Normalfall war der Bauer in eine Grundherrschaft eingebunden. Grundherren waren der König, Adlige, Bischöfe, Stifte und Klöster. Die mittelalterliche Grundherrschaft hatte in ihrer ausgeprägtesten Form drei Komponenten. Der Herr war erstens Eigentümer des von den Bauern bewirtschafteten Landes. Aufgrund dessen konnte er für die Nutzung von Ackerland, Wiesen und Wald Abgaben erheben. Er war zweitens Gerichtsherr über die Bauern, die damit also der öffentlichen Gerichtsbarkeit der vom König beauftragten Grafen entzogen waren. Da der Gerichtsherr zugleich auch Schutz gewährte, konnte er von seinen Schutzbefohlenen Steuern verlangen, die im Mittelalter meist als Beden (= Bitten) bezeichnet wurden. Der Herr konnte drittens noch Leibherr der Bauern sein, wenn diese unfrei waren. Gerade in diesem letzten Punkt gab es zeitlich und regional die größten Unterschiede.

Man muß sich ohnehin vor Augen halten, daß der Begriff »Freiheit« zu verschiedenen Zeiten verschiedene Inhalte gehabt hat. Mit unserem Freiheitsbegriff sind ja etwa Dinge wie Schulpflicht, Wehrpflicht oder Steuerpflicht zu vereinbaren. Das Mittelalter setzte andere Maßstäbe. Der Grad herrschaftlicher Fremdbestimmung war ein entscheidendes Kriterium.

Am schlechtesten gestellt waren die Leibeigenen, die kein eigenes Land bewirtschafteten, sondern im Haushalt des Herrn dienten. Sie mußten dem Herrn ihre ganze Arbeitskraft zur Verfügung stellen. Freizügigkeit gab es für sie nicht. Die Eheschließung war ihnen in der Regel verwehrt. Lebensunterhalt und Alterssicherung wurde den Leibeigenen aber garantiert. Etwas mehr Freiraum genossen die sogenannten behausten Knechte, die in eigenen Hüt-

Arbeiten eines Landmannes (13. Jh.)
Die Medaillons zeigen zwei Tätigkeiten des Bauern: Aussaat und Getreideernte mit der Sichel.

ten im Bereich des Herrenhofes lebten. Leibeigene, die einen eigenen Hof bewirtschafteten, waren zu bestimmten Frondiensten verpflichtet. Darüber hinaus mußten sie einen Kopfzins zahlen. Besondere Abgaben waren bei Eheschließung und im Todesfall zu leisten.

Seit der Karolingerzeit waren die meisten Großgrundherrschaften als sogenannte Villikationen organisiert. Eine Villikation bestand aus einem Herrenhof mit Eigenwirtschaft und einer Anzahl von abhängigen Bauernstellen. Auf dem Herrenhof lebte entweder der adlige Großgrundbesitzer selbst mit seiner Familie oder ein herrschaftlicher Beamter, meist Schultheiß oder Meier genannt. Letzteres war vor allem der Fall in den großen Grundherrschaften, die sich aus einer Vielzahl von Villikationen zusammensetzten. Bedeutende Klöster verfügten über Tausende von Bauernstellen. Die Inhaber solcher Bauernstellen oder Hufen, deren Durchschnittsgröße mit 10 ha angegeben wird, hatten nicht nur ihr eigenes Land zu bestellen, sondern auch Frondienste auf dem Herrenhof zu leisten.

Wie das in der Praxis aussah, zeigt ein Artikel aus dem Güterverzeichnis des Klosters Prüm in der Eifel über den nahe beim Kloster gelegenen Hof Rommersheim, zu dem 7 Hufen Herrenland und 30 dienstbare Hufen zählten: Die Forderungen des Klosters an die Bauern umfaßten 1 Schwein im Wert von 20 Pfennigen, 1 Pfund Flachs, 3 Hühner, 18 Eier, je eine halbe Fuhre Wein im Mai und im Oktober, 5 Fuhren Mist, 5 Bündel Baumrinde, 12 Fuhren Holz, Mitarbeit beim Backen und Brauen, Transport von 50 Brettern oder 100 Schindeln zum Kloster für das Kirchendach, eine Woche Schweinehüten im Wald, Bearbeitung von 3 Morgen Herrenland an 3 Tagen in der Woche, d.h. pflügen, einsäen, ernten, einfahren, dreschen, Weiden einzäunen, Lieferung von 5 Scheffeln Getreide aus Holler (40 km entfernt), Bewachung der Scheune, Pflege eines Beets im Garten des Herrn. Die Bauersfrau hatte Hosen zu nähen. Wenn der Abt zu Besuch kam, hatten alle Bauern gemeinsam 4 Ochsen zu liefern und einen Karren für Transporte zu stellen. Daß der Mönch Cäsarius im Jahre 1222 diese ursprünglich 893 aufgezeichneten Forderungen abschrieb und kommentierte, zeigt, wie zäh die Grundherren über Jahrhunderte an ihren Rechten festgehalten haben. Das Kloster Prüm war in dieser Hinsicht allerdings ausgesprochen konservativ. Die meisten Grundherren hatten nämlich um 1200 die Eigenwirtschaft längst aufgegeben und das Herrenland gegen feste Naturalabgaben oder Geldbeträge an Bauern verpachtet. Die Lage der Bauern hatte sich aus verschiedenen Ursachen im Laufe des 12. Jahrhunderts wesentlich gebessert. Ein gewaltiges Bevölkerungswachstum erhöhte die Nachfrage nach Brotgetreide. Vor allem in den aufblühenden Städten ließen sich gute Preise für Agrarprodukte erzielen. Um die Ernährung der wachsenden Bevölkerung sicherzustellen, wurde die Ackerfläche in großem Stil durch Urbarmachung und Rodung erweitert. Wenig erschlossene Gebiete, wie die slawischen Länder, wurden planmäßig kolonisiert. Um Bauern für die harte Erschließungsarbeit zu gewinnen, mußten die Grundherren den Siedlern besonders günstige Rechtsverhältnisse anbieten. Das hatte Auswirkungen auch in den altbesiedelten Gebieten. Hier wurden Abgaben und Dienste ebenfalls verringert, um eine Abwanderung der Bauern in die Erschließungsgebiete oder die Städte zu verhindern. Ein Beispiel von vielen liefert eine Urkunde Erzbischof Philipps von Köln aus dem Jahre 1171 über Veränderungen auf dem Hofverband des Kölner Domkapitals zu Worringen. Um die Landflucht einzudämmen, wurde die Zinspflicht für Personen über 11 Jahre auf 2 Pfennige pro Jahr reduziert. Bei der Heirat waren 6 Pfennige

Windmühle
Seit dem 11. und 12. Jahrhundert beginnt man das Korn mit Hilfe von Windmühlen zu mahlen. Diesen großen technischen Fortschritt verdankt Europa der hochentwickelten arabischen Kultur. Das Bild zeigt eine sogenannte Bockswindmühle.

an den Schultheißen zu zahlen. Starb einer der Bauern, fiel entweder sein bestes Pferd oder, wenn er keins besaß, ein anderes Tier oder ein Kleidungsstück an den Schultheißen, der auch das beste Leinenkleid einer verstorbenen Frau erhielt. Der Vergleich mit den Prümer Bauern in Rommersheim macht deutlich, wie frei die Worringer im Vorfeld der Metropole Köln wirtschaften konnten. Als Ersatz für Einkommenseinbußen sollten dem Schultheißen jährlich 6 Mark, dem Dompropst 3 Mark in festen Einkünften zugewiesen werden. Um diese Regelung in Gang zu bringen, sollten zur Sicherung der Zahlungen zunächst 12 Bauern je nach Vermögen 70 Mark zusammenlegen, eine erkleckliche Summe, die dem damaligen Kaufpreis einer Burg entsprach. Die größten Bauern des Dorfes waren also keineswegs arm.
Die letzte Bestimmung der Urkunde ist von besonderem Interesse, weil sie den Bauern ein gewisses Maß an genossenschaftlicher Autonomie einräumte. Der Rückzug der Herrschaft ermöglichte das Zusammenwachsen der Bauern zu einer Dorfgemeinschaft, die ihre Angelegenheiten in eigener Verantwortung nach Dorfrecht regelte. Solche genossenschaftlichen Regelungen betrafen unter anderem die gemeinsame Nutzung von Weiden, Wasser und Wald (Allmende), von Zugtieren (Ochsen, Pferde) und leistungsfähigeren Pflügen, vor allem auch den sogenannten Flurzwang, den die vorherrschende Dreifelderwirtschaft erforderte. Für die Dreifelderwirtschaft wurde die gesamte Dorf-

Ein mittelalterliches Dorf (Rundling)
Das Dorf Rysum in Niedersachsen gibt einen hervorragenden Eindruck vom Aussehen eines mittelalterlichen Dorfes. Im wesentlichen kreisförmig angelegt, daher die Bezeichnung Rundling, wird es von einem genau festgelegten System von Straßen durchzogen, die sich im Zentrum treffen. Den Kern des Dorfes bildet die Kirche.

»Das Milchmädchen« (Mitte 13. Jh.)
Kühe gab es im Mittelalter vergleichsweise selten, denn ihr Futterbedarf war recht hoch und konnte im Winter nur schwer gedeckt werden. Die Milch wurde in aller Regel zu Käse verarbeitet, nur ausnahmsweise butterte man. Über die Tätigkeit des Milchmädchens sagt ein Schreiber des 13. Jahrhunderts: »Das Milchmädchen muß treu sein, einen guten Ruf haben und auf Sauberkeit achten.«

flur in drei große Ackerflächen eingeteilt, die in festgelegter Reihenfolge mit Wintergetreide oder Sommergetreide eingesät oder brach gelassen wurden, um eine Erschöpfung des Bodens bei geringer Düngung möglichst zu vermeiden. In Gebieten, in denen überwiegend Viehzucht oder Weinbau betrieben wurde, hatte die Gemeinschaft andere spezifische Probleme zu lösen.

Das Aussehen der Dörfer wechselte von Region zu Region. Es gab gewachsene, alte Dörfer mit unregelmäßigem Grundriß (Haufendorf) neben solchen, die nach einem festen Plan als Straßendörfer, Rundlinge, Wald- oder Marschhufendörfer gegründet worden waren. In manchen Gegenden baute man große Häuser, in denen die Funktionen von Wohnhaus, Lagerhaus und Viehstall zusammengefaßt waren, in anderen wurden Wohn-, Stall- und Scheunengebäude voneinander getrennt um einen Hof herum angeordnet oder gar frei auf dem Grundstück verteilt. Von sehr einfacher Bauweise waren die in den Boden eingetieften Grubenhäuser.

Der Komfort dieser Häuser war denkbar gering. Eine Episode aus dem Wunderbuch des hl. Anno von Siegburg führt in ein solches Haus hinein. In der Mitte des einzigen Raumes brennt ein offenes Feuer, über dem von einem Gestell herab ein irdener Wasserkessel hängt. Eine Mutter läßt ihr fast einjähriges Kind in einer in den Lehmboden gegrabenen Mulde sitzen, während sie für kurze Zeit das Haus verläßt. In diesem Moment bricht ein Henkel des Topfes, das heiße Wasser fließt mit der Glut des Feuers über das Kind. In seinem Falle hilft der hl. Anno mit einem Wunder. Häufig werden solche Wohnverhältnisse Kindern aber zum Verhängnis geworden sein.

Die Erfahrung der Unsicherheit des Lebens muß die bäuerliche Mentalität stark geprägt haben. Da die Bauern außerhalb der schriftlichen Kultur standen, haben sich Selbstzeugnisse von ihnen nicht erhalten. Man lernt ihr Denken, ihre Religiosität nur indirekt und verzerrt durch Aufzeichnungen von Geistlichen kennen, die kaum Verständnis für die Kultur der Bauern hatten. Obwohl jedes größere Dorf eine Pfarrkirche besaß, war die Seelsorge häufig sehr schlecht. Die Glaubensinhalte wurden den Bauern oft nur unzulänglich vermittelt. Während den anderen Ständen heilige Bischöfe, Äbte, Priester, Könige, adlige Herren und Damen als Leitbilder vor Augen gestellt wurden, gab es im Mittelalter nicht den Typ des »Bauernheiligen«. Der Bauer war eher der Ketzerei verdächtig. Was sollte man auch von einer Bauersfrau halten, die, wie der Mönch Cäsarius von Heisterbach berichtet, eine Hostie stahl, um sie in einen Bienenstock zu legen, weil das Bienenvolk nicht gedieh, oder von einer anderen, die eine Hostie zerkleinert über ihr Gemüse streute, um das Wachstum der Pflanzen anzuregen. Solche Praktiken konnten nur als Gotteslästerung aufgefaßt und verfolgt werden. So wundert es nicht, daß Papst Gregor IX. 1233 den Kampf gegen die aufständischen Stedinger Bauern zum Kreuzzug erklärte.

Heller leuchtet das Bild der bäuerlichen Kultur in den Liedern Neidharts von Reuenthal, der die dörflichen Feste besingt, die den grauen Alltag für kurze Zeit in den Hintergrund drängten: »Räumet aus die Schemel und die Stühle! Laßt die Tische beiseite tragen! Heute wollen wir vom Tanzen müde werden.«

Städtische Wirtschaft

Der mittelalterliche Mensch fand die Stadt als Erbe der Antike vor, als ein Erbe, mit dem er zunächst nicht viel anzufangen wußte. Die Lebensform der Germanen war nicht städtisch geprägt gewesen. Die administrativen und wirtschaftlichen Funktionen der Städte ließen die Erben Roms daher nahezu völlig verfallen. Es war in erster Linie die Kirche, die Reste der spätantiken Urbanität in das Mittelalter hinüberrettete. In der Stadt residierte der Bischof, dessen Priester das Umland kirchlich betreuten und Mission betrieben. Im Laufe des Mittelalters gesellten sich zu der Bischofskirche weitere Stift- und Klosterkirchen hinzu. Die Kleriker und Mönche, die an diesen Kirchen lebten, stellten einen beachtlichen Teil der Stadtbevölkerung dar. Die frühmittelalterliche Stadt war also vor allem kirchlich geprägt, sie präsentierte sich in ihren markanten Punkten als eine weitgehend bewußt gestaltete Sakrallandschaft. Solche Städte mit antiker Tradition waren in Deutschland z.B. Trier, Köln oder Mainz. Nach ihrem Vorbild entstanden mittelalterliche Bischofsstädte wie Magdeburg, Bremen oder Hildesheim.

Die Kathedralen, Stifte und Klöster mußten sowohl mit Dingen des täglichen Bedarfs als auch mit Luxusartikeln versorgt werden. Gottesdienstbesucher aus der nahen Umgebung und Pilger aus fernen Landen waren zu verköstigen. So belebten sich wieder Handel und Gewerbe der Städte. Die Bischöfe umgaben sich mit einem Hofstaat von abhängigen Personen, Ministerialen genannt,

Leben in einer mittelalterlichen Stadt (Detail einer Miniatur aus dem 14. Jh.)
Nur etwa 10 Prozent der deutschen Gesamtbevölkerung lebten im hohen Mittelalter in den Städten. Da den urbanen Orten eine immer größere Bedeutung als Handels- bzw. Wirtschaftszentren zufiel, war eine verkehrstechnisch günstige Lage unabdingbare Voraussetzung für den Reichtum einer Stadt. Viele Städte wurden daher an Flüssen oder an großen Handelsstraßen gegründet. Das zweifellos wichtigste Transportmittel zur Beförderung schwerer Lasten stellte das Schiff dar. Die Abbildung zeigt Männer beim Entladen von Kohlenschiffen.

die anspruchsvolle Dienste leisteten und deshalb großes Ansehen genossen. Ministerialen und Kaufleute waren die wirtschaftlich stärksten und damit einflußreichsten Gruppen in den Städten des 11. Jahrhunderts. Theoretisch berührten sich die Lebensbereiche dieser beiden Gruppen kaum. Die Fernhändler, die meist persönlich frei waren, erwarben ihren Reichtum auf weiten, gefahrvollen Handelsreisen; die Ministerialen, Leute unfreien Standes, nahmen hingegen Verwaltungsaufgaben wahr und leisteten Kriegsdienste für die Bischöfe. Dennoch ist die mittelalterliche Bürgerstadt wesentlich durch das Zusammenwirken von Kaufleuten und Ministerialen geprägt worden.

Die Bischöfe besaßen im Normalfall die volle Herrschaftsgewalt über ihre Städte. Sie waren Herren des Gerichts, sie erhoben Grundsteuern, Kopfzinsen und Zölle. In ihrer Gewalt standen Mauern und Türme. Die Stadtbewohner waren auf verschiedene Weise an den Stadtherrn gebunden. In engster Bindung lebten die Unfreien, die zur Familie des Bischofs gehörten. Freie Stadtbewohner unterstanden dem Schutz des Stadtherrn, der zugleich Pflichten wie den Besuch der Gerichtstage, Steuerzahlung und Verteidigung der Stadt gegen feindliche Angriffe mit sich brachte. Die Inanspruchnahme durch den Stadtherrn konnte durchaus als drückend empfunden werden. Der Entartung zur reinen Willkür waren allerdings im Stadtrecht Grenzen gesetzt.

Die Stadtrechte hatten sich nach und nach als Antwort auf die Erfordernisse des Zusammenlebens vieler Menschen auf engem Raum aus dem allgemeinen Recht entwickelt. Zwei Beispiele aus dem ältesten Soester Stadtrecht sollen den Charakter städtischer Rechtssätze verdeutlichen:

»§ 31 Wenn jemand sein Haus oder ein beliebiges Gebäude verpfändet und dieses durch Feuer oder andere Ursache zerstört wird, so sollen, wenn die Eigentümer die Gebäude wiedererrichten, die Neubauten als Pfand gelten, anderenfalls muß er dem Gläubiger die Trümmer und das Grundstück überlassen, und der Gläubiger kann nichts weiter fordern. Wenn der Eigentümer jedoch die Ruine für sich beansprucht, darf der Gläubiger von ihm die gesamte Schuldsumme fordern.

§ 58 Wenn ein Bürger zum Baden die Kleider abgelegt hat und in diesem Augenblick vom Gerichtsboten geladen wird, muß er ihm nicht folgen, bevor er gebadet und sich abgetrocknet hat.«

Die in einer solchen Rechtskultur eingeübten Städter reagierten empfindlich auf eklatante Verletzungen ihrer Rechte durch den Stadtherrn. Aufstände waren die Folge. Die ersten größeren Bürgerrevolten ereigneten sich in Deutschland 1073 in Worms und 1074 in Köln.

Erzbischof Anno von Köln hatte zum Osterfest 1074 den Bischof von Münster zu Besuch. Als der Gast heimreisen wollte, beschlagnahmten Annos Diener kurzerhand ein Kölner Kaufmannsschiff, warfen die Waren in den Rhein und verjagten die Schiffsmannschaft. Der Sohn des Kaufmanns eilte mit seinen Freunden hinzu. Die jungen Leute schlugen die erzbischöflichen Diener und den Stadtvogt in die Flucht. Die Unruhe breitete sich aus. Anno wurde in seinem Palast belagert. Er floh in den Dom und schließlich durch einen Geheimgang aus der Stadt. Der erzbischöfliche Palast wurde geplündert, es gab Tote, die Aufständischen richteten sich auf eine Belagerung ein. Der Erzbischof kehrte aber mit einem starken Heer zurück und hielt ein strenges Strafgericht. Die Kölner Ereignisse zeigen, daß der Stadtherr mit einem Aufstand nicht gerechnet hatte und nicht in der Lage war, ihn im Keim zu ersticken. Es wird auch deutlich, daß die Kaufleute und die Diener des Erzbischofs, die Ministerialen, noch nicht gemeinsame Sache machten. Wichtig ist aber die Beobach-

Szene aus dem »Jungfrauenspiegel« (spätes 12. Jh.)
Mindestens 90 Prozent der hochmittelalterlichen Bevölkerung waren in der Landwirtschaft tätig. Die Arbeit auf den Feldern war äußerst mühselig, da den Bauern keine besonderen Hilfsmittel zur Erleichterung ihrer Tätigkeit zur Verfügung standen. Die Gerätschaften waren einfach (auf dem Bild sieht man Sichel, Rechen und Spaten). Es verstand sich von selbst, daß bei der Fülle der Aufgaben die gesamte Familie Hand anlegen mußte. Auf der Miniatur tragen die verheirateten Frauen Kopfbedeckungen, während die unverheirateten barhäuptig sind.

Hieronymus Bosch, »Der Landfahrer« (auch: »Der verlorene Sohn«)
Diese Darstellung eines Pilgers, der an einem Wirtshaus vorbeizieht, vermittelt einen Eindruck von den Lebensverhältnissen der einfachen Leute: Ärmlichkeit und Derbheit sind hier die auffälligsten Kennzeichen. Der an die Hauswand urinierende Mann verrichtet seine Notdurft durchaus nach den üblichen Sitten. Der Stock des zerlumpten Wanderers deutet darauf hin, daß er auch als Waffe – gegen Räuber und wilde Tiere – tauglich sein mußte.

ABB. SEITE 76:
Der heilige Franziskus (Fresko in Pescia, 1235)
Die Heiligenviten besaßen für den mittelalterlichen Menschen Vorbildfunktion und beeinflußten in starkem Maße seinen irdischen Lebenswandel: An sie wandte man sich in Notzeiten, erhoffte sich von ihnen Linderung bei Krankheiten und bat sie um Beistand bzw. Vermittlung beim Himmlischen Vater. Die Miniatur zeigt den heiligen Franziskus, zu erkennen an seinem Nimbus und den Stigmatisierungen, während er zu den Vögeln spricht.

ABB. SEITE 77:
Die Hölle (»Très Riches Heures« des Duc de Berry, Anfang 15. Jh.)
Der Dualismus von himmlischem Paradies und Hölle prägte das Weltbild des mittelalterlichen Menschen. In der Ausmalung der Höllenstrafen kannte die Phantasie keine Grenzen. In der Mitte der dargestellten Szene liegt der Leviathan auf einem glühenden Rost, mit den Händen Menschenpaare zerdrückend. Teufel an den Seiten des Rosts fachen Flammen an, um die Verbannten zu verbrennen. Andere Teufel im Vordergrund martern auf grausame Weise einige Verworfene, darunter auch Geistliche.

Judenvertreibung (aus einer hebräischen Handschrift, um 1500)
Während des ganzen Mittelalters kam es immer wieder zu Judenpogromen. Eine erste große Welle der Verfolgung setzte zu Beginn des ersten Kreuzzuges (1096) ein. Die Ursachen für den fanatischen Judenhaß lagen nicht allein darin begründet, daß man die Juden für die Kreuzigung Christi verantwortlich machte; es spielten auch finanzielle Dinge eine Rolle: Viele Christen waren bei jüdischen Geldverleihern hoch verschuldet. Religiös-ideologisch verbrämte Aggressivität gegen ihre Geldgeber kam da gerade recht, um ihre ökonomischen Probleme loszuwerden. Den Juden blieb häufig kein anderer Weg, als ihr Hab und Gut zu verlassen und die Flucht zu ergreifen.

tung, daß die Kaufleute schon sehr zielstrebig als Gemeinschaft zu handeln verstanden. Diese Gemeinschaft hatte allerdings ihre eigentliche Form noch nicht gefunden. Wenn der Mönch Lampert von Hersfeld in seinem Bericht über den Kölner Aufstand abschätzig von den Kaufleuten spricht, die sich nach Erledigung ihrer Geschäfte bei Wein und gutem Essen über das Kriegswesen unterhielten und sich darob stark fühlten, offenbart er nur, daß er die Zeichen einer neuen Zeit noch nicht erkannt hatte.
Die Gestalt des Bürgers begann im frühen 12. Jahrhundert Profil zu gewinnen. In dem überlieferten mittelalterlichen Ständeschema Klerus–Adel–Bauer hatte der Bürger keinen Platz. Das Bürgertum mußte sich seine Anerkennung als Stand mit eigenem Selbstverständnis und Charakter erst im Laufe des Hochmittelalters erkämpfen. Im 11. Jahrhundert hatte das lateinische Wort für Bürger, civis, noch keine festumrissene Bedeutung. Es meinte einfach den Bewohner eines beliebigen Ortes, man konnte von den Bürgern eines Dorfes sprechen. Der Begriff städtische Bürger (urbani cives) wurde noch nicht als überflüssige Doppelung empfunden. Erst nach und nach setzte sich die Bedeutung »vollberechtigter Bewohner einer Stadt« (mittelhochdeutsch = burg) für das Wort Bürger (burgaere) durch.
Nicht jeder Stadtbewohner war Bürger im strengen Sinne. In vielen Städten wurde dieser Status zum einen den Klerikern und Mönchen der Stifte und Klöster abgesprochen. Auch nicht alle Laien wurden als Bürger angesehen. Zum Bürgertum rechnete man nur die im Sinne des Stadtrechts vollberechtigten, meist mit eigenem Haus und Grundstück ausgestatteten Einwohner. Diese Abgrenzung schloß in manchen Fällen die Ministerialen des Stadtherrn aus, regelmäßig aber abhängige Leute, Handwerker, Tagelöhner, Arme und Bettler. Ein Eigenleben führten auch die städtischen Judengemeinden. Der Bürgerverband umfaßte somit nur einen kleinen Prozentsatz der Stadtbewohner, aber er wurde im Laufe des Hochmittelalters zur beherrschenden Gruppe in der Stadt. Die Stadt wurde damit zur Bürgerstadt, was allerdings nicht bedeutete, daß die Bürger die ganze Stadt in ihre Hand bringen konnten. Die Stadtherren behaupteten einen Teil ihrer alten Rechte. Die geistlichen Institutionen, die die Stadt im Frühmittelalter geprägt hatten, bildeten Verbände eigenen Rechts; die Kirchenländereien in der Stadt galten als Immunitäten, zu denen die weltliche Gewalt keinen Zutritt hatte. Dem bürgerlichen Zugriff war auch die Burg oder der Palast des Stadtherrn entzogen. Stadthäuser von Adligen und Prälaten genossen oft Sonderrechte. Die mittelalterliche Stadt war also in herrschaftlicher Hinsicht selten ein homogenes Gebilde.
Zur gleichen Zeit etwa, als Peter Abälard die sinnstiftende Kraft des menschlichen Verstandes neu betonte, wurde sich der mittelalterliche Mensch auch des Phänomens der Stadt so weit bewußt, daß er darangehen konnte, neue Städte planmäßig zu gründen. Die Stadt, bis dahin ein allmählich gewachsenes und gestaltetes Gebilde, wurde nun als Gründungsstadt in einem Zuge machbar. Die Geschichtswissenschaft hat Kriterien zusammengestellt, die eine vollwertige mittelalterliche Stadt kennzeichneten. Von nur geringer Bedeutung war im Mittelalter die Bevölkerungszahl. Köln, die einzige Großstadt nach mittelalterlichem Maßstab (ab 10 000 Einwohner) in Deutschland, hatte am Ende des 12. Jahrhunderts auf etwa 400 ha Fläche vielleicht 35 000 Einwohner. Trier und Mainz zählten zu den Mittelstädten (2000–10 000 Einwohner). Über 90 % der deutschen Städte waren Kleinstädte (500–2 000 Einwohner), die sich oft im Hinblick auf die Einwohnerzahl kaum von Dörfern unterschieden. Die mittelalterliche Stadt hatte ein festumrissenes Stadtgebiet, das

Schlachten in der Stadt
Fleisch gehörte zum festen Bestandteil auf dem Speiseplan der mittelalterlichen Stadtbevölkerung. Der Braten stand zwar vornehmlich auf den Tafeln der privilegierten Patrizier, aber Kochfleisch und vor allem Klein- und Innenteile des Schlachtviehs – Füße, Maul, Lunge, Leber, Nieren und Hirn – waren ein geschätztes Gericht der unteren Bevölkerungsschichten. Einen Gaumengenuß ganz besonderer Art stellte der Verzehr von Tierdärmen dar, deren Zubereitung und Verkauf in den Städten Sache der Kuttler und Flecksieder war.

entweder schon von alters her durch Mauern vom Umland abgegrenzt war oder im Hoch- bzw. Spätmittelalter ummauert wurde. Die Mauer machte die Stadt zu einer Großburg, die enorme militärische Bedeutung haben konnte. Die Stadtmauer umschloß einen Bereich eigenen Rechts, den Geltungsbereich des Stadtrechts. Weiterhin gehörte zu den Kennzeichen einer mittelalterlichen Stadt eine gewisse Autonomie ihrer Bürger gegenüber dem Stadtherrn. Darüber wird noch einiges zu sagen sein. Die mittelalterlichen Städte fungierten schließlich als Zentren der Wirtschaft, der Verwaltung und der kirchlichen Organisation. Marktsiedlungen wie Soest oder München, Königspfalzen wie Aachen oder Frankfurt und Stifte und Klöster wie Kempten oder Fulda waren Keimzellen hochmittelalterlicher Städte.
Eine der frühesten Gründungsstädte in Deutschland war Freiburg im Breisgau, um 1120 von Konrad von Zähringen angelegt. In der Gründungsurkunde von Freiburg heißt es: »Bekannt sei allen in Zukunft und jetzt, daß ich, Konrad, an dem Ort, der mein Eigentum ist, nämlich Freiburg, im Jahre 1120 einen Markt errichtet habe. Ich habe verfügt, daß wohlhabende Kaufleute, die von überall herbeigerufen wurden, als Schwurgenossenschaft diesen Markt einrichten und unterhalten sollen. Daher habe ich jedem Kaufmann ein Grundstück am Markt zur Errichtung eines Hauses nach Eigentumsrecht zugeteilt und festgesetzt, daß jedes Grundstück einen Schilling öffentlicher Währung mir und meinen Nachkommen als Jahreszins am Martinsfest zahlen soll. So sei allen bekannt, daß ich ihnen auf ihre Bitte und nach ihren Wünschen folgende Rechte verliehen habe: ...« In der Urkunde werden Stadtgebiet und Markt, Stadtgemeinde und Stadtrecht angesprochen. Die meisten Städtegründungen in Deutschland fallen in das 13. Jahrhundert. Jeder noch so kleine Landesherr wollte aus wirtschaftlichen oder strategischen Gründen oder einfach nur aus Geltungssucht Herr einer Stadt sein. Dabei kam es zu Gründungen, die kaum wirklich städtischen Charakter entwickeln konnten. Einige davon wurden durch die Seuchen des Spätmittelalters völlig entvölkert.
Die Entwicklung des Verhältnisses zwischen Bürgerschaft und Stadtherr im Hochmittelalter ist das wohl faszinierendste und schwierigste Thema der Stadtgeschichtsforschung. Die Zusammenfassung der Stadtbewohner zu einer funktionierenden Lebensgemeinschaft war zunächst von äußeren Faktoren bestimmt. Die Gerichtsgemeinde oder die Pfarrgemeinde konnten eine solche Klammer bilden. Seit dem 11. Jahrhundert begannen sich solche Gemeinschaften sozusagen von innen her mit neuem Leben zu erfüllen. Eine nicht nur auf den Bereich der Stadt beschränkte Tendenz dieser Zeit war der Drang nach genossenschaftlichen Zusammenschlüssen. Er äußerte sich in der Bildung von religiösen Bruderschaften, Kaufmannsgilden und Handwerkerzünften. In diesen Zusammenhang gehört auch die Friedensbewegung mit dem sogenannten Gottesfrieden für wehrlose Leute und dem Landfrieden für ganze Gebiete. In den Städten entstanden die Stadtgemeinden. Die Bürger schlossen sich zu Schwurverbänden zusammen. Jedes Mitglied mußte sich eidlich verpflichten, die Satzungen zu halten, die die Bürger sich gaben.
Die Stadtherren lehnten solche Neubildungen, die ihre Herrschaftsrechte zu beeinträchtigen drohten, zunächst entschieden ab. 1161 wurde etwa den Trierern verboten, eine Schwurgemeinschaft zu unterhalten. Der Pfalzgraf bei Rhein schrieb ihnen: »Wir zeigen Eurer Gemeinschaft an, daß mein Herr, der Erzbischof Eurer Stadt, vor dem Herrn Kaiser und dem ganzen Hof schwere Klage geführt hat, weil Ihr Euch gegen seine Ehre und die alten Rechte neue Gebräuche und ungewöhnliche Rechte einer Gemeinde geschaffen habt.«

In mehreren Städten kam es zu blutigen Auseinandersetzungen. Nach und nach erkannten die Stadtherren jedoch, daß die bürgerliche Bewegung nicht mehr zu unterdrücken war. Es kam zu Kompromissen zwischen Herrschaft und Genossenschaft. Der Stadtherr gestand den Bürgern Rechte zu, die oft Schritt für Schritt ausgeweitet wurden. Im Spätmittelalter gelang es den mächtigsten Städten sogar, ihren Stadtherrn faktisch ganz aus ihren Mauern zu verdrängen. Zeichen der errungenen Autonomie wurde in den meisten Städten das Stadtsiegel, dessen Besitz die Stadtgemeinde als Körperschaft eigenen Rechts auswies. Die ältesten Stadtsiegel überhaupt erhielten im ersten Drittel des 12. Jahrhunderts die Gemeinden von Trier, Köln und Mainz.

Führer der Stadtgemeinden waren zunächst Männer, die schon vor der Gemeindebildung herausgehobene Positionen in der Stadt bekleidet hatten. Sie bezeichneten sich als die Vornehmsten, die besseren Leute (meliores, optimates, primores). In vielen deutschen Städten gab es Schöffenkollegien, die unter dem Vorsitz des Stadtherrn oder seiner Richter Recht sprachen. Diesen Schöffen, die die reichsten und angesehensten Männer in der Stadt waren, fiel naturgemäß auch die Führung der Bürgergemeinde zu. Hatte ursprünglich der Stadtherr die Schöffen nach seinem Gutdünken ernannt, so bildete sich nun der Brauch, daß die Schöffen freiwerdende Stellen durch eigene Wahl füllten. Die Gemeinde hatte auf solche Verfahren wenig Einfluß. Das verleitete zwangsläufig zu Cliquenwirtschaft, gegen die sich im Laufe der Zeit Widerstand regte. Auseinandersetzungen und Kämpfe innerhalb der Bürgerschaft führten früher oder später in den meisten Städten zur Bildung von

Die Stadt Carcassonne
Diese Aufnahme der französischen Stadt Carcassonne, die das mittelalterliche Stadtbild ihrer Altstadt sehr gut konserviert hat, veranschaulicht eindrucksvoll die zentrale Funktion der Stadtmauer: Sie schützte die Bürger vor feindlichen Angriffen – besaß also eine enorme militärische Bedeutung –, beschränkte aber gleichzeitig die Ausdehnungsmöglichkeiten innerhalb der Mauern. Im Laufe des 13. Jahrhunderts kam es zur Entwicklung verschiedener Wohnviertel, die den einzelnen sozialen Gruppen zugeordnet waren.

Tuchfärber bei der Ausübung ihres Gewerbes
Schon im 12., vor allem aber im 13. Jahrhundert kam es zur Ausbildung der Zünfte, den Zusammenschlüssen von Handwerkern gleichen Berufs. Es waren insbesondere drei Gründe, die den Ausschlag für die Entstehung des mittelalterlichen Zunftwesens gaben: Der Schutz gegen übermächtigen Wettbewerb, die Abwehr unerlaubter Konkurrenz sowie die gemeinsame Beschaffung von Rohstoffen bzw. Betriebseinrichtungen stellten die ökonomischen Beweggründe dar. Die Wahrung des guten Rufes eines Gewerbes wie auch die Sicherung der ehrlichen und zuverlässigen Herstellung eines Produktes waren nicht zu unterschätzende berufsethische Faktoren. Schließlich kam noch ein religiöses Element hinzu, das sich z. B. darin äußerte, daß jede Zunft einen eigenen Zunftheiligen verehrte.

Stadträten, die nach einem bestimmten Proporz aus den verschiedenen Gruppen der Bürgerschaft, wie Schöffen, Ministerialen, Kaufleute, Handwerker, zusammengesetzt wurden. Verschiebungen innerhalb der Sozialstruktur der Stadt konnten zu Veränderungen der Ratsverfassung führen. Das Rathaus wurde zum Zentrum der Bürgerstadt. Oft war ihm eine repräsentative Stadtpfarrkirche zugeordnet. An der Spitze des Rates standen die Bürgermeister, die normalerweise nur eine befristete Amtszeit hatten. Man darf die Ratsverfassung der mittelalterlichen Städte nicht als demokratische Einrichtungen mißverstehen. Das aktive Wahlrecht war auf die Vollbürger beschränkt, das passive auf »ratsfähige« Familien, die es sich leisten konnten, ihre Zeit in politische Betätigung zu stecken, die ja finanziell nichts einbrachte. Der Rat herrschte über »seine« Bürger kaum anders als jede andere Obrigkeit auch. Nicht umsonst ist in den Quellen von den »Herren« vom Rat die Rede.

Am Rat beteiligt waren in erster Linie Ministerialen und Kaufleute. Besonders intensiv erforscht ist der Anteil der Ministerialen an der bürgerlichen Führungsschicht der Stadt Trier; sie spielten andernorts aber eine kaum geringere Rolle. Als Beispiel angeführt sei der Schöffe Ordulf von Oeren (gest. 1311), Sproß einer seit dem 12. Jahrhundert bekannten Familie, der die Verlegung des Katharinenklosters in die Stadt finanzierte und den Nonnen reiche Schenkungen machte. Seine weitere Familie besaß an über 30 Orten außerhalb Triers Güter, Einkünfte und Rechte. Die ministerialischen Bürger pflegten einen ritterlichen Lebensstil. Sie führten Wappen, besaßen teure Rüstungen und Pferde. Sie wohnten in der Stadt in festen Steinhäusern oder in Türmen. Dazu besaßen sie oft noch Landsitze, auf denen sie den Sommer verbringen konnten. Sie lebten überwiegend von den Erträgen ihrer Güter, sie trieben aber auch Großhandel. Oft waren sie an Edelmetallgeschäften, an Münzprägung und Geldwechsel beteiligt. Insofern unterschieden sie sich, wie sich noch zeigen wird, sehr wenig von den führenden Kaufmannsfamilien.

Die deutsche Geschichtsforschung hat zeitweise den Kaufleuten die führende Rolle im Aufstiegsprozeß des mittelalterlichen Bürgertums zugewiesen. Diese Ansicht wird heute revidiert. Dennoch darf man die Bedeutung der Kaufleute für die Stadtentwicklung auch nicht unterschätzen. Es konnten allerdings nur die Kaufleute bestimmend in die Geschicke der Stadt eingreifen, die selbst keine längeren Handelsreisen unternahmen. Die aktiven Fernhändler waren oft jahrelang unterwegs.

Die Lebensweise dieser Männer bildet den Hintergrund für einen in der Cambridger Liedersammlung (Anfang 11. Jahrhundert) überlieferten drastischen Schwank: Ein Bürger von Konstanz unternimmt eine weite Handelsreise und erleidet Schiffbruch. Erst nach zwei Jahren kehrt er nach Hause zurück. Seine Frau hat sich inzwischen die Zeit mit jungen Männern vertrieben und muß ihren Mann mit einem unehelichen Kind konfrontieren. Sie erzählt ihm, sie habe auf einer Bergwanderung Schneewasser getrunken und sei davon schwanger geworden. Der Kaufmann tut so, als glaube er die Geschichte. Nach fünf Jahren geht er wieder auf Reisen, nimmt das »Schneekind« mit, hinterläßt es jenseits des Meeres einem Kaufmann als Pfand für 100 Pfund Silber und kehrt reich nach Hause zurück. Seiner Frau erzählt er, das »Schneekind« sei in der Hitze des Südens geschmolzen. Der hier angedeutete Sklavenhandel war im mittelalterlichen Europa eine traurige Realität.

Die Handelswege der Fernhändler – Landstraßen, Flüsse, Seewege – überzogen ganz Europa und den Vorderen Orient. Die im Spätmittelalter in der Hanse organisierten Kaufleute Norddeutschlands besuchten Frankreich,

Eine mittelalterliche Apotheke
Gemessen an heutigen Vorstellungen, war die medizinische Versorgung im Mittelalter vollkommen unzureichend. Das Wissen um Krankheiten, deren Ursachen und Heilung bezog man im wesentlichen aus den medizinischen Schriften der Griechen und Araber; die ärztliche Kunst beschränkte sich darauf, den Patienten abzuhorchen, ihn zur Ader zu lassen oder ihm Mixturen zu verabreichen. Die italienische Stadt Salerno bildete das Zentrum der Medizin im 12. und 13. Jahrhundert und stand in dem Ruf, außerordentlich gute Ärzte zu besitzen.

England, Skandinavien und Rußland. Rhein und Donau waren Schlagadern des kontinentalen Fernhandels. Andere Handelswege führten nach Italien, vor allem nach Venedig, oder zu den vier Messestädten der Champagne Troyes, Provins, Lagny-sur-Marne und Bar-sur-Aube. Am Orienthandel waren deutsche Kaufleute vornehmlich aus zweiter Hand beteiligt.
Kaum aufzuzählen sind die Güter, die umgeschlagen wurden. Die Kölner lieferten Wein nach England und brachten dafür Wolle zurück. Kölner Schwerter werden in den französischen Heldenepen gepriesen. Pingsdorfer Keramik aus dem Kölner Umland gelangte bis nach Trondheim und Novgorod. Dafür konnte man in Köln Bernstein, Honig, Wachs und russische Pelze kaufen. Der Mönch Cäsarius von Heisterbach berichtet von zwei Kölner Kaufleuten, die den Auftrag erhielten, in Norwegen ein Eisbärenfell zum Anfertigen einer Altardecke zu kaufen. Selbst vor dem Reliquienhandel scheute man nicht zurück. Nach einem Bericht von 1181 konnten nur Wunderkräfte den Verkauf der Gebeine einer der 11000 Jungfrauen nach Huy verhindern. Säckeweise wurden seltene Gewürze, wie Anis, Ingwer, Pfeffer, Nelken, Safran, Zimt, importiert, ebenso Seide, Purpurstoffe, Edelsteine und medizinische Präparate in großen Mengen. Goldschmiedearbeiten und andere Kunstgegenstände wurden ebenso wie Rohmetalle durch halb Europa transportiert.
Bei all diesen Geschäften ging es natürlich nicht immer mit rechten Dingen zu. Der schon erwähnte Cäsarius erzählt von zwei Kölner Kaufleuten, die ihrem Beichtvater offen gestanden, daß sie in ihrem Beruf ohne Lüge und Meineid nicht auskommen konnten. Allein schon Gewinnsucht galt als sündhaft, Wucher, d.h. Geldgeschäfte treiben, wurde sogar als Todsünde eingestuft. Außer Juden wagten sich zunächst nur Lombarden (Norditaliener) und

Magistratssitzung (aus einer Schweizer Chronik, Anfang 16. Jh.)
Kämpfe und Auseinandersetzungen innerhalb der städtischen Bürgerschaft förderten die Bildung von Stadträten, an deren Spitze der Bürgermeister stand. Die Ratsverfassung legte die Grundsätze für die Verwaltung einer Stadt fest und regelte das Zusammenleben der Bürger. Diese Verfassungen besaßen keineswegs demokratischen Charakter: Das aktive Wahlrecht blieb auf die Vollbürger beschränkt, das passive konnten nur wenige »ratsfähige« Familien für sich reklamieren. Das Regiment der Stadträte war nicht weniger hart als das fürstlicher Landesherren; zeitgenössische Quellen sprechen daher respektvoll von den »Herren vom Rat«.

Kawertschen (Leute aus Cahors in Südfrankreich) an solche Geschäfte. In Köln ist schon um 1200 ein Lombarde namens Petrus nachzuweisen.
Mancher Kaufmann versuchte sein schlechtes Gewissen durch großzügige Stiftungen an die Kirche zu beruhigen. Ein schönes Beispiel dafür erzählt wieder Cäsarius von Heisterbach. Ein reicher Kölner Kaufmann schenkte den Kanonikern des Stifes St. Aposteln eine Schiffsladung Steine, die sie zum Bau ihrer Kirche verwenden sollten. Auf diese Weise gedachte er die Last seiner Sünden aufzuwiegen, ein wahrhaft kaufmännischer Gedanke. Andere Kaufleute stifteten aus Angst um ihr Seelenheil Hospitäler, Kapellen, Altarbilder, Meßgerät, liturgische Bücher und Gewänder. Auf dem Totenbett wurden alle Schulden beglichen, Betrügereien gesühnt, Armenspeisungen und Seelenmessen angeordnet. Mehrfach wird berichtet, daß man nach dem Tode eines reichen Kaufmanns in seinen Geldkisten nur Kröten vorfand. Solche Wundergeschichten sollten über die Vergänglichkeit und Nutzlosigkeit der irdischen Güter belehren. Einzelne Kaufleute beendeten ihr Leben in der Mönchskutte. Der hl. Norbert, der Gründer des Prämonstratenserordens, soll 1126 durch die Heilung eines Blinden mehrere Würzburger Bürger zum spontanen Eintritt in den geistlichen Stand angeregt haben. Jüngere Söhne und Töchter aus den Kaufmannsfamilien wurden sehr häufig in Klöstern und Stiften untergebracht.
Die reichen Kaufleute übernahmen zum Teil schon im 12. Jahrhundert, in großem Stil aber im Laufe des 13. Jahrhunderts ritterliche Lebensformen. Auf dem ältesten deutschen Bürgersiegel, dem des Kölner Schöffen Wilhelm vom Markt (erhalten 1226), ist der Siegelführer noch durchaus »zivil« in langem Rock und modischem pelzgefüttertem Mantel ohne Waffen dargestellt. Siegel der zweiten Hälfte des 13. Jahrhunderts zeigen wie solche des Niederadels Wappenschilde. Angehörige ursprünglich bürgerlicher Familien erwarben seit dieser Zeit die Ritterwürde. So kam es zu einer Verschmelzung von Kaufmannschaft und Niederadel. Am Ende des 12. Jahrhunderts verkörperte der Kölner Gerhard Unmaze (Ohnemaß) beispielhaft diese Synthese von Bürgertum und Rittertum. Gerhard war einerseits erzbischöflicher Ministeriale, zeitweise Untervogt und Zöllner, andererseits Finanzier großen Stils, Schöffe und Bürgermeister. Der Dichter Rudolf von Ems hat ihn wohl als Vorbild für seinen »Guten Gerhard« genommen. Der ironisch auf das höfische Ideal der »mâze«, der Diskretion, anspielende Beiname Gerhards ist übrigens typisch für die Mentalität der Städter, die sich solcher Übernamen bedienen mußten, um mehrere Träger gleicher Vornamen auseinanderzuhalten.
Unterhalb der Kaufleute sind die Handwerker auf der sozialen Stufenleiter der städtischen Bevölkerung einzuordnen. Die Vermögensverhältnisse der Handwerker waren je nach Branche und Betriebsgröße sehr unterschiedlich. Kürschner, Goldschmiede und Wollweber standen manchem Kaufmann an Reichtum kaum nach, während Flickschuster und Leineweber oft nur ein Existenzminimum erwirtschafteten. In den großen Städten waren die Handwerke stark spezialisiert. In Köln werden 1149 Bettdeckenweber und Schleierweber, 1225 Filzhutmacher erwähnt.
Den Tendenzen der Zeit folgend, schlossen sich auch die Handwerker im Hochmittelalter zu Genossenschaften zusammen, die gewöhnlich Zünfte heißen. Die älteste Zunfturkunde stammt aus Köln, aus dem Jahre 1149: »Es sei den Gläubigen jeglichen Standes in zukünftigen Zeiten und jetzt nicht verborgen, daß einige Männer, Liebhaber der Gerechtigkeit, nämlich Reinzo, Wilderich, Heinrich, Everold und andere, die dieses Handwerk treiben, eine Bru-

derschaft der Bettdeckenweber in frommer Hoffnung auf ewiges Leben gegründet haben.« Der in diesem Zusammenhang zunächst befremdende religiöse Ton hatte im Mittelalter durchaus seine Berechtigung. Die Zünfte waren nämlich nicht ausschließlich wirtschaftliche Interessenverbände, sondern vielmehr alle Lebensbereiche einbeziehende Solidargemeinschaften. Die Mitglieder unterstützten einander im Leben und beteten für das Seelenheil ihrer verstorbenen Zunftbrüder.

Viele Handwerker verkauften ihre Waren auf dem Markt. Welche Eindrücke auf mittelalterlichen Märkten Augen, Ohren und Nasen bedrängten, zeigt eine Kölner Urkunde von 1269 sozusagen in Detailaufnahme. Da ist anläßlich einer Stiftung die Rede von Fleischerständen, neben denen der sogenannte Schuppstuhl stand. Dieser Stuhl war ein Marterinstrument, von dem man Übeltäter herabschubste, so daß sie just da landeten, wo »zu bestimmten Zeiten ganze Bäuche von Ochsen, Kühen und Schafen verkauft werden«!

Die Masse der Stadtbevölkerung setzte sich aus armen Leuten zusammen, aus Dienstpersonal, Tagelöhnern und Bettlern. Viele dieser Leute waren aus dem Umland eingewandert, ihren Herren entlaufen. Die Anonymität der Stadt bot Unterschlupf und nach Jahr und Tag, nach dem Grundsatz »Stadtluft macht frei«, Freiheit von alten Bindungen. Gerade die Unterschichten müssen das Straßenbild der Städte geprägt haben, denn die reichen Leute traten wohl nur bei feierlichen Anlässen in größerer Zahl öffenlich in Erscheinung. Während die Armen sich zu Fuß durch die schmutzigen Straßen drängten, legten die Vornehmen auch kurze Strecken nur zu Pferde zurück. Da es zu wenig organisierte Armenfürsorge gab, umlagerten Bettler ständig die Kirchen, den Markt und die Häuser der Reichen. Besonders zahlreich kamen sie zu Prozessionen, Fürsten- und Kaiserbesuchen.

Die großen Städte standen an der Spitze der gesellschaftlichen Entwicklung. In Köln gab es schon um 1200 studierte Ärzte und Juristen. Neue religiöse Bewegungen, wie die der Beginen und Begarden, dann der Bettelorden, brachen sich hier Bahn. Auch Ketzer fanden Gehör. Schon 1163 wurden in Köln Katharer aus Flandern auf dem Scheiterhaufen verbrannt. Die städtische Lebensweise förderte natürlich auch die Kriminalität. Die Kölner Schöffen ließen etwa aufschreiben, daß sie einen gewissen Arnold verurteilt hatten, »weil er mit Würfeln gespielt und einer schönen Frau (d.h. einer Prostituierten) drei Wunden beigebracht hat«. Solche Szenen hatte auch Cäsarius von Heisterbach in seiner Jugend in Köln gesehen: »Theobald war ganz dem Wein und dem Würfelspiel ergeben und als Possenreißer in der ganzen Stadt wohlbekannt. Oft habe ich ihn nackt durch die Straßen der Stadt gehen sehen.«

Ein erhebendes Schauspiel bot da wohl der Empfang der Schwester des englischen Königs Heinrichs III., Isabella, die im Mai 1235 auf dem Weg zu ihrem Bräutigam, Kaiser Friedrich II., in Köln Station machte. Roger von Wendover schildert ihn so: »Als man von ihrer Ankunft erfuhr, zogen ihr aus der Stadt 10000 Bürger mit Blumen und Palmzweigen in festlichen Gewändern entgegen. Diejenigen, die auf spanischen Pferden saßen, spornten sie zu schnellem Lauf an, während sie sich gegenseitig Rohre und Lanzen, die sie in den Händen hielten, (im Turnierspiel) zerbrachen.« Matthäus Paris, ein späterer Chronist, setzte noch hinzu: »Es kamen auch durch ausgeklügelte Kunstgriffe Schiffe, die scheinbar auf dem Trockenenen fuhren, gezogen von unter seidenen Decken versteckten Pferden. Auf diesen Schiffen sangen Kleriker mit lieblichen Stimmen zu wohlklingenden Orgeln und boten den staunenden Zuhörern niegehörte Weisen dar.«

Stadtsiegel von Köln (13. Jh.)
In das 13. Jahrhundert fallen die meisten Stadtgründungen auf deutschem Boden. Neben wirtschaftlichen oder strategischen Überlegungen war es oftmals bloße Geltungssucht kleiner Landesfürsten, die den Ausschlag zur Gründung einer Stadt gab. Auf diese Weise entstanden Orte, die kaum wirklich städtischen Charakter zu entwickeln vermochten. Die durchschnittliche Einwohnerzahl einer Stadt betrug 500–1000 Seelen. Köln war im frühen 13. Jahrhundert mit fast 35000 Einwohnern die einzige deutsche Großstadt.

Siegel des Kölner Bürgers Wilhelm vom Markt (1226)
Seit dem ersten Viertel des 13. Jahrhunderts führten auch Bürger häufiger Siegel. Auf diese Weise dokumentierten sie sinnfällig ihren sozialen Gleichberechtigungsanspruch mit dem Adel, den die Stadtpatrizier in Lebenshaltung und -art zu kopieren suchten.

Das Zeitalter der Christenheit: Einblicke in das Leben der hochmittelalterlichen Christenmenschen

von Thomas Ruster

Chimäre von Notre-Dame in Paris (um 1250)
Die rätselhaften Gnome, Wasserspeier und Dämonen der gotischen Kathedralen belegen recht deutlich, daß die Christen des Mittelalters dunkle Mächte nicht weniger fürchteten als ihre heidnischen Vorfahren. Viele christliche Bräuche und Feste jener Zeit bedeuteten oftmals nichts anderes als die Fortführung vorchristlicher Riten.

Ein Begriff hat in unserer Zeit Karriere gemacht und muß für vieles herhalten: die »Gesellschaft«. Er bezeichnet so etwas wie die Gesamtheit der Menschen, mit denen wir zu tun haben oder die in unserem Gesichtskreis stehen. Im Mittelalter wurde von der Gesellschaft nicht gesprochen, statt dessen aber von der »Christenheit« (christianitas). Denn alle Menschen, die man kannte, waren Christen. Zwar gab es irgendwo auch Heiden (z.B. die Normannen), Andersgläubige (die Sarazenen) und Juden. Aber sie lebten weit weg, jenseits der Grenzen, oder, wie die Juden, in Ghettos. Sie traten kaum in den Gesichtskreis. Die mittelalterliche »Gesellschaft« war die Christenheit. Darum ist es nicht leicht, etwas über das Leben der Christen im Mittelalter zu sagen. Man müßte denn das Leben der Menschen zu dieser Zeit überhaupt beschreiben: eben das Leben der Menschen, die vom Anfang bis zum Ende ihres Daseins von Christentum und Kirche geprägt waren und die sich in der Hoffnung trugen, nach ihrem Tode in der Gemeinschaft der Heiligen weiterzuleben. – Versuchen wir einige Einblicke in das Leben der mittelalterlichen Christenmenschen.

1. Drei Ausrufe – drei Zeichen der Zeit

»Gebt mir den Herrn, gebt mir den Herrn!« rief (im 13. Jahrhundert) ein kranker Knabe aus, dem zur Heilung versehentlich eine ungeweihte Oblate gereicht wurde. Dieser Knabe war nicht nur in der Lage, die ungeweihte Oblate von der geweihten Hostie allein am Geschmack oder Aussehen zu unterscheiden, er glaubte auch fest daran, daß der Leib des Herrn eine starke und wirksame Medizin gegen seine Krankheit sei. Geistliches und Leibliches hatten sich für ihn zur Einheit verbunden. Als sinnenfällig, wundersam und wirklich begriff man im hohen Mittelalter die geistlichen Dinge, die vor allem in den Sakramenten der Kirche erfahren wurden. Die nüchternen Römer standen kopfschüttelnd vor der erdverbundenen und materialistischen Frömmigkeit, die sich in den deutschen Landen unter dem Einfluß des germanisch-fränkischen Geistes ausgebildet hatte. Für uns verschwimmen die Grenzen von Magie und Glaube. Einigen wurde zuteil, die Hostie »kristallen und sonnenlichtdurchleuchtet« zu schauen, andere empfingen die Gnade, nach dem Empfang der Kommunion einen Fußbreit über dem Boden zu schweben. Ochsen eines pflügenden Bauern waren staunend vor einer Hostienbüchse stehengeblieben, die Diebe in eine Ackerfurche geworfen hatten. Wer Leib und Blut des Herrn auf die Erde fallen ließ, mußte vierzig Tage Buße tun. Wurde unter Glöckchenbimmeln die Krankenkommunion durch die Straßen getragen, gingen alle in die Knie. Von einem Priester wird erzählt, der nach der Messe den Leib des Herrn im Mund behielt, um sich durch einen Kuß eine Frau gefügig zu machen. Viele Wunder werden berichtet: Einer Hostie, die in St. Columba in Köln auf den Boden fiel, »wich die Härte des Steins, so daß ein Kreis und Buchstaben in ihm erschienen«. Die Beispiele ließen sich vermehren. Ein sakramentaler, göttliche und irdische Wirklichkeit in einem umgrei-

Fastenpredigt (Mitte 15. Jh.)
Mindestens einmal jährlich, vor der Fastenzeit, ging man zur Buße: Die Wochen vor dem Osterfest waren der Ableistung zum Teil erheblicher Bußstrafen vorbehalten. Dem Büßer war die Enthaltsamkeit von Fleisch, Milch, Käse u. a. sowie auch der Verzicht auf ehelichen Verkehr, Tanzfeste und Trinkgelage geboten.

fender Glaube war der Grundzug der mittelalterlichen Frömmigkeit. Wir werden noch mehr davon hören.

»Rom, Rom«, rief laut in den Straßen eine junge Frau aus bürgerlichem Hause in Flandern, die soeben der Eheschließung vor dem Altar entflohen war, weil sie den ihr zugedachten Mann auf keinen Fall heiraten wollte. Nicht, daß sie sich in Rom einen besseren suchen wollte. Sie berief sich vielmehr auf die im römischen Kirchenrecht im 12. Jahrhundert ausgebildetete Lehre von der Konsensehe, nach der niemand, auch nicht die Frauen, gegen ihren Willen zur Ehe gezwungen werden konnten. Üblich war es allerdings, daß der Ehemann für die Frau von der Familie ausgesucht wurde, so daß das junge Paar sich häufig erst bei der Hochzeit kennenlernte. Dagegen hatte der Mönch Gratian in der 1140 erschienenen ersten Sammlung allgemein verbindlicher Kirchengesetze die Zustimmung beider Partner zur Bedingung der Ehe erklärt und ferner die für die damalige Zeit ziemlich ungewöhnliche Behauptung aufgestellt, daß die Ehe durch die eheliche Liebe begründet wird – und nicht durch die wirtschaftlichen und politischen Interessen der beteiligten Heiratsparteien. Sollte die Frau etwa gleichberechtigt sein? So weit wurde nicht gedacht, aber immerhin: »Weil Eva nicht aus den Füßen Adams geschaffen wurde, soll sie auch nicht mit Füßen getreten werden; weil sie nicht aus seinem Kopf geschaffen wurde, soll sie auch nicht herrschen.« Der mittelalterliche Ausspruch spricht für sich. Er zeigt, wie die kirchliche Ethik immer mehr in die Bereiche des öffentlichen Lebens hineinwirkt und versucht, sie im Sinne des christlichen Glaubens zu gestalten. Entsprechend wurden Zinsverbote für den Geldverkehr erlassen, die in Anlehnung an die Bibel Wucher und Übervorteilung Einhalt gebieten sollten. In schwierigen Rechts- und Finanzfragen griff man gerne auf die Bibel zurück; die kirchliche Rechtsprechung umfaßte Bereiche wie Ehebruch und Meineid, Rückerstattung von Diebesgut und Erbfolge. Das Bewußtsein, daß der christliche Geist die gesamte Wirklichkeit durchdringen müsse, erfaßte im besonderen Maße die Wissenschaft. Die Philosophie, ehemals Königin der Wissenschaften, wurde zur Magd der Theologie entthront; Theologen wie Albertus Magnus (1200–1280) und Roger Bacon (1220–1292) unternahmen es, auch die Natur, die menschlichen Gefühle und die Gesetze des Zusammenlebens zu erforschen. In diesem Zeitalter der Christenheit gab es nichts, was nicht dem Einfluß der Kirche und des Glaubens

Kutte des heiligen Franziskus von Assisi (1181–1226)
Die aus ungefärbtem Wollstoff bestehende Kutte spiegelt deutlich das Ideal des heiligen Franziskus wider: entbehrungsreiche Armut nach dem Vorbilde Christi. Um 1210 hatte Franziskus von Assisi den ersten Bettelorden gegründet, um das Mönchswesen von Grund auf zu erneuern: Im Zentrum der Reform standen der Verzicht auf individuelles und kollektives Eigentum sowie seelsorgerisches Engagement.

offengestanden hätte. Das öffentliche und soziale Leben war immer und untrennbar davon auch kirchliches Leben.

»Gott will es!« – So riefen und beschworen es über ein Jahrhundert lang die Kreuzzugsprediger im christlichen Abendland, und eine unzählbare Menge folgte immer wieder ihrem Ruf. Bettler und Betrüger, der Pöbel von der Straße und die Söhne aus gutem Hause, Geistliche und Ritter, Könige und Kaiser zogen aus, das Heilige Land den Händen der Ungläubigen zu entreißen. Die Begeisterung, gerade auch bei dem ersten (1096–1099) der etwa sieben Kreuzzüge, kannte keine Grenzen: Da man nun einmal gegen die Ungläubigen zu Felde zog, wandte sich der heilige Zorn auch gleich gegen die Ungläubigen im eigenen Lande. Erbarmungslose Judenpogrome in Mainz, Worms, Speyer und anderen Städten bildeten den Auftakt für eine Jahrhundertaktion, die an Grausamkeit, Menschenverachtung und sinnlosem Blutvergießen in der Geschichte ihresgleichen sucht. »Warum verdunkelte sich nicht der Himmel, warum zogen die Sterne ihren Lichtglanz nicht ein, und Sonne und Mond, warum verfinsterten sie sich nicht an ihrem Gewölbe, als an einem Tag 1100 heilige Personen ermordet und hingeschlachtet wurden, so viele Kleine und Säuglinge, die noch nicht gefrevelt und gesündigt, so viele arme und unschuldige Seelen! – Willst du hierbei an dich halten, Ewiger?«, so fragt 1096 ein jüdischer Chronist aus Mainz. »Gott will es« – die Horden wälzten sich weiter durch die christlichen Reiche Ungarn und Byzanz, und »keiner dachte mehr daran, sich zu kaufen, was er brauchte für seinen Bedarf, sondern lebte ein jeglicher von ihnen, wie er's nur eben vermochte, von Raub und Mord«. Die ungeordneten Pöbelbanden waren bald durch Hunger, Entkräftung und durch das Schwert aufgerieben; das Heilige Land erreichten nur die besser organisierten Ritterheere, die, unter unermeßlichen Verlusten nach fünfwöchiger Belagerung, Jerusalem am 15.7.1099 in ihren Besitz brachten. Ströme von Blut flossen: Bis zu den Knöcheln, nach anderen Berichten bis an die Knie der Pferde will man im Blut der Sarazenen gewatet sein. Unter Plündern, Morden und Vergewaltigen wurde sodann das christliche Königreich in Jerusalem errichtet. Es hatte knapp 100 Jahre Bestand.

Weniger »erfolgreich«, aber nicht weniger grausam als der erste waren die weiteren Kreuzzüge. Der zweite Kreuzzug (1147–1149), zu dem Bernhard von Clairvaux aufgerufen hatte, scheiterte und brachte nur die Eroberung Lissabons aus der Hand der Mauren. Der dritte Kreuzzug (1189–1191), ein Riesenunternehmen unter Kaiser Friedrich Barbarossa, brach schon auf der Reise, nach dem Tod des Kaisers bei einem Bad im Fluß Saleph, zusammen. Papst Innozenz III. setzte seine ganze Macht für die Durchführung des vierten Kreuzzuges (1202–1204) ein. Die Kreuzfahrer, die sich auf venezianischen Schiffen übersetzen lassen wollten, mußten zur Bezahlung ihrer Schulden zunächst Venedigs Handelskonkurrenten Zara in Istrien zerstören, um sich dann – welche Tragikomik der Geschichte – der Verwüstung der oströmischen Kaiserstadt Konstantinopel zuzuwenden. Streitigkeiten in der griechischen Thronfolge hatten den Anlaß dazu geboten. Der Kreuzzug gegen die christlichen Brüder wurde zum Beutezug ohnegleichen.

Im nachhinein lassen sich die Gründe und Motive, die die Menschen zur Teilnahme an den Kreuzzügen bewogen, kaum noch entwirren. War es der von den Päpsten in allen Kreuzzugsbullen gewährte Nachlaß der jenseitigen Sündenstrafen für die Teilnehmer an den bewaffneten Pilgerfahrten? War es die Aussicht auf Beute und materiellen Gewinn? Gaben die Kreuzzüge für die durch die Veränderung der Kriegstechnik praktisch unterbeschäftigte Ritter-

schaft ein ideales Betätigungsfeld ab, auf dem sie ihren Beruf auch noch religiös legitimieren konnten? Suchten die Fürsten ihre interne Machtposition zu stärken und Rivalen auszustechen? Wollte die Kirche sich an die Spitze des Abendlandes setzen und damit ihren Anspruch auf universale Herrschaft unterstreichen? Von allem ist wohl etwas zutreffend. Welche Rolle spielten bei alledem die religiösen Haltungen? Festzuhalten ist, daß die christliche Wallfahrt nach Jerusalem auch unter muslimischer Herrschaft der Stadt fast ungehindert möglich war. Dennoch verwandte ein Heiliger wie Bernhard von Clairvaux die ganze Kraft seiner suggestiven Rednergabe auf die Kreuzzugspredigt. Der heilige Franziskus zog es dagegen vor, persönlich zum ägyptischen Sultan vorzudringen, um ihn nicht durch Waffen, sondern durch Worte zu bekehren (1219). Er wurde freundlich aufgenommen und durfte ausgiebig predigen. Religiöser Wahn und Verzweiflung über das Scheitern der bisherigen militärischen Versuche sprechen aus dem irrwitzigen Unternehmen der Kinderkreuzzüge, die 1212 unter Leitung zweier Knaben aus Köln und aus dem französischen Vendômois das Heilige Land nur mit himmlischen Kräften erobern wollten. Zehntausende von Kindern schlossen sich ihnen an; sofern sie die entbehrungsreiche Reise überlebt hatten, wurden sie spätestens an den Mittelmeerhäfen in die Sklaverei verkauft oder in Bordelle gesteckt. Nur wenige kehrten zurück. – Die Bilanz der Kreuzzüge, dieses Jahrhundertunternehmens von Kirche, Politik und Volk im Mittelalter: Die Geschichtswissenschaft schätzt 22 Millionen Tote ...

Unsere drei Einblicke in die mittelalterliche Glaubens- und Kirchenwelt zeigen ein spannungsvolles, widersprüchliches Bild. Was war das für eine Zeit, in der Frömmigkeit und Grausamkeit, Gelehrsamkeit und Aberglaube, ein offener humanitärer Geist und religiöser Massenwahn im Namen desselben Glaubens und im Schoße derselben Kirche nebeneinanderstehen konnten?

Weltgericht (Tympanon über dem Fürstenportal des Bamberger Doms)
»Und er wird sie voneinander scheiden, gleich als ein Hirte die Schafe von den Böcken scheidet, und wird die Schafe zu seiner Rechten stellen und die Böcke zur Linken: Da wird dann der König sagen denen zu seiner Rechten: Kommet her, ihr Gesegneten meines Vaters, ererbet das Reich, das euch bereitet ist von Anbeginn der Welt ...« (Matth. 25, 32–34)

Klarissen bei Tisch
Für Frauen bildete das Kloster oftmals die einzige Möglichkeit, sich der Vorherrschaft des Mannes zu entziehen. Anfang des 13. Jahrhunderts entstanden weibliche Ordensgemeinschaften in großer Zahl, so die der Benediktinerinnen und die der Dominikanerinnen. Der Orden der Klarissen oder »Armen Frauen« wurde 1212 vom heiligen Franziskus von Assisi und der heiligen Klara gestiftet.

Unsere Schul- und Geschichtsbücher wissen im Kapitel »Hochmittelalter« häufig nur über den Machtkampf zwischen Papst und Kaiser zu berichten. Damit kommt die Spitze des Eisbergs in Sicht. Im Investiturstreit (der seinen Höhepunkt im Kampf zwischen Papst Gregor VII. und Kaiser Heinrich IV. hatte und im Wormser Konkordat 1122 beigelegt wurde) wurde dieser Kampf von zahlreichen Kontrahenten auf verschiedenen Machtebenen ausgetragen. Es ging dabei um die »libertas ecclesiae«, um die Freiheit der Kirche, genauer um ihr Recht, kirchliche Ämter nach eigener Wahl zu besetzen. Auf dieses Recht erhoben aber auch die weltlichen Herrscher Anspruch, waren sie es doch, die die Kirche zumeist finanziell ausstatteten und unterhielten. Viele der hohen geistlichen Würdenträger standen überdies im Fürstenrang und übten die weltliche Gewalt aus, wie in Deutschland etwa die Erzbischöfe von Köln, Trier und Mainz. So war das doppelte Interesse an ihrer Investitur (Einsetzung) durchaus begründet. Die Klärung der Investiturfrage mußte deshalb auf eine Klärung der Machtfrage überhaupt hinauslaufen, und hier hatte es die Kirche – im Zeitalter der Christenheit! – nicht schwer, zu zeigen, daß alle Gewalt von Gott kommt und deshalb dem Papst als Stellvertreter Christi die höchste Gewalt auf Erden zusteht. Die sogenannte Zweischwerterlehre räumte zwar ein, daß das geistliche und das weltliche Schwert zur Regierung der Welt notwendig seien, aber die Päpste wurden nicht müde zu betonen, daß dem geistlichen Schwert der höhere Rang zukomme und daß es über das weltliche Schwert im Namen des Herrn zu richten habe. Ehrgeizige Päpste wie Gregor VII. (1073–1086) und Innozenz III. (1198–1216) fühlten sich als Herrscher der Welt und vergaben die Länder als Lehen an die von ihnen protegierten Könige. Durch ein ausgebautes Legatenwesen kontrollierten sie die Innenpolitik der Reiche und scheuten sich nicht, die kirchlichen Zwangsmittel Bann und Exkommunikation auch bei politischen Einzelfragen einzusetzen. Die weltlichen Herrscher, wiewohl die reale Macht oft auf ihrer Seite lag, konnten sich der päpstlichen Argumentation insofern schlecht entziehen, als auch sie ihr Amt als Gottesgnadentum begriffen und, wo immer dies möglich war, die Bestätigung ihrer Wahl durch den Papst zu erlangen suchten. Was Päpsten und Kaisern recht war, war den örtlichen Machthabern billig. Erzbischof Anno II. von Köln (1056–1075), zugleich Fürst des Reiches, engagierte sich nicht nur maßgeblich in der Reichspolitik, er griff auch so rigoros in die Rechte der Kölner Bürger ein, daß diese – nach der willkürlichen Beschlagnahme eines Kaufmannsschiffes durch Anno – den Aufstand probten und den Bischofshof stürmten. In allen diesen Kämpfen und Konflikten wird dennoch die Einheit der mittelalterlichen Christenheit sichtbar: eine Einheit, begründet in der fraglosen Wertschätzung und Macht des Kirchlichen und Geistlichen, fundiert in einem alle Menschen bis an die Grenze der Erde umgreifenden Glauben, strittig nur in ihrer konkreten Ausgestaltung, der jeweiligen Zuteilung von Herrschaftsgewalt im Kampf zwischen geistlichen und päpstlichen Würdenträgern.

Und doch – und erst mit den folgenden Hinweisen erhält unsere Skizze von der mittelalterlichen Christenheit die richtigen Farben – regten sich von verschiedenen Seiten her Widerstände gegen die geistlich-weltliche Einheit, die letztlich nur machtpolitisch motiviert war. Nicht wenige Frauen und Männer begriffen die Verweltlichung der Kirche als eine gewaltige Abirrung vom Geist Jesu Christi und forderten eine Rückkehr zur wahren Geistlichkeit und zum Evangelium. Die Klosterreform der Abtei Cluny in Burgund (seit 909) schärfte die strengen Regeln des Ordensgründers Benedikt wieder ein und ver-

pflichtete die Mönche die meiste Zeit des Tages über zu Gebet und Gottesdienst. Sie wirkte reformerisch – mit zahlreichen Tochtergründungen – bis weit in das 11. und 12. Jahrhundert hinein. Nach dem Niedergang von Cluny infolge übergroßen Reichtums waren es ab dem 11. Jahrhundert vor allem die Klostergründungen von Hirsau im Schwarzwald, Citeaux (Zisterzienser) und Clairvaux (Bernhard von Clairvaux, 1115–1153), die durch ihren asketischen Eifer, die Liebe zur Handarbeit und die Strenge ihrer Regeln die Gläubigen begeisterten. Eine mutige Frau wie die Äbtissin Hildegard von Bingen (1098–1179) predigte in Köln und anderswo offen gegen die Verkommenheit und Machtbesessenheit der Kleriker und wurde doch zur begehrten Ratgeberin vieler hoher Geistlicher und Fürsten. Noch weiter ging der Begründer der Bettelorden, Franz von Assisi (1181–1226): er, selbst Sohn aus reichem Kaufmannshause, lebte und forderte ein einfaches Leben nach dem Vorbild Jesu und seiner Jünger. Eigentum, Macht und Geltung standen für ihn im Widerspruch zum Evangelium. Unzählige junge Menschen schlossen sich ihm und seiner Schwester Clara schon zu seinen Lebzeiten an.
Auf der anderen Seite gab es Versuche der weltlichen Herrscher, sich von der Vorherrschaft der geistlichen Gewalt zu emanzipieren. Als Beispiel mag der deutsche Kaiser Friedrich II. (1215–1250) stehen. Er, der hochbegabte und vielseitig gebildete Fürst, leidenschaftlicher Bauherr und Mäzen der Dichter, gründete auf Sizilien ein Staatswesen, das sich dem Einfluß der Kirche weitgehend entzog. Seine skeptische Grundhaltung, sein freier Verkehr mit Juden und Sarazenen und seine sittliche Ungebundenheit gaben den Zeitgenossen manchen Anstoß. Auch er hielt zur Kirche, sein sizilianischer Staat indessen nimmt in vielem die modernen, säkularen und laikalen Staatsgebilde vorweg.

2. Glaube und Geld. Der Alltag der Christenmenschen.

Die Geschichte der Großen aus Kirche und Welt, von der unsere Geschichtsbücher meistens berichten, wirft ein Licht auf das Zeitalter, aber sie verdunkelt auch den Blick für das Leben der einfachen Leute. Wie stand es um das kirchliche Leben der Menschen im Mittelalter?
Was immer man den mittelalterlichen Christen vorwerfen mag, »Sonntagschristen« im heutigen Sinne waren sie nicht. Ihr Leben an einem bestimmten Ort war immer zugleich geprägt als Leben in einem bestimmten Pfarrsprengel, und erst beides zusammen machte den Alltag der Menschen aus. Die Taufe schenkte nicht nur die Gotteskindschaft, sie begründeten auch die Zugehörigkeit zur Pfarrkirche, in der der Taufstein stand. Hinsichtlich der Predigt, der Beichte, der Trauung, der Krankenkommunion und der Beerdigung war man von nun an verpflichtend an die Pfarrkirche verwiesen. An sie waren auch die Gebühren für die einzelnen kirchlichen Handlungen zu entrichten, so daß sich das Interesse der Pfarrherren verstehen läßt, die Gläubigen nicht aus der Hand zu geben. Bei der Taufe wurde den Kindern, in Fortführung der Gewohnheit der Erwachsenentaufe, als erster Akt religiöser Unterweisung das Glaubensbekenntnis vorgelesen – nach einem Formular des 13. Jahrhunderts den Knaben in Griechisch, den Mädchen in Latein. Trotz dieser feinen Unterscheidung blieb es um das Glaubenswissen der Getauften fortan schlecht bestellt. Klagen darüber, daß die Gläubigen »des Glaubens und der ganzen Religion unkundig dahinleben müssen«, wurden immer wieder laut, und die Geistlichen wurden ermahnt, die Belehrung der Laien ernster zu nehmen. Insgesamt hielt man es aber für ausreichend, wenn die Menschen das

Armreliquiar der heiligen Elisabeth (Westdeutschland, um 1240)
Elisabeth von Thüringen (1207–1231) genoß wegen ihres entbehrungsreichen Lebens und ihrer Mildtätigkeit hohe Verehrung: Sie gründete bei Marburg ein Spital und widmete sich ganz der Pflege der Armen und Kranken. An ihrem Grab in der Elisabethen-Kirche in Marburg sollen sich – mittelalterlichen Berichten zufolge – eine Reihe von Wunderheilungen ereignet haben.

Mönch und Nonne im Block
Die strengen Regeln für Ordensleute sahen vor, daß man sich aller weltlichen Gelüste enthielt. Allerdings nahm man es im Mittelalter nicht immer so genau mit der Zölibatsverpflichtung. Allen päpstlichen Ermahnungen zum Trotz lebte die Mehrzahl der Priester mit einer Frau zusammen, zum Teil gegen eine entsprechende Zahlung – von Bischöfen offiziell erlaubt. Vorliegende Abbildung – eine Randzeichnung in einem Buch – sollte als abschreckendes Beispiel für die Mönche dienen, die den Versuchungen des Fleisches nicht widerstehen konnten.

Glaubensbekenntnis und das Gebet des Herrn kennen und wissen, wie sie leben sollen. Zentrum des kirchlichen Lebens bildete nicht das Wort, sondern das Sakrament. Von der Bedeutung der Eucharistie haben wir schon gesprochen. Zur Buße ging man vor dem 11. Jahrhundert mindestens einmal jährlich, vor der Fastenzeit, so daß diese zur Ableistung der teilweise erheblichen Bußstrafe zur Verfügung stand. Von einer Schwester aus St. Maria im Kapitol in Köln wird erzählt, sie habe zur Buße freiwillig elf Jahre täglich den ganzen Psalter (also 450 Psalmen) dreimal hintereinander durchgebetet, einmal zu Boden gestreckt, einmal kniend, einmal stehend. Im Zuge der Ausweitung und Verfeinerung der Sündenkataloge wird später das offene Bekenntnis gegenüber dem Beichtvater zur eigentlichen Bußleistung, während die übrigen Bußstrafen wegfallen. Die Beichte rückt in die vorösterliche Zeit; Osterbeichte und -kommunion werden Kirchengebot ab 1215. Es war Brauch, dem Priester nach der Beichte ein Geschenk anzubieten, aber die Priester sollten sich hüten, wegen des Geschenks den Sünder zu schonen. Strenge Enthaltsamkeit von Fleisch, Milch, Käse usw. wie auch von ehelichem Verkehr, Tänzen und Gelagen blieb für die Fastenzeit weiterhin Pflicht.

Die öffentlich-kirchliche Eheschließung war im Mittelalter nicht allgemein üblich, da die Kirche auch das Eheversprechen im Kreise der Sippen mit Übergabe der Mitgift als gültigen Rechtsakt ansah. Alter Brauch war dagegen das Gebet für die Frauen vor der Geburt und ihre Aussegnung oder Wiederversöhnung nach der Geburt wegen ihrer – im Alten Testament behaupteten – Unreinheit. Erst Papst Innozenz III. erklärte deutlich, daß die Frauen durch die Geburt »durch keinerlei Sündenlast beschwert werden«. Die Ehe galt im Mittelalter als »schön und wohlgefällig im Anblick des Herrn«, aber man sah auch klar, »daß die unzähligen Schlangen weltlicher Sorge von der Seite drohen« (Elisabeth von Schönau, 1125–1164).

Die Letzte Ölung, verbunden mit der Krankenkommunion, war ein feierlicher Akt, an dem nach Möglichkeit alle Priester des Ortes teilnahmen. Wenn sie auch meistens erst kurz vor dem Tode gespendet wurde, so war doch ihr ursprünglicher Sinn Heilung, symbolisiert in der heilenden Kraft des Öles. Einmal, wenn nötig auch sieben Tage hintereinander, salbte der Priester die schmerzende Körperstelle sowie Stellen am Hals, an der Kehle, zwischen den Schultern, an der Brust oder auch an den Sinnesorganen. Gebete zur Austreibung des Teufels wurden gesprochen, der Segen erteilt, die »wirksame Medizin« des Leibes und Blutes Christi gereicht. Trat der Tod dennoch ein, fanden sich Hausbewohner und Nachbarn ein, um Totenwache zu halten. Die Zeit vor und nach dem Tode bot der mittelalterlichen Frömmigkeit überhaupt das reichste Betätigungsfeld. Gebetsbruderschaften wurden gegründet, die zum gegenseitigen Beistand in der Zeit des Sterbens und des Hinübergangs zusammenkamen. Auch die Zünfte (Handwerkergemeinschaften) und Gilden (Zusammenschlüsse von Kaufleuten) waren zugleich religiöse Gemeinschaften, die für ihre Toten beteten und Messen lesen ließen. Dabei ging es nicht allein um die Verbundenheit in den letzten Stunden des Lebens; vielmehr fürchtete man das Eingreifen des Teufels auf dem Weg des Verstorbenen ins Jenseits und vor das himmlische Gericht. Als die Engel den heiligen Martin auf seinem Weg ins Jenseits geleiteten, waren die Kämpfe mit den Teufeln so heftig, daß der himmlische Gesang eine Zeitlang aussetzte. Für diesen Fall leisteten die Gebete der Gläubigen und die Totenmessen unschätzbare Dienste. Auch die Leiden der Verstorbenen im Fegefeuer konnten auf diese Weise abgekürzt werden. Die mittelalterlichen Totenbücher weisen aus, wieviel für die

Gebete der Brüder und Schwestern und die Messen für die Verstorbenen gezahlt worden ist. Die Mehrzahl unserer Stifte, Klöster und großen Kirchen sind zu einem guten Teil aus den Geldern für die Toten erbaut worden.
Außer dem Sakrament der Ölung bot die Kirche den Kranken und Leidenden auch andere Heilmittel an: die wundertätigen Reliquien der Heiligen, die in den Gotteshäusern unter den Altären gelagert waren. Die Berichte über Heilungen durch die Kraft der Heiligen sind unzählig, und sie verbreiteten sich unter den Menschen wie ein Lauffeuer. Man wußte deshalb, welche Heiligen gegen welches Leiden besonders wirksam waren. Waren die Künste der weisen Frauen, Ärzte und Bader am Ende, begab man sich auf die oft lange und kostspielige Reise zu den Heiligtümern, um dort durch Gebet und fromme Gaben Hilfe zu erlangen. Manch einer kehrte geheilt zurück, nicht ohne zuvor auch den Reichtum der Wallfahrtsorte vermehrt zu haben. So entstand parallel zu dem Wallfahrtswesen eine eifrige Jagd nach den Reliquien. Sie wurden (oft während der Kreuzzüge) »gefunden«, geraubt, erbeutet, zerstückelt, verdoppelt und gehandelt, um den Ruhm und auch das Einkommen der heimischen Kirche zu steigern. In vieler Hinsicht entspricht das mittelalterliche Wallfahrtswesen dem heutigen Massentourismus. Die Canterbury-Erzählungen des Geoffrey Chaucer (um 1340–1400) zeigen, wie unterhaltsam und lehrreich eine solche Wallfahrt (hier zum Grab Thomas Beckets in Canterbury) sein konnte. Die Wallfahrer unterhielten sich während ihrer Reisen wahrlich

Ratekau (romanische Dorfkirche von Süden)
Das Leben des mittelalterlichen Menschen war in einem heute kaum vorstellbaren Maße von der Kirche bestimmt. Die Taufe schenkte nicht nur die Gotteskindschaft, sondern begründete darüber hinaus auch die Zugehörigkeit zur Pfarrkirche, in der der Taufstein stand. Nicht allein in bezug auf Predigt, Trauung, Krankenkommunion und Beerdigung war man auf die Pfarrkirche verwiesen, vielmehr mußte man auch den Kirchenzehnt sowie Gebühren für kirchliche Handlungen an die Pfarrkirche entrichten.

Berthold von Regensburg (aus einer Handschrift des 15. Jh.s)
Zwischen 1250 und 1272 zog der Franziskanermönch Berthold von Regensburg durch Süddeutschland, Böhmen, Mähren und Thüringen, um die Menschen zur Buße aufzufordern. Berthold war ohne Zweifel die schillerndste Persönlichkeit unter den Wanderpredigern, die im 13. Jahrhundert das ganze Deutsche Reich durchzogen. Seinen Zuhörern, die in Scharen zu seinen Predigten pilgerten, hielt er ihre lasterhaften Verfehlungen vor, malte ihnen die Höllenqualen plastisch aus und mahnte sie, ein gottgefälliges Leben zu führen und den falschen Weg rechtzeitig zu verlassen.

nicht nur über religiöse Fragen und Heiligenlegenden. Reiselust und fromme Begierde, Hoffnung auf Hilfe und internationaler Informationsaustausch: das alles und mehr wurde durch die Wallfahrt befriedigt.

Man schätzt, daß im Deutschland des 13. Jahrhunderts jeder neunte die geistlichen Weihen besaß. Priestermangel gab es also nicht. Doch ist bei den Geistlichen nicht nur an Priester zu denken. Auch die niederen Weihen (Lektorat, Akolythat, Diakonat) wurden häufig und gerne empfangen, manchmal nur, weil sie nützlich waren, etwa für die Karriere im öffentlichen Amt oder in der Wissenschaft. Auch war die Aufnahme in einen Orden mit einer geistlichen Weihe verbunden. Der enorme Andrang zu den Klöstern im Mittelalter ist zu einem großen Teil, aber nicht allein aus religiösem Bedürfnis zu erklären, eröffnete sich hier doch ein Freiraum, der sowohl wirtschaftliche Absicherung als auch eine gewisse Unabhängigkeit von den engen Regeln der städtischen Gesellschaft gewährte. Für die Frauen, insbesondere die adligen, war der Eintritt ins Kloster oft der einzige Weg, einem Dasein als streng kontrollierte und dem Mann untertänige Ehefrau zu entrinnen. Ferner waren die Klöster der privilegierte Ort der Bildung, so daß der Weg in die Wissenschaft fast ausschließlich über die Orden führte. Was nun die Weltpriester betrifft, so finden wir hier eine erstaunlich breite Palette von Ausprägungen vor: Sie reichte vom Einfache-Leute-Priester, der eine vom Gutsherren unterhaltene Eigenkirche versorgte und oft kaum mehr als die lateinischen Meßtexte radebrechen konnte, über den städtischen Stiftskanoniker, der – wo er nicht gemäß den ursprünglichen Regeln in einer Stiftsgemeinschaft lebte – in der Stadt ein großes Haus mit Gesinde bewohnte und von seelsorgerischen Aufgaben praktisch ganz freigestellt war, bis hin zum adligen Fürst-Erzbischof, der für das geistliche Amt neben seinen vielen anderen Aufgaben nur in günstigen Fällen einmal Zeit fand. Mit der Zölibatsverpflichtung hielt man es im Mittelalter nicht allzu genau. Die Mehrzahl der Priester lebte trotz allen päpstlichen Ermahnungen mit einer Frau zusammen, was ihnen sogar gegen eine geringe Zahlung an den Bischof offiziell erlaubt war.

Die Ausbildung der Geistlichen vollzog sich im Normalfall durch eine Art Lehre bei den Ortspfarrern, die auch die Kandidaten aus den Familien auswählten. Nur die größeren Städte leisteten sich Domschulen mit einem geregelten Ausbildungsgang. Stein des Anstoßes im gesamten Mittelalter war aber vor allem das Pfründewesen der Geistlichen. Als eine Pfründe verstand man ein geistliches Amt, insofern es Anspruch auf Abgaben der Gläubigen enthielt. Die Abgaben, also der »Zehnte« aller Einkünfte, der an die Kirche zu entrichten war, ferner auch die Gebühren für Taufe, Heirat, Beerdigung etc., bildeten die Lebensgrundlage der Geistlichen. Im Regelfall wurden diese Abgaben für vier Zwecke verwendet: Ein Teil für die Ortsgeistlichen, ein Teil für den Bischof, ein Teil für die Kirchenbauten und ein Teil für die Kirchenarmen, d.h. für die Klöster und die Scholaren an den Schulen. Nun gab es hier gewisse feine Unterschiede zwischen reichen Pfründen, die viele Abgaben erhielten, und den armen Pfründen. Auf diese feinen Unterschiede konzentrierte sich die Aufmerksamkeit der mittelalterlichen Geistlichkeit, und dies bildete den Anlaß für die nicht endenden Klagen über die Geldgier und Verkommenheit der Kleriker, von denen die mittelalterliche Literatur voll ist. Papst Honorius III. notierte 1219, als er die Auswirkungen des Reformkonzils von 1215 untersuchte: »Die Diener des Altars sind wie Vieh, doch sie verfaulen nicht nur in ihrem eigenen Kot, sondern brüsten sich ihrer Sünde auch noch wie Sodom und machen keinen Hehl daraus; sie sind zum Verderben geworden und Fallstrick den Völkern.« Die heilige Hildegard von Bingen nennt die Prälaten »wahre Räuber der Kirchen, sie verschlingen mit ihrer Habgier alles, was sie erreichen können«. Die Mißstände waren in der Tat erheblich: Hohe Adlige verschafften sich durch gute Beziehungen in Rom weitentlegene Bistumspfründen, die zu betreten sie niemals die Absicht hatten. Die Einschärfung der Residenzpflicht der Bischöfe in ihren Bistümern wenigstens an einigen Tagen des Jahres bzw. die Verpflichtung zur Bestellung von Vertretern geben Zeugnis von dieser Tatsache. Weltliche und geistliche Würdenträger übertrugen ihren Verwandten bedeutende Pfründen, auch wenn diese keinerlei Eignung oder noch nicht einmal eine geistliche Weihe besaßen. Knaben von sieben Jahren wurden zu Geistlichen und Pfründeninhabern bestellt, und erst Papst Alexander III. (1159–1181) setzte die Pfründenfähigkeit auf 14 Jahre (!) fest. Streitereien um das Recht auf Abgaben, Nutzungsrechte und Benefizien zwischen Bischöfen, Klöstern, Dechanten und Pfarrern füllen die mittelalterlichen Kirchenbücher. Urkundenfälschungen kursierten, alles ließ sich kaufen, alles wurde gehandelt: »Schändlicher als Judas verkaufen wir Christum, darum daß wir noch schlechter sind als jener. Jener nämlich hielt ihn für einen bloßen Menschen, da er ihn verkaufte; wir aber wissen, daß er wahrer Gott ist und Mensch, und wir verkaufen ihn gleichwohl. Jener tat's um dreißig Silberlinge; wir aber tun es um einen Dinar und um allergeringsten Lohn« (Petrus Cantor, Domdekan von Reims, 1130–1197).

Der heilige Michael (Buchminiatur; um 1450)
Engel und Heilige waren die ständigen unsichtbaren Begleiter des Menschen in seinem irdischen Dasein. Sie bewahrten den Christen vor den Gefahren des Alltags, schützten ihn vor Anfechtungen des Teufels, vollzogen aber auch häufig schon auf Erden die Strafen, die den Sündern zustanden. Die Abbildung illustriert den Kampf des Erzengels Michael mit Luzifer, der – den Kreuzesstab im Halse – überwunden am Boden liegt.

3. Frömmigkeit, Heiligenverehrung, Aberglaube

Was war es aber, das die Menschen jener Zeit an diese Kirche band, die sich keinesfalls »ohne Flecken und Runzeln« (Eph 5, 27) darstellte? Können wir einen Blick in das Herz, in die Frömmigkeit der mittelalterlichen Christen tun? Vielleicht geben die folgenden Zeilen einigen Aufschluß, die der Mönch Ruotger seiner Lebensbeschreibung des Kölner Erzbischofs Bruno (953–965) voranstellte: »Es ist wahre Weisheit, zu wissen, woher die Gabe stammt, die einer empfängt, damit er nicht glaube, er habe sie aus sich selbst (...) Wenn wir nämlich fragen, was uns von Rechts wegen zukommt, so finden wir nichts als die Strafe. Gottes Barmherzigkeit aber kam uns mit seiner Gnade zuvor, (...) weil Gott es so wollte, nicht weil der Mensch es verdiente.« Das ist nicht bloße Theologie; die schroffe Gegenüberstellung von menschlicher Nichtswürdigkeit und verdienter göttlicher Gnade gehört wohl zum Lebensgefühl des Mittelalters. Viel stärker als heute wurde die Machtlosigkeit des Menschen gegenüber den Mächten der Natur, der Krankheit und des Todes erfahren, auch die Abgründigkeit der menschlichen Bosheit, die verheerenden Wirkungen der Sünde. Das Geschenk des Lebens an sich, jeder weiterhin gewährte Augenblick, die Rettung aus unheilbarem Leiden und schließlich die Barmherzigkeit des Himmels gegen die Sünder mußten so als reine Gnade des allmächtigen und allgegenwärtigen Gottes erscheinen. Aus dieser zutiefst pessimistischen und zugleich religiösen Grundhaltung ergaben sich vor allem zwei Ausprägungen der Frömmigkeit: die Heiligenverehrung, d.h. die Verehrung jener, die bereits bei Gott angekommen waren und dort für die Hinterbliebenen eintreten konnten, sowie eine intensive Beziehung zum, ja eine starke Sehnsucht nach dem Jenseits des irdischen Jammertales. So schließt auch Ruotgers Bruno-Vita: »Aus der befleckten Erde weggerafft, ruhte er im Herrn.«
Aber nicht allen war wie dem würdigen Bischof das Ruhen im Herrn verheißen. Viele hatten guten Grund, die Strafen der Hölle zu fürchten, um deren

Ausmalung die mittelalterliche Phantasie kreiste. Ein Vers faßt zusammen, was den Sünder in der Hölle erwartete: »Pix, nix, nox, – vermis, flagra, vincula, – pus, pudor, horror« (»Pech, Schnee, Nacht, Wurm, Geißel, Fessel, Eiter, Scham, Grauen«). Den Visionen und Legenden gemäß waren die Höllenstrafen aber auch auf die einzelnen Vergehen der Verdammten zugeschnitten: Eine Schwester, die ihr Kind abgetrieben hatte, mußte ein glühendes Kind tragen; ein Mann, der sich einen Acker zu Unrecht angeeignet hatte, mußte die Last des Ackerbodens auf den Schultern schleppen. Die Teufel, die solchen Schrecken bereiteten, waren überdies schon im irdischen Leben gegenwärtig und ständig zu fürchten. Sie schauen den Mönchen über die Schulter und notieren die verschluckten Silben des Chorgebets, sie wandeln durch die Schlafsäle der Klöster, sie nisten sich in den Hohlräumen des Körpers ein, sie sprechen mit der Stimme des Geisteskranken. Wenn sie mit Affengesichtern und Bockshörnern, als Hunde, Raben und Schwarze, aber auch als verführerische Frauen und schöne Jünglinge erschienen, wußte man, woran man war. Nicht immer half es, mit dem Tintenfaß nach ihnen zu werfen. Vorübergehende Rettung boten nur das feste Gebet, die Teilnahme an der Messe, Almosen geben und diverse magische Gebräuche. Vor allem war hier die Fürbitte der Heiligen unersetzlich. Engel und Heilige waren die ständigen unsichtbaren Begleiter im Leben der Menschen, sie schützten vor der Anfechtung des Teufels, vollzogen aber auch häufig schon auf Erden die Strafe, die den Sündern zustand (wie jener Engel des Herrn, der dem Bischof Gunther von Xanten um 871 vor dem Altar die heiligen Gewänder auszog und ihn erschlug, weil er trotz des Bannes die Messe lesen wollte). Kam es zum Letzten Gericht, das man für das Ende der Zeiten erwartete und dem niemand entging, so durften die Sünder alle Hoffnung auf die Fürsprache der Heiligen gegenüber dem strengen und gerechten Gott setzen. Insbesondere Maria, die allzeit barmherzige Gottesmutter, erfüllte deswegen die Herzen vieler Gläubiger mit mehr Liebe und Vertrauen als der väterlich-strenge Gott selber.
Maria, die »Bewahrerin der Welt«, die »Trösterin der Betrübten«, war die erste in der Reihe der Heiligen, die teils durch ihr Eingreifen auf Erden, teils durch ihre Fürsprache im Himmel auf das Leben der Menschen einwirkten. »Große Heilige« genossen ihren Ruf weniger durch ihre auf Erden erwiesene Heiligkeit als durch die Zahl der Wunder, die sie nach ihrem Tode verrichteten. Kirchen und Kinder wurden nach ihnen benannt, um ihren Schutz und Beistand herabzuzwingen. Mehr Wirkung versprach man sich von den Gebeinen der Heiligen selbst. Öffentliche Sensationen waren die Neuauffindung von Heiligengräbern oder die Überführung von andernorts erworbenen Reliquien in die eigene Kirche, wie 1164 der festliche Empfang der Gebeine der Heiligen Drei Könige in Köln. Die in Rom verbotene Zerstückelung von Heiligenleibern war im Frankenland gang und gäbe. Findigen Geschäftemachern war hier Tür und Tor geöffnet. Goldschmiede verwandten ihre ganze Kunst auf die Herstellung von Schreinen; dafür wurde gezahlt. An den Altären der Heiligen wurden Geld und Naturalien als Gaben niedergelegt; mancher verpflichtete sich als »Wachszinsiger«, d.h., er kam für die teuren Kerzen an den Altären auf. Etliche Heilige hatten ihre Konjunktur und erstrahlten in zahllosen Wundern, bis es später wieder still um sie wurde. Der Ruhm einer Stadt bemaß sich ganz wesentlich nach der Zahl der in ihr aufbewahrten Heiligengebeine – ein Gesichtspunkt, der heute weithin zurückgetreten ist. Tempora mutantur.
Weniger geändert haben sich die Zeiten vielleicht im Hinblick auf die Reste des vorchristlichen Heidentums, die auch im Mittelalter (und heute wieder?)

Das Schwarze Gebetbuch (15. Jh.)
Zu den hervorragenden Zeugnissen mittelalterlicher Buchkunst gehört die Gattung des Stundenbuches. Zunächst nur für Fürsten bestimmt, findet das Stundenbuch ab 1400 auch bei reichen Patriziern Verwendung, die ein dem Brevier der Geistlichen verwandtes Andachtsbuch zu besitzen wünschten. Ein besonders schönes Exemplar dieses Buchtyps stellt das hier abgebildete, in Belgien entstandene »Schwarze Gebetbuch« dar. Sein Name rührt von dem schwarz eingefärbten Pergament her, auf das die Schrift aufgetragen wurde. Die Miniatur zeigt eine Szene aus der Passion Christi: Der Heiland vor Pilatus.

ABB. SEITE 98:
Gottvater als Architekt (Bible moralisée, Mitte 13. Jh.)
Die Architekten der großen Kathedralen und Dome verstanden ihre Tätigkeit als Nachahmung des göttlichen Schöpfungsaktes. Die Erschaffung der Welt dachte man sich als architektonischen Konstruktionsvorgang: Gottvater, in der Rechten den Zirkel und den Kosmos gleichsam vor sich herrollend, ordnet die Welt nach »Maß, Zahl und Gewicht« (Sapientia 11,21).

ABB. SEITE 99:
Bible moralisée (Mitte 13. Jh.)
Die Bibel war eine schier unerschöpfliche Quelle für die mittelalterliche Buchmalerei. Der Buchminiator konnte auf verschiedene Illustrationsschemen zurückgreifen: Eines der zweifellos interessantesten ist das der »Bible moralisée«. Auf jeder Seite dieses Buchtyps finden sich links jeweils vier biblische Szenen in Medaillons, die rechts typologisch, moralisch und allegorisch ausgedeutet werden. Diese Bildanlage ist vorgebildet in den Medaillonfenstern der Kathedralen; sie hat ihren Ursprung in Frankreich.

Ci vient pharaons et comande que ioseph soit mis fors de la chartre et le fait raogniet et bien uestir.
Ce que pharaons tret ioseph fors de la chartre senefie le pere del ciel qui tret iesucrist fors del sepulcre.
Ci vient pharaons si fet uestir ioseph de riches robes et le fist monter en un curre dor et le fist aorer a sa gent et li bailla la cure de sa terre.
Ce que pharaons fist uestir ioseph et monter el curre dor et le fist aorer de la sue gent senefie le pere del ciel qui uesti ihucrist de la bele char de la uirge et le fist monter en la nue el ciel et le fist seruir et aorer de ses apostles.
Ci vient ioseph deuant le roi pharaon et li espont le songe et li dist que ce estoit.
Ce que ioseph uint deuant pharaon et li espont son songe senefie ihucrist qui mostra as deciples tot quanque les espiz et les uaches senefiert.
Ci vient ioseph et fet amplir les granges son segnor de blef les vij bones annees.
Ce que ioseph fist amplir les granges son seignor senefie iesucrist qui ampli a la pentecoste les apostles de sa grace.

Schrein der Heiligen Drei Könige (1181 bis um 1230; Köln, Dom)
Der Schrein der Heiligen Drei Könige, auch »goldener Schrein«, gilt als das größte, kunstvollste und am kostbarsten ausgestattete Reliquiar des Mittelalters. Geschaffen wurde es von Nikolaus von Verdun, einem der berühmtesten Künstler des Mittelalters, um die 1164 nach Köln geholten Gebeine der Heiligen Drei Könige aufzubewahren. Das Reliquiar besitzt die Gestalt einer dreischiffigen Basilika mit sieben Jochen und zeichnet sich durch seine äußerst prunkvolle Ausstattung mit Email, Filigran und Edelsteinen aus. Das Bildprogramm zeigt die Menschwerdung Christi und die Erlösung am Jüngsten Tag.

Die Reichskrone (10. Jh.)
Die Reichskrone, angefertigt für Otto den Großen zwischen 953 und 962, bildet nicht nur ein eindrucksvolles Zeugnis mittelalterlicher Goldschmiedekunst, sondern sie hat darüber hinaus besondere Bedeutung durch ihren Symbolgehalt. Das Kreuz und der Bügel sind nachträglich im 11. Jahrhundert hinzugefügt worden. Die Krone ist Zeichen kaiserlicher Herrschaft und war den Zeitgenossen Sinnbild für ein geordnetes, geeintes Reich deutscher Nation. In Zeiten politischer Wirren forderte Walther von der Vogelweide den Staufer Philipp von Schwaben auf: »Philippe, setze den wîsen [der große Edelstein in der Mitte der Krone] ûf«.

+ SANCTVS · HENRICVS ·

ABB. SEITE 101:
Kaiser Heinrich der Heilige (um 1260, Ausschnitt aus dem Königsfenster des Straßburger Münsters)
Große Bedeutung in der Kunst des hohen Mittelalters kam der Glasmalerei zu. Auf den Glasfenstern bildete man biblische Szenen, Heilige und deren Viten, aber auch Stifterfiguren ab. Die prächtigen, bunten Glasfenster der Kathedralen verliehen den Kirchenwänden einen durchscheinenden Charakter. In bewußtem Gegensatz zu den prunkvollen städtischen Kathedralbauten ließen die Zisterzienser die Fenster ihrer Kirchenbauten farblos.

ABB. OBEN:
Nordrose von Notre-Dame, Paris (1134–1194 entstanden)
Ein besonders eindrucksvolles Zeugnis mittelalterlicher Glasmalerei geben die Fensterrosen in den Kathedralen Frankreichs ab. Diese Kunst gelangt hier zu einem einzigartigen Höhepunkt. Das Rundfenster kann verschiedene symbolische Bedeutungen besitzen: Als Sonne versinnbildlicht es Christus, als Rose Maria. Die Bilder des Heilands bzw. der Gottesmutter sind dann im Zentrum des Fensters angebracht. Manchmal dient eine Fensterrose auch der Darstellung des Himmlischen Jerusalem, der Gottesstadt, die man sich bisweilen rund vorstellte.

fortleben. Die alten germanischen Götter waren wohl entmachtet, aber bei einigen Unholden und Geistern, Zwergen und Waldwesen wußte man nicht sicher, ob sie nicht doch noch als Gefährdung oder Beistand zu berücksichtigen waren. Zur Vorsicht und da man nie genug Helfer haben konnte, war es angeraten, bei bestimmten Quellen, Bäumen oder Felsen Lichter anzuzünden und Gaben abzuliefern. Viele christliche Bräuche und Feste jener Zeit entpuppen sich bei näherem Hinsehen als Weiterführung heidnischer Riten. Einige Heilige, wie die in der Eifel verehrten Jungfrauen Fides (Glaube), Spes (Hoffnung) und Caritas (Liebe), sind womöglich nichts anderes als die Umwidmung vorchristlicher Gottheiten. Wer heute die gotischen Kathedralen mit ihren rätselhaften Gnomen, Wasserspeiern und Dämonen betrachtet, findet darin vielleicht das Rezept jener Zeit zur Versöhnung von Heidentum und Christentum: »Ecclesia benedicat omnia« (»Die Kirche segnet alles«) – und macht es sich damit zu eigen.

Ermordung des Knaben Simon zu Trient (Holzschnitt, 1493)
Angebliche Ritualmorde der Juden an Christen verfolgten immer den Zweck, Pogrome gegen Juden zu legitimieren. 1294 trat das Gerücht im spanischen Zaragoza auf, Juden hätten einen christlichen Knaben auf teuflisch-bestialische Weise dahingemetzelt. Eine gerichtliche Verfolgung dieser Angelegenheit brachte allerdings zu Tage, daß die Anschuldigung gegen die jüdische Gemeinde auf nichts anderem als Erfindung beruhte.

4. Die Außenseiter der Christenheit: Juden und Ketzer

Wir haben von der mittelalterlichen Gesellschaft als der »Christenheit« gesprochen. Spätestens seit dem 11. Jahrhundert, seit dem Investiturstreit und dem Beginn der Kirchenreform, erfährt sie sich immer deutlicher als solche; über alle Unterschiede von Dorf, Stadt und Region hinweg vergewissert sich das Mittelalter seiner Einheit im Festhalten an demselben Glauben, derselben Kirche, denselben Riten und Gebräuchen. Im 11. Jahrhundert hören wir auch erstmals von gewaltsamen Ausschreitungen gegen die Judengemeinde und von dem Entstehen größerer, das Volk ergreifender Ketzerbewegungen. Jede Einheit, auch die Christenheit, hat ihre Außenseiter. Das Vorgehen der Christenheit gegen diejenigen, die ihre Einheit bedrohten, ist, welche niedrigen Motive im einzelnen auch mitgespielt haben mögen, charakteristisch für den in der Geschichte immer wiederkehrenden Versuch, Einheit als Einheitlichkeit zu erzwingen. Katholischer Glaube oder Ächtung, Verfolgung, Tod – so lautete im Mittelalter die Alternative für die Menschen, die dem allein seligmachenden System von geistlicher und weltlicher Macht entfliehen wollten.
Juden hatten im Abendland seit jeher gelebt. Sie wohnten in besonderen Stadtvierteln und waren von den Christen unterschieden durch ihre Kleidung, ihre Sprache, ihren Gottesdienst. Ihre mit den Christen gemeinsame Heilige Schrift (das Alte Testament) sowie die strenge patriarchalische Ordnung in Familie und Gemeinde ließen aber auch manche Gemeinsamkeiten erkennen. Geschäfte miteinander waren immerhin problemlos möglich, zumal es den Christen untereinander verboten war, Zinsen zu nehmen, während die Juden mit Ungläubigen Zinsgeschäfte treiben durften. In Geldverlegenheiten wurden auch Bischöfe und Könige bei den jüdischen Kaufleuten vorstellig. In den Zeiten der Verfolgung konnten sich die Juden häufig gegen Geld besondere Schutzrechte bei den Mächtigen erkaufen. Durch die internationalen Verbindungen der jüdischen Gemeinden waren die Juden für den Fernhandel besonders disponiert. Auf diesem Feld erwuchsen ihnen nun im Rahmen des wirtschaftlichen Fortschritts des 12. Jahrhunderts auch »christliche« Konkurrenten. Bedenkt man ferner die hohe Verschuldung vieler Christen bei den jüdischen Geldverleihern, so erscheinen die Judenpogrome – die erste große Welle vollzog sich zu Beginn des ersten Kreuzzugs (1096) – nicht nur als Ausdruck eines fehlgeleiteten fanatischen Glaubens. Viele aufhetzende Momente werden hier eine Rolle gespielt haben. Zu dieser Zeit tauchen die ersten Greuelmärchen über die Juden auf – wie 1294 im spanischen Zaragoza, wo Juden

Marienkrönung (Mitte 13. Jh.)
Von der großen Verehrung, die das Mittelalter der Gottesmutter entgegenbrachte, zeugen nicht allein die ungeheure Zahl der Mariengedichte, sondern auch die vielfältigen Darstellungen der bildenden Kunst. Maria, die »Rose ohne Dorn«, »Bewahrerin der Welt« und »Trösterin der Betrübten«, galt als die Erste in der Reihe der Heiligen: An sie wandte man sich in Zeiten der Not und erhoffte von ihr Fürsprache beim Himmlischen Vater.

einen christlichen Knaben entführt, enthauptet und ihm Leber und Herz herausgenommen haben sollen, um daraus einen teuflischen Sud zu bereiten. Die Anklage erwies sich bei der gerichtlichen Verfolgung als Schwindel, der Junge wurde bei einem christlichen Sklavenhändler aufgefunden. Zurück bleiben aber die tiefsitzenden Vorurteile gegen die Juden in der Stadt, ihre öffentliche Ächtung und Benachteiligung.

Die Juden waren eben immer die anderen, sie waren in allem anders als die Christen; zuletzt hatten sich aber nicht erstere, sondern letztere gewandelt, und die Juden hatten die blutige Zeche zu bezahlen. Die in vielen Städten veranstalteten öffentlichen Disputationen zwischen jüdischen und christlichen Theologen folgten nur scheinbar dem Weg der Vernunft. Der Ausgang dieser Disputationen stand von vornherein fest. Wollten die jüdischen Teilnehmer nicht anerkennen, daß der Gekreuzigte der wahre Gott sei, daß er das Recht habe, das mosaische Gesetz zu verändern, und daß er die Welt erlöst habe, so bestätigten sie nur ihren Ruf als verstockte und hartherzige Menschen. Es lag dann allein im Ermessen des christlichen Machthabers, sie in Gnade zu entlassen oder mit dem Tode zu bestrafen. Die Sitte in der Stadt Toulouse, bei jedem Ostergottesdienst dem Vorsteher der Synagogengemeinde durch den Bischof eine Ohrfeige verabreichen zu lassen, war da noch vergleichsweise glimpflich. Wenn ein Jude wie der junge Judas aus Köln (um 1125) aus freien Stücken zum Christentum übertrat, so geschah dies nicht, weil er sich durch die Argumente der Theologen widerlegt fühlte. Er war vielmehr beeindruckt durch die menschliche Geste des bischöflichen Hausverwalters in Münster, der ihm, dem verachteten Juden, beim Mahl mit dem Bischof ein halbes Brötchen und eine Portion Salm reichte und sich selber mit Brot und Wasser begnügte. Der Konvertit Judas, der sich christlich Hermann nannte, hatte deshalb in voller Schärfe die Kälte und Ablehnung seiner früheren Glaubensgemeinschaft zu erdulden.

Das christliche Mittelalter war zugleich die Zeit der wildesten christlichen Ketzereien. Katharer und Waldenser, Publicaner und Patarener, Albingenser und Petrobrusianer, Passagier und Arnoldisten und viele andere mehr (die Bezeichnungen meinen oft dieselbe Gruppe) standen an, die Wahrheit und Legitimation der katholischen Kirche in Frage zu stellen. Wenn wir heute von Ketzern sprechen, dann meinen wir oft Menschen, die gegenüber dem Dogmatismus und der Strenge der Kirche (oder auch einer politischen Partei etc.) bestimmte liberale und »aufweichende« Ansichten vertreten. Ganz anders war der Begriff im Mittelalter besetzt. Nahezu alle mittelalterlichen Ketzerbewegungen kommen in der Auffassung überein, die katholische Kirche sei zuwenig streng, zuwenig rigoros und vor allem nicht dem einfachen Geist Christi gemäß; sie sei deshalb abzulehnen. Mit einigem Recht kann man sagen, daß die Ketzergemeinschaften eigentlich kirchliche Reformbewegungen waren, die es nicht geschafft hatten, in der Kirche zu bleiben. Sie sehen deshalb auch den kirchlich gebliebenen Reformergruppen (wie der Bettelordenbewegung) manchmal zum Verwechseln ähnlich. Armut, die Verwerfung weltlicher Macht und die Orientierung am Leben Jesu und seiner Jünger sind ihre gemeinsamen Grundzüge. Auf jeden Fall stellt die Tatsache, daß ab dem 12. Jahrhundert zunehmend häretische Bewegungen auftreten und breite Volksgruppen erfassen, deutlich vor Augen, wie tiefgreifend die Menschen des Mittelalters bereits christianisiert waren; denn es bedarf schon einer eigenen Selbständigkeit und Mündigkeit im Glauben, um sich von der Führung der Mutter Kirche zu emanzipieren.

Greifen wir zuerst die bedeutendste der mittelalterlichen Ketzerbewegungen, die der Katharer, heraus. Sie haben unserem Begriff »Ketzer« den Namen gegeben; übersetzt heißen sie »die Reinen«. Der Mönch Cäsarius von Heisterbach, den man getrost den Sensationsberichterstatter jener Zeit nennen kann, beschreibt eine ihrer Kellerversammlungen, »in welcher viele Menschen beiderlei Geschlechts sich eingefunden, der Häresiarch hielt eine von Blasphemien strotzende Predigt, worauf das Licht gelöscht wurde und ein jeglicher sich mit der ihm Nächststehenden fleischlich vermischte, ohn' allen Unterschied zwischen Ehefrau und ledigem Mädchen, zwischen Witwe und Jungfer, zwischen Herrin und Magd, und, was wohl am greulichsten ist, zwischen Schwester und Tochter«. Der fromme Cäsarius war hier wohl Opfer seiner Phantasie geworden, und dies auch noch in propagandistischer Absicht: In Wirklichkeit lehnten gerade die Katharer, die Reinen, den Geschlechtsverkehr als Sünde rigoros ab und verlangten von ihren Führern, den »perfecti« (»Vollkommenen«), sich seiner gänzlich zu enthalten. Ja sie gingen so weit, den Genuß von allem, was aus dem Beischlaf entstanden war (Fleisch, Milch, Käse, Eier etc., mit Ausnahme von Fisch), zu verbieten. Diese Forderungen wurden allerdings nur von den »Vollkommenen« durchgehalten, die sich auch Apostel nannten; die einfachen Anhänger (audientes) orientierten sich an ihren Vorbildern, ohne es ihnen jedoch in allem gleichzutun. Die Weltansicht der Katharer war zutiefst pessimistisch und dualistisch: Ein böses – das materielle – und ein gutes – das geistige – Prinzip kämpfen gegeneinander, aber im Dasein auf Erden hat das böse Prinzip die Oberhand, weil die Welt von einem bösen Demiurgen (den sie mit dem alttestamentlichen Gott Jahwe gleichsetzten) geschaffen war. Heil konnte nur gewinnen, wer sich bereits im irdischen

Felsenburg Queribus
Die Katharer stellten die mächtigste und wichtigste Ketzerbewegung des 12. und 13. Jahrhunderts dar. Sie lehnten den Geschlechtsverkehr als Sünde rigoros ab, enthielten sich aller Produkte, die durch den Beischlaf entstanden waren (Fleisch, Milch, Eier etc.) und übten scharfe Kritik an der – ihrer Meinung nach – zu nachgiebigen Haltung der Kirche gegenüber Sündern. Besonders in Südfrankreich und Norditalien hatten die Katharer starken Zulauf: Die Inquisition suchte dieser Häresie durch harte Strafen ein Ende zu bereiten. Das Bild zeigt den höchstgelegenen Zufluchtsort der Katharer, Burg Queribus in den Pyrenäen.

Die Marienburg (um 1280–Ende 14. Jh.)
Während der Kreuzzüge entstanden die Ritterorden, religiöse Gemeinschaften, deren Mitglieder die Mönchsgelübde ablegten und für die Verteidigung sowie die Ausbreitung des Glaubens ritterlichen Waffendienst leisteten. Der älteste Ritterorden war der 1110 in Jerusalem gegründete Johanniterorden, der es sich wie die Templer (gegr. 1119), die Schwertbrüder (gegr. 1202) oder der Deutsche Orden (gegr. 1198) zur Aufgabe machte, den bewaffneten Kampf gegen die »Ungläubigen« zu führen und sich der Krankenpflege zu widmen. Die Abb. zeigt die Marienburg an der Nogat, die seit 1309 Sitz der Hochmeister des Deutschen Ordens war: Durch seine Vereinigung mit dem Schwertbrüderorden 1237 sowie seine expansive Machtpolitik im baltischen Raum wuchs dieser Orden zu großer Bedeutsamkeit heran.

Leben von allem Materiellen und Fleischlichen, von allen Gelüsten und Begierden freihielt. Die objektiveren Berichte über die Katharer geben denn auch an, daß sie ein einfaches, enthaltsames und rechtschaffenes Leben führten. Die katholische Kirche mit ihrer Verflochtenheit in weltliche Dinge, ihrer Sinnenlust und ihrer Nachgiebigkeit gegen die Sünder, verwarfen sie. Selbstverständlich hatte auch das kirchliche Amt für sie keinerlei Berechtigung, desgleichen alle Sakramente; Christus hielten sie für einen Engel, nicht für Gottes Sohn. Damit war der Widerstand der Kirche herausgefordert. Versuchte man es zunächst mit theologischen Widerlegungen oder auch Schmähschriften im Stile des Cäsarius, so sah man zuletzt die Rettung nur noch in der gewaltsamen Unterwerfung. Das dritte Laterankonzil (1179) beschloß: »Allen Gläubigen erlegen Wir auf, sich diesen Seuchen mannhaft zu widersetzen und das Christenvolk mit den Waffen gegen sie zu schützen. Man ziehe der Ketzer Gut und Habe ein, und es stehe den Fürsten frei, die Menschen solcherart der Knechtschaft zu unterwerfen.« Die Fürsten haben, im Verbund mit der geistlichen Gewalt, von dieser Freiheit reichlich Gebrauch gemacht – es gab da nicht nur Menschen hinzurichten, sondern auch deren Eigentum zu erwerben –, weil auch sie die Ketzerei als Angriff auf die Einheit ihres Volkes betrachteten. Doch gestaltete sich die Verfolgung der Ketzer zunächst nicht so leicht. Die kirchlichen Ketzerbeauftragten mußten immer wieder feststellen, daß die der Ketzerei Verdächtigen sich bei der Befragung freimütig zum katholischen Glauben bekannten, nach Abzug der kirchlichen Kommission aber wieder ihrem alten Irrglauben huldigten. So kam es zur Ausbildung der »Inquisition« (Untersuchung), um mit geeigneten Mitteln herauszufinden, wer tatsächlich der Häresie anhing. Die »peinliche Befragung« wurde die Regel; der südfranzösische Dominikaner Bernhard Gui, prominentester Inquisitor des Mittelalters, verwendet in seinem lateinischen »Handbuch der Inquisitionspraxis« (um 1323) einigen menschenverachtenden Scharfsinn auf die Methoden zur Feststellung der wahren Ketzerei. Die Bewegung der Katharer, die im 12. und 13. Jahrhundert weite Landstriche in Südfrankreich und Norditalien beherrschte, ging in einem Strudel von Unduldsamkeit, Blut und Grausamkeit unter. In Deutschland konnten die Katharer kaum Fuß fassen. Der einzige Katharerprozeß hierzulande (1143 in Köln) endete mit drei Todesurteilen.

Die streng dualistische Auffassung im Glauben der Katharer (Annahme eines bösen und guten Urprinzips), dazu auch ihre Bezeichnung als »Bulgaren«, »Manichäer«, »Bogomilen«, lassen auf ihre außerchristlichen, östlichen und antiken, Ursprünge schließen. Die dualistische Erklärung des Übels in der Welt ist ja in der Tat ein Erbe bestimmter spätantiker, insbesondere persischer (Zarathustra) und gnostischer Weltanschauungen. Wegen ihrer großen Einfachheit findet sie auch heute noch ihre Anhänger. In der Katharerbewegung hatte sie im Mittelalter eine wirkungsvolle Renaissance. Andere Ketzerbewegungen dagegen versuchten eine Überwindung des kirchlich-katholischen Christentums allein aus dem Geist des Evangeliums. Hier sind in erster Linie die Waldenser zu nennen. Ihr Gründer, der Kaufmann Petrus Waldes aus Lyon, sah die real existierende Kirche in schroffem Gegensatz zur apostolischen Armut des Evangeliums. Er verschenkte alles, was er besaß, an die Armen und begann – ganz ähnlich wie der heilige Franziskus – in schlichter Tracht die Buß- und Wanderpredigt. Weil er und seine Anhänger nur Holzschuhe (sabots) trugen, wurden sie auch die »Sabbatati« genannt. Auf dem Konzil von 1179 ersuchte er um die kirchliche Anerkennung seiner Bewegung, und sie wurde ihm erteilt unter der Bedingung, daß er und seine Leute nur im kirchlichen Auftrag predigten. Die Waldenser hielten sich nicht lange an diese Abmachung. Ihre Laienprediger tauchten in Dörfern und Städten auf und verkündeten das reine Evangelium, erklärten die Messen von unwürdigen (z.B. beweibten) Priestern für ungültig und prangerten den Reichtum der Kirche an. Sie verwarfen das Fegefeuer, das Gebet für die Verstorbenen und die Seelenmessen, die Heiligenverehrung, den Ablaß, Eid, Kriegsdienst und die Todesstrafe und behielten nur die Taufe, das Abendmahl und die Buße als Sakramente bei (wie später Martin Luther und die Reformation). Das brachte ihnen den kirchlichen Bann ein. Auch sie wurden zu Opfern der Inquisition. Auf der Synode von Verona (1184) verkündeten Papst Lucius III. und Friedrich Barbarossa gemeinsam über die Häretiker, ihre Gönner und Verteidiger Kirchenbann und Reichsacht und verordneten, daß die Bischöfe jährlich ein- bis zweimal in den verdächtigen Orten nach Häretikern forschen und die weltlichen Obrigkeiten nach ihrer Weisung die Schuldigen bestrafen sollten. Die Waldenser indessen überlebten die Verfolgung teilweise. 1532 schlossen sich ihre französischen Gemeinden dem Calvinismus an. In Italien gibt es noch heute ca. 45 000 Waldenser.

Hinrichtung durch das Rad und Sieden in Öl (aus der »Spiezer Chronik«, 1485)
Das Mittelalter zeigte sich äußerst erfinderisch und grausam in der Bestrafung von Vergehen. In einem Zeitalter des Aberglaubens wurden nicht nur Menschen als Ketzer und Hexen verbrannt, auch Tiere waren Opfer der Justiz. So sah der »Sachsenspiegel« die Tötung von Tieren wegen »unterlassener Hilfeleistung« vor, wenn sie in der Nähe des Tatortes eines menschlichen Verbrechens angetroffen wurden.

Bildende Kunst des hohen Mittelalters

von Peter Gerlach

Seilaufzug und Holzleiter (aus einer Bibel Anfang 13. Jh.)
Von alters her bediente man sich der Holzleiter, um Baumaterialien auf eine höhere Arbeitsebene zu bringen. Mörtel in großen Bottichen oder Eimern bzw. kleinere Steine zog man mit Hilfe eines Seilaufzugs nach oben. Oben im Bild (hinter dem Aufzug) sieht man den Gebrauch einer Lotwaage, mit der man die Maueroberkante kontrollierte.

Steinmetzwerkstatt (um 1220/30)
Dem Steinmetzen oblag nicht nur die Herstellung der Werksteine, zu seinen Aufgaben gehörte auch die Anfertigung von Säulen, Kapitellen und Reliefs. Die Abbildung bietet dem Betrachter einen Blick in die Werkstatt eines Steinmetzen und zeigt zwei Phasen der Bearbeitung einer Steinskulptur. Sehr schön zu erkennen sind auf dem rechten Bildteil die Werkzeuge des Steinmetzen: Holzklöpfel und Schlageisen.

In allen drei Gattungen der bildenden Kunst, in der Malerei (Tafel- und Buchmalerei), der Bildhauerei (Skulptur- und Goldschmiedekunst) und der Architektur (Kathedralbau, Städtebau und profane Architektur), zeichnet sich das hohe Mittelalter durch hervorragende Leistungen aus. Diese sind in jeder Gattung durch andere Merkmale geprägt. Dennoch vereint sie eine vergleichbare Tendenz, die die Kunst des hohen Mittelalters von der Kunst früherer Zeit klar unterscheidet. Die Stilwende vom 11. zum 12. Jahrhundert ist nicht als ein Bruch zu verstehen; sie hängt vielmehr mit dem Wirksamwerden gewandelter Ideen und Vorstellungen zusammen, die bereits in den ersten Werken des neuen Stils deutlich aufweisbar sind. Die Entwicklung der nachfolgenden Kunst besteht in der Entfaltung und Differenzierung jener ursprünglichen Neuansätze. Bezeichnenderweise geht mit dem Ende der Kathedralbaukunst auch diese neue künstlerische Epoche zu Ende. Nach Panofsky verstehen wir dieses Prinzip der Stilausprägung als die bildliche Fassung metaphysischer Vorstellungen, die sowohl in der Architektur als auch in den darstellenden Künsten Ausdruck fanden. Das alle künstlerischen Bereiche beherrschende Gemeinsame hochmittelalterlicher Kunst ist die bildhafte Verdeutlichung christlicher Weltsicht in typologischer Form.

Das Ende des Mittelalters ist nicht durch die Wiederentdeckung der Antike bezeichnet – die Antike ist in allen Phasen des Mittelalters in unterschiedlicher Weise gegenwärtig –; es hängt vielmehr mit einer Abwendung von der Tradition und, in den verschiedenen europäischen Regionen zeitlich verschoben, der Hinwendung zu einer veränderten Weltsicht zusammen. Diese Entwicklung ist logisch nicht begründbar und ist auch aus der künstlerischen Entwicklung selbst intern nicht ableitbar. Und doch fand sie gerade in der Kunst rasche und deutliche Formulierung. Wenn die Scholastik als ideengeschichtliches Zentrum des hohen Mittelalters gelten kann, so tragen zu ihrer Ausprägung die Werke der bildenden Kunst, die Städte und Universitäten als gesellschaftliche Organisationsformen, die Kathedralen als Zentren religiöser Praxis in spezifischer Weise bei; sie alle formulieren als konstituierende Elemente einen gemeinsamen Stil.

Treibende Kräfte waren vorrangig nicht mehr die landerschließenden Klöster und deren künstlerische Leistungen, sondern die städtischen Zentren, in denen die bedeutenden und charakteristischen sakralen Kunstwerke dieser Zeit entstanden. Zwar sind profane fürstliche und städtisch-bürgerliche Bauwerke überliefert, und von Verkehrsbauten (Stadttore, Brücken) sind reichlich Nachrichten erhalten, dennoch sind die in Bischofsstädten errichteten Großkirchen diejenigen Bauwerke, die mit dieser Zeit leitmotivisch verbunden bleiben. Das hat mehrere Gründe. Einerseits waren an ihrer Entstehung gesellschaftliche Gruppen mit jeweils unterschiedlichen Interessen beteiligt, andererseits entfalteten sich an ihnen neue Technologien und Betriebsorganisationen. Zur ersten Voraussetzung gehört, daß sich neben dem Bauherrn (dem Bischof als territorialem Landesherrn) weitere Gruppen an der Finanzierung beteiligten, wodurch sie ihre Interessen zur Geltung bringen konnten. Dadurch, daß sie sich in diesen öffentlichen Bauten repräsentiert sahen, wurden diese zu Zentren des gesellschaftlichen Lebens der Stadt. Die Ausbildung handwerklich spezialisierter und auf Dauer dafür verfügbarer Facharbeiter und das Heranschaffen der erforderlichen Materialmassen bedingte neben der Leistung verschiedener traditioneller Frondienste neue Formen der Finanzierung und den Einsatz bisher lokal nicht verfügbarer Transportmittel. Wurden die Finanzmittel durch den verstärkten Fernhandel und das beginnende Verlagswesen verbessert, so waren für das Transportwesen die Erfahrungen ebendieser neuen Wirtschaftsform von Nutzen.

Zu den Eigenmitteln des Bauherrn (Bischof und Kapitel), die aus Frondiensten, Kollekten, Bußen und Ablässen bestehen konnten, kamen die Spenden der lokalen Zünfte und städtischen Bruderschaften als notwendiger Bestandteil der Finanzierung des Bauwerks und seiner Ausstattung hinzu. Die Erfindung rationeller Bautechniken durch Normierung der Materialien erlaubte eine Vorarbeit während der Winterzeit in den Bauhütten. Das Fortschreiten der Arbeit während der übrigen Jahreszeit wurde durch die Einführung neuer Hebewerke nicht nur erleichtert, sondern auch beschleunigt. Die in der Regel noch anonymen, dem Laienstand entstammenden Baumeister stiegen als Leiter dieser avancierten Betriebsorganisationen aus dem Stand der Handwerker in den des vielfach privilegierten Baukünstlers auf. Sie wurden zu entwerfenden und organisierenden Architekten. Mit einiger Gewißheit kann angenommen werden, daß sie sich im verkleinerten Maßstab angefertigter Entwurfszeichnungen als Hilfsmittel bedienten.

Bereits im Chorumgang der Abteikirche von St. Denis (etwa 1141–1144) erkennen wir alle gestalterischen Elemente der gotischen Architekten. Zu nennen

Saint Denis (Chorumgang, entstanden zwischen 1141 und 1144)
Die Pläne für den Bau der Abteikirche von Saint Denis gehen zurück auf den Abt Suger von Saint Denis (1081–1151), der nicht nur als Regent Frankreichs zwischen 1147 und 1149 in die Geschichte einging, sondern sich auch als Schriftsteller einen Namen machte. Der hier gezeigte Chorumgang läßt zwei wesentliche gestalterische Mittel der gotischen Architektur erkennen. Zum einen wird eine Verringerung der Mauermasse angestrebt, um Platz für große Fensterflächen zu schaffen, und zum anderen bedient man sich einer großen Anzahl von Stützen, um tektonische Stabilität zu erreichen.

Drei Beispiele für gotische Rundfenster
Das steinerne Filigran hatte vor allem in der Spätgotik die Aufgabe, den immer großflächiger werdenden Fenstern als Gerüst zu dienen.
OBEN: Romanisches Radfenster mit einfacher Ornamentierung (San Rufino, Assisi; Italien)
MITTE: Fensterrose in Lincoln (England); sog. »krummliniger Stil«
UNTEN: Fensterrose von Chartres (Frankreich)

ist (erstens) die Verringerung der Mauermasse. Durch diese entstehen große Fensterflächen, in denen figurenreiche Glasgemälde ihren Platz finden. Für die erforderliche tektonische Stabilität sorgen (zweitens) durch vorgelegte Dienste vielfach gegliederte Stützen, in deren Gestalt sich ihre tragende Funktion für die Gewölbe zeigt. Sie bilden zugleich den vielfältig gestaffelten Rahmen für die transparenten Glasfenster in der unteren Zone und für die farbig ausgemalten Gewölbeteile in der oberen.

Der Begriff von der »diaphanen« (»durchscheinenden«) Wand kann sehr wohl bereits hier Anwendung finden. Demnach ist die gotische Kathedralarchitektur als ein Bildträger aufgefaßt worden, bei dem der Rahmen selber wiederum Abbildung »rationaler« architektonischer Elemente ist. Wenn auch die schlanken Dienste, die die massiven Stützen umstellen, keine tatsächlich tragende Funktion übernehmen, so bilden sie doch in der Verschleifung mit den aus ihnen emporwachsenden Gewölberippen ein plastisch-filigranes Gerüst, zwischen dem die Reste der Wandflächen flächenhaft, »papierdünn« (Vasari) ausgespannt bleiben. Es muß daher nur konsequent erscheinen, wenn in den unmittelbaren Nachfolgebauten (Sens 1140–1168, Noyon 1174–1200, Laon 1190–1195) die aufgehende Mauer durch Emporen und Triphorien in zwei Schalen aufgespaltet wurde, von denen die äußere, zurückliegende durch das Außenlicht nun ebenfalls »leuchtend« erscheint. Durch die ständige Vergrößerung der Rosette in der Westfassade schließlich (Amiens 1220/1230, Saint-Denis 1231/1245, Reims 1250/1300) wurde auch die Außenwand in diesem Baubereich zu einem differenzierten Gebilde aus gläsernem Bild und Bildträger. Höhepunkt dieser auf die mystische Symbolik des Lichts (Abt Suger) bezogenen Vorstellung des kirchlichen Innenraums ist wohl die Sainte-Chapelle in Paris (ca. 1243–1248), an deren Ausmalung sich die Durchsichtigkeit der Außenfläche des Raumes besonders gut ablesen läßt.

Deutlicher als im Innenraum ist am Äußeren der gotischen Kathedralen das rationale Kalkül erkennbar, das Funktion und Gestaltung zu einem großartig geschlossenen Werk vereinigte. Da die als Grablegen mit eigenem Altar dienenden Seitenkapellen ständig vermehrt und dadurch vor allem der Chor, der Chorumgang und schließlich auch das Langhaus im Inneren um angrenzende Räume und Raumöffnungen erweitert werden mußten, gelang es den gotischen Architekten, den konstruktiv notwendigen Stütz- und Strebepfeilern, die in Reims (1194–ca. 1220) noch blockhaft-massig sind, bei Notre-Dame in Paris (ca. 1245–ca. 1300/1330) und auch bei St. Julien in Le Mans (geweiht 1254) plastische Formen zu geben, die ebenso leicht wirken wie die architektonischen Details des Inneren. Erst die systematische Nutzung all dieser Möglichkeiten, deren Einzelformen sich bereits in früherer Zeit finden – etwa der Spitzbogen, die außenliegenden Stützpfeiler oder das Rippengewölbe –, brachte die zahlreichen Variationen hervor. Die gotische Architektur faßte diese Elemente zu einer konstruktiven Einheit zusammen und verwendete sie in ständig neuen, immer gewagteren Varianten. Insofern kann man auch kaum von einer linear verlaufenden »Entwicklung« sprechen, wenn auch, sehr verallgemeinert, vier Phasen zu unterscheiden sind.

In der ersten Phase (1140–1190) dominiert die Kathedrale als maßgebende Form des Kirchenbaus in der Île de France. In dieser Zeit werden in Deutschland und in Italien noch spätromanische Bauten errichtet, die zwar der äußeren Form, nicht aber dem konstruktiven Gedanken nach der gotischen Architektur vergleichbar sind. Die Ausbreitung des neuen gotischen Bauens folgt in einer zweiten Phase (1190–1250) der Ausweitung der französischen Kron-

Der Kölner Dom
Die großen Kathedralen Frankreichs wurden bereits seit Mitte des 12. Jahrhunderts im gotischen Stil errichtet; zu dieser Zeit standen die Sakralbauwerke Deutschlands noch ganz im Zeichen der Romanik. Erst 1235, mit dem Bau der Elisabethkirche in Marburg, setzte sich auch in Deutschland die gotische Architektur durch. Der 1248 begonnene Kölner Dom gilt als die erste deutsche, ganz von der Gotik bestimmte Kathedrale.

lande. Gleichzeitig beginnt in der Normandie und in England die Herausbildung von Sonderformen (Early English, um 1175–1250), die sich eigenständig und unabhängig entwickeln und gelegentlich auch auf Frankreich einwirken. Erst um 1220 wird auch in Westspanien die französische Kathedralgotik aufgegriffen. Verbindlich für ganz Europa wird sie jedoch erst in einer dritten Phase (1250–1300), wobei, je nach den örtlichen Möglichkeiten, bescheideneren Bedürfnissen angepaßte, reduzierte Formen entstehen. Die lokalen Sonderformen in Deutschland und auch in England (Decorated Style, um 1250–1340 und Perpendicular Style, ab 1340) haben mit dem Kathedralstil nur noch in der Struktur begründete prinzipielle Gemeinsamkeiten. In Deutschland erhalten sich romanische Bautraditionen noch bis zur Mitte des 13. Jahrhunderts; erst mit dem Beginn des Kölner Domes, 1248, gewinnt das Vorbild der französischen Kathedralarchitektur Vorrang, nachdem bereits 1235 St. Elisabeth in Marburg mit einer einheitlichen, sich an frühgotischen Vorbildern (Laon) orientierenden Planung begonnen worden war.
Erkennt man im Spitzbogen das den Innenraum charakterisierende Element, so ist es am Äußeren des Gebäudes der Strebepfeiler. Beide prägen das Erscheinungsbild dieser Architektur; beide dienten den gotischen Baumeistern als Mittel, ihre gewagten Konstruktionen und die mit dem Zirkel konzipierten Berechnungen in ständig neuen Variationen zu entwerfen. Diese Pläne waren verbindliche Bauunterlagen; nur wenige von ihnen sind davon

Wohnturm in Regensburg (13. Jh.)
Im 13. Jahrhundert läßt sich ein gewaltiges Anwachsen der Stadtbevölkerung verzeichnen, das eine Reihe architektonischer Probleme mit sich brachte. Die durch eine Mauer begrenzte Stadt bot kaum Ausdehnungsmöglichkeiten in die Breite, so daß die Architekten bzw. Baumeister gezwungen waren, in die Höhe zu gehen. Dies prägte das mittelalterliche Stadtbild in besonderem Maße: enge, verwinkelte Gassen und Häuser mit nachträglich aufgestockten Geschossen bzw. später hinzugefügten Anbauten. Das Bild zeigt ein frühes Beispiel mittelalterlicher Stadtarchitektur.

erhalten geblieben. Der Spitzbogen erlaubte es, in einer additiven Reihung unterschiedlich breite Raumteile unter einem Baldachin zusammenzufassen. Im Gegensatz zum quadratischen Grundrißsystem der Romanik sind die breiteren Joche des Mittelschiffes, die schmaleren der bis zu drei Seitenschiffe, die trapezförmigen des Chorumganges und die halbrunden der Umgangskapellen nach einem gemeinsamen Schema konstruiert, weil der Spitzbogen durch seinen Knick in der Scheitelspitze unterschiedlich weit gespreizt werden kann. Strebepfeiler und Strebebogen erlauben es, das tragende Mauerwerk zu erleichtern und so erhebliche Bauhöhen zu erreichen. Durch die Ausbildung des Maßwerks können schließlich die Zwischenwände – nach Einführung der Triphorien – bis auf optisch kaum noch wahrnehmbare Reststreifen aufgelöst werden. Maßwerk und Strebewerk, vor allem in der Hochgotik zu höchst komplizierten Kunstformen ausmoduliert, überspielen nun gänzlich ihre immer noch entscheidende tektonische Bedeutung. Das Rippengewölbe erhält erst in der Spätgotik seine immer kompliziertere Gestalt (Netz- und Faltengewölbe, hängende Schlußsteine), bis es schließlich zu einem von der Konstruktion abgelösten Schmuckgebilde wird, das jedoch auch dann noch die Funktion hatte, das Himmelgewölbe »abzubilden«.
Die plastische Ausformung der tragenden Architekturteile durch die Dienste hat bei den geöffneten, aufsteigenden Wänden im steinernen Maßwerk ihre Entsprechung, mit dem die hochgestreckten Fensteröffnungen gegliedert wurden. Der Dreipaß und später dann die Vielpässe bilden die Hauptformen, die entweder radial oder in Achsen angeordnet und in der Spätphase, dem Style flamboyant (nach 1350 in England entwickelt, seit etwa 1370 auf dem ganzen Kontinent), zu netzartigen Mustern ausgestaltet wurden.
Neben der Kathedralarchitektur spielt die strenger regelgebundene und schmuckärmere Kirchen- und Klosterarchitektur der Mönchsorden eine bedeutende Rolle. Die Bauordnungen der Zisterzienser und der Bettelorden lassen sich durchaus auch als Kritik an den städtischen Kathedralbauten lesen, an deren großem Aufwand und ihrem Schmuckreichtum. So verzichteten die Zisterzienser auf den steinernen Glockenturm; die Glasfenster blieben farblos weiß und ohne jede bildliche Darstellung. Im Innenraum waren Bilder und Skulpturen verboten, da sie, wie es hieß, von der guten Meditation ablenkten und den nötigen religiösen Ernst nicht aufkommen ließen. Später als die Zisterzienser begannen die Bettelorden, eigene schlichte Kirchen zu errichten. Wenn es auch kein verbindliches Grundrißschema gab, so lassen sich doch einige typische Merkmale dieser Bauten benennen.
Es wurde grundsätzlich auf das Querhaus verzichtet; die Halle oder der flachgedeckte Saalbau, bisweilen auch die flachgedeckte Basilika wurden zum bevorzugten Bautyp, der Chor in der Regel flach geschlossen. Das Äußere ist durch ein sorgsam gefügtes Mauerwerk von großer Präzision bestimmt, das Innere wirkt durch die Steinbemalung trotz aller Schmucklosigkeit eindrucksvoll. Reicher sind die klösterlichen Gebäudeteile, die Kapitelsäle, die Dormitorien und die Refektorien. Zwischen ihnen und der städtischen profanen Architektur finden sich weit eher Gemeinsamkeiten als zwischen Profan- und Kathedralbauten. Die in dieser Zeit errichteten Rat- und Zunfthäuser, die Tuchhallen und Kaufhäuser sind bleibender Ausdruck des Reichtums und des Unabhängigkeitswillens des städtischen Bürgertums. Vor allem in den oberitalienischen Stadtrepubliken, in den deutschen Reichsstädten und in Flandern haben sich prachtvoll ausgestattete öffentliche Bauten, wenn auch zu großen Teilen nach Zerstörungen vielfach restauriert und umgebaut, erhalten.

In der bildlichen Ausstattung kam der Vorstellung von der Typologie – dem Vorbildcharakter alttestamentarischer Figuren, Sachen und Ereignisse für neutestamentarische und geschichtliche Personen und deren Taten – als Vergegenwärtigung des christlichen Heilsgeschehens ein bestimmender Rang zu. Das gilt für die großen didaktischen Tympanonreliefs der Kathedralen mit ihren auf den historischen Gerichtsplatz verweisenden Darstellungen des Jüngsten Gerichts ebenso wie, gegen Ende der Periode, für Illustrationen von Büchern zur privaten Andacht, in denen Lebende (Stifter, Auftraggeber) ihre »imitatio pietatis« dadurch dokumentierten, daß Heiligenfiguren mit ihren Porträtzügen ausgestattet wurden.

Wieweit das Auftauchen von Künstlerbildnissen oder -selbstbildnissen in sakralem Kontext als eine Ausweitung typologischer Vorstellungen in die historische Gegenwart hinein verstanden werden kann, bleibt offen. Jedenfalls hat die herausgehobene Bedeutung der Personendarstellung ihre Voraussetzung in der gotischen Skulptur, vor allem in der Kathedral- und Grabmalplastik. Wenn auch die Figuren eines Bischofs und eines Königs im Tympanon des rechten Westportals von Notre-Dame, Paris (1150/60) nicht mit Sicherheit auf historische Personen bezogen werden können, so wird doch deutlich, daß schon in diesen noch ins Relief gebundenen Skulpturen die freiplastische Darstellung beginnt, die bald darauf ihren Höhepunkt in Chartres erreichen sollte. Die Individualisierung der Bewegung und der Physiognomie in Reims und Straßburg (Südportal, um 1235) führte vor allem im 14. Jahrhundert zu jenen Naturalismen, die etwa die Bildnisbüste des Peter Parler im Veitsdom zu Prag (um 1380) auszeichnen. Eine vergleichbare Eroberung des illusionistischen Freiraumes ist in der Wandmalerei des Papsthofes von Avignon anzutreffen oder in den italienischen Städten: im malerischen Werk Simone Martinis, Duccios und Giottos sowie auf den Sieneser Rathausfresken des Ambrogio Lorenzetti (1337–1339). In der Plastik Italiens hatte Nicolo Pisano mit der weitgehend vom Reliefgrund gelösten menschlichen Figur nicht nur etwas der französischen Kathedralplastik Vergleichbares erreicht, sondern auch die an antiken Vorbildern geschulte Aktdarstellung gelangte dort weit über das im nördlichen Europa Mögliche hinaus.

Physiognomische Individualisierung kennzeichnet in Bamberg, Mainz und Naumburg (um 1250) das szenische Geschehen. Bezeichnenderweise sind hier die Figuren der bereits lange verstorbenen Stifter in der Kleidung des 13. Jahrhunderts »vergegenwärtigt«. Gleiches gilt aber nicht für Christus, Madonnen und Heilige: Hier bilden sich spezifische Typen heraus, die je regional über längere Zeit hinweg beibehalten werden. Dazu gehören die verschiedenen Formen des sog. »Andachtsbildes«: Das Astkruzifix mit dem gemarterten Christus, die Pieta, der Gnadenstuhl, die Schutzmantelmadonna und die süddeutsche Sonderform der Christus-Johannes-Gruppe – sie alle zeugen von der leidvollen Erfahrung der Zeitgenossen, die sich durch Hungersnöte und Pest auf den Zorn Gottes verwiesen sahen, der diese Leiden verhängte. In den Kunstwerken werden sehr deutlich historische Erfahrungen positiver wie negativer Art aufgenommen und gestaltet.

Durch die gegenüber der romanischen Architektur erhebliche Ausweitung der Fensterflächen kommt die Glasmalerei zunächst in der französischen Gotik, dann im übrigen Europa zu großer Entfaltung. Dies gilt allerdings kaum für Italien, wo teils die Architektur, vorwiegend aber die Malerei fester in die Kontinuität des östlichen Einflusses eingebunden blieb und es nicht wie im nördlichen Europa zu einer Stilwende am Beginn des 12. Jahrhunderts kam.

Der heilige Stephanus (Tafelmalerei aus der Mitte des 13. Jh.s)
Während die östliche Kunst schon lange die Malerei auf Holz kannte (Ikonenmalerei), hielt die Tafelmalerei erst am Ende des 11. Jahrhunderts ihren Einzug in die westliche Kunst. Erste Zeugnisse deutscher Tafelmalerei finden sich um 1180: Antependien und Retabeln (Verkleidungen an der Vorder- bzw. Rückseite von Altären). Ständig größere Ausbreitung erfährt die Tafelmalerei seit der zweiten Hälfte des 13. Jahrhunderts und bildet seitdem einen festen Bestandteil mittelalterlicher Kunst- und Maltechnik.

Christus-Johannes-Gruppe (Oberschwaben, um 1330)
Die Gruppe gehört zu einer kleinen, auf Süddeutschland beschränkten Anzahl von Bildwerken, die jenen kurzen Passus im Abendmahlsbericht des Johannes vergegenwärtigen, in dem es heißt: »Es war aber einer unter seinen Jüngern, welchen Jesus lieb hatte, der lag bei Tische an der Brust Jesu« (Joh. 13, 23). Die Christus-Johannes-Gruppe ist ein »Andachtsbild«, das einen kurzen Moment des biblischen Geschehens heraushebt und auf innige, gefühlsbestimmte Weise darstellt. Durch Versenkung in das Bild wird dem Andächtigen eine intensive emotionale Beziehung zu Christus möglich.

Trotz der weitgehenden Zerstörung der alten Fenster ist aus dem noch Erhaltenen sehr wohl Form und Inhalt der Glasmalerei ablesbar. Wie sich die gotische Architektur insgesamt als Bildträger und -rahmen verstehen läßt, enthalten auch die farbigen Fenster ein Programm zur Belehrung der Gläubigen: Was der Geistliche vortrug, konnte bildlich vor Augen geführt werden. Diese erklärende Erläuterung war wesentlicher Bestandteil dessen, was man – richtig verstanden – als die Bibel der Leseunkundigen bezeichnet hat.
Die früheste Grundform ist das Medaillonfenster. In dieser festen linearen Rahmung wird die Szene aus der Heiligen Schrift von weiteren Kreisformen umgeben, in der Assistenzfiguren ihren Platz haben. Dieses Grundmuster findet sich ähnlich auch in den reichen Illustrationen der »Bible moralisée« wieder. Doch auch rechteckige Bildfelder, wiederum Formen der Buchillustration vergleichbar, sind ebenfalls recht früh (Saint-Denis, vor 1145) anzutreffen. Die verbleibenden Zwickelfelder der Medaillonfenster werden mit reichem Ornament gefüllt, die Kreismuster selbst zu sich gegenseitig diagonal überschneidenden Vierpässen oder Rauten in mehrschichtigen Ordnungen erweitert (Chartres, Notre-Dame, um 1220).
Das inhaltliche Programm hat seinen dominierenden Höhepunkt im mittleren Fenster des Chores. Dort wird entweder die Passion Christi oder seine Abstammung, die »Wurzel Jesse«, mit beziehungsvollen Verweisen auf das Alte und Neue Testament dargestellt. Die nördlichen Hauptschiffenster sind der Ort, an dem die Patriarchen, Propheten und Patronatsheiligen sich repräsentieren, denen auf der Südseite Apostel, Märtyrer und bedeutende Heilige gegenüberstehen. Diese kompositionell-didaktische Verteilung typologischer Beziehungen ist das ordnungstiftende Prinzip, mit dem die Gegenwärtigkeit der Heilsgeschichte den Kircheninnenraum als Abbild des Himmlischen Jerusalem ausweist und den lebenden Gläubigen in seiner irdischen Welt mit einbindet. Folgerichtig wird dabei in vielen Fällen die aktuelle Nutzung der Raumteile – für die Taufe, als Gerichtsort, zum Totenkult etc. – berücksichtigt. Entsprechende Anordnungsschemata gelten ebenso für die skulpturale Ausstattung der Kirchen, innen wie außen. Gleichartige didaktische Kombinationen werden in dieser Zeit auch in den Illustrationen neuer Typen religiöser Bücher, »Bible moralisée«, »Pictor in carmine«, »Speculum humanae salvationis«, »Concordantia caritatis«, in der Altarausstattung und der Wandmalerei verwirklicht. Selbst die Bildprogramme bürgerlicher Repräsentationsbauten, etwa in Rathäusern, folgen dem typologischen Darstellungsprinzip (Prophetenzyklus in Köln, Brüssel, Brügge, Bremen, Erfurt, Basel ab 1349).
In der Wand- wie in der Buchmalerei zeichnet sich die nachromanische Kunst seit dem ersten Viertel des 13. Jahrhunderts durch eine Fülle des Erzählten in großen Bildzyklen aus. Dort finden sich neue, nicht an ältere ikonographische Schemata gebundene Bilderfindungen, die mit den Hauptszenen nicht im Zusammenhang stehen müssen. Im Auftrag des französischen Königshauses entstand die »Bible moralisée« (ab 1226) und der »Liber floridus«. Im Umkreis der Pariser Universität (nach 1215) wurden in französischer Sprache verfaßte profane Texte (Chroniken, Romane, Heldenepen) illustriert, deren ausschmückende Szenen zunehmend bildliche Darstellungen zeitgenössischer Lebenswirklichkeit aufnahmen. Am bekanntesten sind die sog. Drôlerien: Genrefiguren, die an den Blatträndern hinzugefügt wurden und in denen – neben Phantastischem und Groteskem – lebendige Schilderungen alltäglicher Szenen dominierten. Vergleichbares gilt für die hauptsächlich am Oberrhein und im Bodenseegebiet (seit 1270) illustrierten deutschsprachigen Weltchro-

Klosterneuburger Altar (des Nikolaus von Verdun, Ausschnitt, geweiht 1181)
Neben dem Dreikönigsschrein zählt der Klosterneuburger Altar zu den Hauptwerken der Goldschmiedekunst des 12. Jahrhunderts. Der dreiflügelige Altar (Triptychon), dessen Gesamtbild von einer Blaugold-Schmelze bestimmt wird, läßt auf jedem Flügel drei Zonen erkennen, die, verschieden getönt, eine genau festgelegte Interpretation des Betrachters erfordern. Die oberste Zone, grün, zeigt Vorbilder Christi aus dem Alten Testament (»ante legem«), die mittlere, rötliche das messianische Zeitalter (»sub gratia«) und die bläulich getönte untere alttestamentliche Vorbilder von der Gesetzgebung auf Sinai (»sub lege«). Auf der Abb. (Ausschnitt aus dem Mittelteil) erkennt man links die Geburt Isaaks, in der Mitte die Christi und rechts die Samsons.

niken. Die ebenfalls in der Lokalsprache geschriebenen Handschriften Mitteldeutschlands »Sachsenspiegel« (1220/1300–1325), »Sächsische Weltchronik« (1320) und das in Straßburg 1324 verfaßte »Speculum humanae salvationis« mögen als Beispiele für die erzählende Illustration einer Literaturgattung erwähnt sein, die sich rasch über ganz Europa verbreitete. Ein Hauptwerk ist zweifelsohne die von drei Meistern um 1313–1330 illustrierte »Manesse-Handschrift« aus dem Bodenseeraum.

Stilistisch lassen sich in der gotischen Malerei drei Gruppen unterscheiden, deren erste sich in der Île de France herausbildete. Sie wird vor allem durch den weichen, eleganten Schwung der lächelnden Figuren, gleichgültig in welchem Zusammenhang sie auftreten, bestimmt. Bezeichnend für das hohe Mittelalter ist die Konzentration von Malerschulen um Zentren, in denen ein Hof oder ein Kloster, später vor allem städtische Zentren, als Auftraggeber künstlerische Aktivitäten anregten und bündelten. Daraus entstanden lokale Schulen, die auch in wechselseitigen Beziehungen zu wandernden Künstlern standen. So sind zweitens die regionalen Gruppen zu nennen, die spezifische Stile ausarbeiteten. Vom westlichen, französischen Stil hebt sich der »Zackenstil« der thüringisch-sächsischen Schule ab, der wohl durch Aufnahme byzantinischer, aber auch westlicher Anregungen entstand. Sein Merkmal sind die in scharfen Brüchen linear gegliederten Gewänder, die – bis hin zur völligen Lösung vom Körper – die kaum in Erscheinung tretende Anatomie der Figuren überdecken: Das Gewand wird zum Träger expressiven Ausdrucks. Diese regionalen Sonderformen unterlagen, ohne indes ganz zu verschwinden, nach 1300 einer zunehmenden Vereinheitlichung. Wenig später dominiert ein von Paris, dem französischen Zentrum der Malerei, ausgehender Stil, der sich durch elegante, schlanke, in lang fallende Gewänder eingehüllte Figuren auszeichnet. Dieser weich fließende Grundstil wird gerne als der »höfische« Stil bezeichnet, was keineswegs heißen muß, daß er auch diesem sozialen Milieu entstammt. Vielmehr ist damit nur ein Zug fast elegischer Eleganz angespro-

Peter Parler (Porträtbüste am Dom von St. Veit, um 1330)
Die Familie Parler war das bedeutendste Baumeistergeschlecht im 14. Jahrhundert. Peter Parlers Vater, Heinrich aus Köln, arbeitete als Baumeister zu Gmünd in Schwaben. Sein Sohn erbaute im Auftrag Karls IV. den Veitsdom in Prag; das umfangreiche plastische Programm der gotischen Kathedrale lag gleichfalls in seinen Händen. Sein Selbstbildnis zeugt davon, daß im Laufe des 14. Jahrhunderts die Selbstnennung von Künstlern immer mehr die Regel wird.

chen, aber auch eine zunehmende Differenzierung der physiognomisch prägnanten Mimik der Gestalten. Die Hintergründe in der Malerei, die in der Regel ornamental oder architektonisch gerahmt sind, blieben als geschlossene Fläche erhalten. Aus dem Goldgrund der frühmittelalterlichen Bildhintergründe werden geometrisch regelmäßig ausgestaltete Ornamentfelder, von denen sich auf einer knappen Bodenzone die figurenreichen Szenen abheben, die sich in mehreren Schichten überschneiden. Je nach Inhalt und Kontext können sie durch eine dem Rahmen einbeschriebene oder übergreifende Architektur innerhalb des Bildes begrenzt sein.

Neben Italien und dem franco-flämischen Raum gewinnt die böhmische Schule, die sich um den Prager Hof Karls IV. bildete, überregionale Bedeutung und Verbreitung. Der elegante Figurenstil wird hier durch herbere, deftigere Figuren abgelöst, die sich durch zunehmende Individualisierung auszeichnen. Parallel dazu entwickelte sich in Italien mit der Kunst Giottos und Simone Martinis jener prägende Beitrag, der unter dem Begriff der »internationalen Gotik« zugleich als Höhepunkt wie als Abschluß der Kunst des hohen Mittelalters gilt. Die politischen Unruhen, das päpstliche Schisma und die sozialen Spannungen in weiten Teilen Europas finden in der gleichzeitigen Kunst um 1400 keinen Niederschlag. Anders jedoch als zu Beginn der Gotik im 12. Jahrhundert gab es nun kein vorherrschendes Zentrum, von dem Impulse ausgegangen wären. Die Beiträge entstammten verschiedenen Zentren von der Toskana bis zur Ostseeküste, die in regem Austausch miteinander standen. Von England bis Böhmen und Österreich und bis hinein nach Spanien kam über die immer noch gut funktionierenden Handelsbeziehungen Kunstgut in die unterschiedlichen Gegenden, und mit ihm kamen Künstler, die wie die Parler von Köln über Schwaben nach Prag oder Simone Martini von Siena nach Avignon reisten. Die Erfindung des beweglichen Tafelbildes sei in diesem Zusammenhang erwähnt, weil durch sie, neben der Buchillustration, Malerei größeren Maßstabs zum handelbaren Kunstgut wurde, das wie die Goldschmiedekunst Motive und stilistische Neuerungen verbreitete. Die weitreichenden verwandtschaftlichen Beziehungen der europäischen Herrscherhäuser trugen wesentlich zur Internationalisierung dieser Kunst bei.

Wenn sich die Darstellung des Menschen in der gotischen Kunst aus den Anfängen einer nur gestischen Beziehung der Figuren hin zur szenischen Verknüpfung in Zuwendung und Dialog entwickelte, so ist dieser Schritt auch durch die Steigerung wirklichkeitsbezogener Details gekennzeichnet. In der Verbildlichung heilsgeschichtlicher Lehre blieb der zentrale Inhalt zunächst auf prägnante Typen beschränkt. Das Anwachsen erzählerischer Beigaben und psychologischer Differenzierung durch Begleitfiguren und szenische Hintergründe, das der wirklichkeitsnahen Veranschaulichung der besonderen Erzählsituation diente, ist Zeichen einer Loslösung aus tradierten bildlichen Schemata; sie wurde erst möglich durch ein neues Interesse am charakteristischen Detail. Darüber sollte man aber nicht vergessen, daß nach wie vor ein in sich geschlossenes christliches Weltbild auch diese Details bestimmte und ordnete. Selbst wenn die im 12. Jahrhundert noch seltene Namensnennung von Künstlern auf ihrem Werk (z. B. Antelami auf dem Reliefgrund der Kreuzabnahme im Dom von Parma, 1178; Nicolaus v. Verdun, Klosterneuburger Altar, 1181, und Marienschrein, Turnai, 1205) im 15. Jahrhundert schließlich zur Regel wurde, können die Künstler- und Stifterbildnisse des 14. Jahrhunderts (z. B. Peter Parler, Veitsdom in Prag, gegen 1372) nicht darüber hinwegtäuschen, daß die Bildniskunst und die zunehmende physio-

Pontigny, Zisterzienserkirche (begonnen 1145)
In bewußtem Gegensatz zur Kathedralarchitektur entstanden die Kloster- und Kirchenbauwerke der Bettelorden bzw. der Zisterzienser. Die schmuckarmen, schlichten Kirchengebäude der Zisterzienser sind steinerne Zeugen der streng asketischen Lebensweise dieses Ordens. So verzichteten die zisterziensischen Baumeister auf einen steinernen Glockenturm ebenso wie auf die farbige Ausgestaltung der Kirchenfenster oder die bildliche Ausschmückung des Innenraumes.

gnomische Individualisierung zunächst nur dem Fürstenbild vorbehalten blieb, während Personen niederen Ranges höchstens als untergeordnete Teilhaber an diesem Privileg partizipieren konnten.
Wirklichkeitsinteresse und Beobachtungen vertrauter Natur weisen unter einem anderen Aspekt auf einen ähnlichen Prozeß der Erringung von Bildwürdigkeit hin: den der beginnenden Landschaftsmalerei. Die begrenzte Landschaft als Aktionsbühne, etwa auf französischen Tapisserien, wird wenig später sowohl in der Tafelmalerei als auch in den Illustrationen der Stundenbücher zur rational vorgeformten Kulturlandschaft, in die stilgerecht nach höfischer Mode gekleidete Personen eingefügt sind und ihrer alltäglichen Arbeit nachgehen: Jagd, Reise, Ackerbau etc. In der bildlichen Zusammenstellung blieb dies indes stets eine irreale, phantastische Welt, vorgetragen in einer hochentwickelten Kunstsprache. Die Dominanz des höfischen Geschmacks, wie er sich in der eleganten Haltung der sog. »schönen Madonnen« ausdrückt, hat ihre Entsprechung in der sanft bewegten, labilen Sitz- und Standhaltung der gemalten und skulptierten Figuren. Vollplastisch konzipiert, können sie motivgleich von einem Medium in das andere übertragen werden.
Inhaltlich ist eine vergleichbare Fähigkeit zur Metamorphose zu beobachten. Ikonographische Typen aus christlicher Bildtradition können nun wechselseitig Bestandteile aufnehmen und damit unterschiedliche Aspekte subjektiver Religiosität entfalten, die nicht mehr an kanonische Texte oder Teile der Liturgie gebunden sind. Aus der strengen Bildparallelität und der durch den Umriß in die Fläche gebundenen frühgotischen Figurendarstellung ist über die Adaption klassischer Vorbilder die frei bewegte, vollplastische Rundfigur um 1250 geworden. Der Raumkasten, in dem sich nicht mehr nur durch Gesten bestimmte, dialogische Beziehungen darstellen ließen, die durch additive Reihung in einen umfangreicheren erzählerischen Kontext eingebunden sind, entfaltet sich: Die schräg aufsteigende Innen- und Freiraumerweiterung der älteren Bodenleiste verbindet nun wie selbstverständlich die menschliche Figur mit ihrer beherrscht gestalteten Umwelt.

Artusdichtung und Minnesang: Die deutsche Literatur im hohen Mittelalter

von Klaus Kramp

Hartmann von Aue (aus der »Weingartner Liederhandschrift, erstes Viertel 14. Jh.)
Hartmann von Aue war dem mittelalterlichen deutschen Publikum gleichermaßen als Lyriker wie auch als Epiker bekannt. Seine wenigen Minne- und Kreuzzugslieder verlieren jedoch an Gewicht, verglichen mit seinen höfischen Versromanen, von denen der »Erec« und der »Iwein« die zweifellos bedeutendsten sind. Der mittelhochdeutsche Buchmaler hat Hartmann als idealtypischen Ritter in voller Rüstung porträtiert und identifiziert den Dichter auf diese Weise als den eigentlichen Schöpfer der mittelhochdeutschen Artusromane.

Da die Germanen keine Schriftkultur besaßen und ein Literaten- oder Gelehrtendasein so gar nicht dem Selbstverständnis eines germanischen Kriegers oder später seines ritterlichen Nachfahren entsprach, bestimmten bis zur Mitte des 12. Jahrhunderts ausschließlich schreibkundige Mönche und Kleriker – somit die Kirche – das Erscheinungsbild der deutschen Literatur. Von wenigen Ausnahmen abgesehen, entstanden während rund vierhundert Jahren nur Dichtungen geistlich-religiösen Inhalts. Dieser Zustand ändert sich fast schlagartig ab dem letzten Drittel des 12. Jahrhunderts. Wie so viele andere umwälzende Neuerungen des 12. und 13. Jahrhunderts ist auch diese Entwicklung eine Folge der Kreuzzüge. Durch die Berührung mit der fortschrittlichen französischen Kultur auf den Zügen ins Heilige Land und begünstigt durch die politische Idee des staufischen Kaisertums, bildet sich innerhalb der deutschen Ritterschaft das Bewußtsein einer Macht- und Bildungselite aus. Der damit verbundene soziale Führungsanspruch dokumentiert sich nicht zuletzt im literarischen Schaffen: Die Ritter ergreifen das Wort und drängen die Kleriker – und mit ihnen die religiöse Literatur – ins literarische Abseits. Die folgenden Anfangsverse einer kurzen Erzählung spiegeln das enorme Selbstbewußtsein wider, mit dem die ritterlichen Dichter zu Werke gehen:

Ein ritter sô gelêret was daz er an den buochen las swaz er dar an geschriben vant: der was Hartman genant, dienstman was er ze Ouwe. (Aus: *Der Arme Heinrich*)	Ein Ritter war so gebildet, daß er in Büchern nachlesen konnte, was darin geschrieben stand. Der nannte sich Hartmann und war Ministeriale zu Aue.

Hartmann von Aue (etwa 1160–1210), der um 1195 diese Verse dichtet, führt eine Gestalt in die deutsche Literatur ein, die wie keine andere zur Symbol- und Identifikationsfigur des Ritterstandes wird: *König Artus*. Über den historischen Artus wissen wir kaum mehr, als daß er um 500 n. Chr. ein britannisches Heer gegen die Angelsachsen führte. Mitte des 12. Jahrhunderts bearbeitete der Franzose *Chrétien von Troyes* die mittlerweile zahlreich entstandenen Sagen und Legenden um den britannischen Heerführer. Chrétien stilisiert Artus zum glanzvollen Mittelpunkt einer ihn umgebenden Schar von Rittern, den *Tafelrittern*. Er ist der ruhende Pol dieser höfisch-ritterlichen Gesellschaft und verkörpert das Ideal des vorbildlichen Ritters und Herrschers (rex iustus pacificus). Obwohl man seit Chrétiens Bearbeitung die nun entstehende literarische Gattung *Artusroman* nennt, ist nicht Artus der eigentliche Held der Romane, sondern im Mittelpunkt stehen die an einem runden Tisch (Tafelrunde) um den König versammelten Ritter.

Hartmanns Erec etwa, Heros des ersten in deutscher Sprache verfaßten Artusromans (um 1180; als Vorlage dient Chrétien), reitet vom Artushof fort, um eine vor Königin Ginover, Artus' Gattin, erlittene Schmach zu tilgen, bewährt sich glänzend in einem Turnier und kann die Liebe *(minne)* Enites gewinnen, mit der er zum Artushof zurückkehrt. Dort gibt es ein rauschendes Hochzeits-

Turnier (aus einer Handschrift des 15. Jh.s)
Das ritterliche Turnier bildete den Höhepunkt höfischer Feste und diente der Unterhaltung. Neben der »Tjost«, dem Zweikampf zu Pferde, kannte man den sogenannten »Buhurt«, den Kampf Schar gegen Schar. Dem glücklichen Sieger winkte nach erfolgreichem Kampf im Turnier ein Minnepfand – oft ein Lorbeerkranz – und somit die Gunst der adligen Damen.

fest, das den ersten Romanteil beschließt. Über seine Liebe zu Enite vergißt Erec, daß er sein Rittertum – gemäß ritterlichem Ethos – im Kampfe unter Beweis stellen muß: Er »verligt sich« (versinkt in Untätigkeit). Erst als Enite heimlich über die Schande klagt, die ihr durch Erecs Untätigkeit entsteht, besinnt er sich auf seine Pflichten. Im zweiten Romanteil reiht sich ein Abenteuer *(âventiure)* an das andere: Erec beweist seine vollgültige Artusritterschaft, erringt die Achtung seiner Frau wieder und kehrt als gefeierter Held an den Artushof zurück. Erec hat es vermocht, die *mâze*, den harmonischen Ausgleich zwischen der *minne* zu Enite und seiner *êre* als Ritter, zu finden.
Hartmanns Erstling *Erec* weist die für jeden Artusroman typische Grundstruktur auf: Ausritt vom Artushof, Aneinanderreihung von Abenteuern und ritterliche Bewährung, glanzvolle Rückkehr. Vor allem bei Hartmann wird ein Zweites deutlich. Der Artusroman, der in mündlichem Vortrag einem ritterlich-höfischen Publikum dargeboten wird, will nicht nur unterhalten, sondern auch erzieherisch wirken. Der Dichter läßt vor seinen Zuhörern eine Welt entstehen, in der die ritterlichen Tugenden idealtypisch verwirklicht sind. Einer der Tafelritter, z. B. Erec, macht sich eines Vergehens gegen das Ritterethos schuldig – der Dichter führt nun beispielhaft vor, wie es dem Ritter gelingt, wieder in Einklang mit seinem Stand und seinen Idealen zu kommen.
Etwa zwanzig Jahre vergehen, bis Hartmann noch einmal seine Aufmerksamkeit dem Artuskreis zuwendet: Um 1200 entsteht der *Iwein*. Wiederum wird der Held im Spannungsfeld zwischen *minne* und *êre* gezeigt. Diesmal gerät jedoch die Liebe ins Hintertreffen, da Iwein ganz und gar in seinem Kämpferdasein aufgeht. Aber auch diesmal gelingt es dem Artusritter, nach einer Reihe von *âventiuren* seine *mâze* zurückzugewinnen. Wenngleich der *Iwein* sprachlich und formal Hartmanns reifste dichterische Leistung ist, merkt man die-

sem Roman doch an, daß er inhaltlich ganz und gar dem Erfolgskonzept des Erec verpflichtet ist.
Wie aber wird man ein Artusritter? Eine Antwort auf diese Frage gibt der erste Teil des äußerst verwickelten und umfangreichen *Parzival* (rd. 25 0000 Verse in 16 Büchern; entstanden zwischen 1200 und 1210. Sein Autor ist *Wolfram von Eschenbach* (etwa 1170–1210). Voller Tatendrang zieht es den jungen Titelhelden hinaus in die Welt, beseelt von dem Wunsch, Aufnahme bei König Artus zu finden. Bis er sein Ziel erreicht, muß er allerdings eine Menge lernen. Beispielsweise, daß ein vorbildlicher Artusritter einen anderen Ritter zu Pferde nicht vom Boden aus bekämpft, ihn unritterlich aufspießt oder ihn gar seiner Rüstung beraubt. Es entspricht auch gar nicht der Art des Tafelritters, eine Dame um eines Liebespfandes willen zu bestehlen. Parzival lernt seine zum Teil schmerzlichen Lektionen, zeichnet sich im Kampf aus und gelangt schließlich in den Kreis der Tafelrunde. Hier ist sein Weg jedoch noch nicht zu Ende: Die Artuswelt bildet nur die erste Stufe zu Parzivals wahrer Berufung. Wolfram sieht die eigentliche Bestimmung seines Helden im gottbezogenen Gralsrittertum, für das ohne Zweifel die Ordensritter Pate gestanden haben. Teil zwei des Romans zeigt Parzival auf seinem mühevollen Weg zur Gralsburg und zum Gral, einem Wunderstein mit religiös-mythischer Bedeutung. Er wird nicht nur Mitglied der *templeisen* (Gralsritter), sondern avanciert zu deren König, weil sich am Schluß des Romans wunderbarerweise herausstellt, daß er der Gralssippe mütterlicherseits zugeordnet ist.
Schon bald nach dem *Parzival* entsteht ein Werk, das auf kritische Distanz zu den bisherigen Selbstdarstellungen des Rittertums im Artusroman geht: der Versroman *Tristan und Isolt* (um 1210; rd. 20000 Verse). Sein Verfasser, der dem Straßburger Stadtpatriziat entstammende *Gottfried*, artikuliert die ersten, noch vorsichtigen Ansprüche des emporstrebenden Stadtbürgertums auf soziale Gleichstellung mit der Ritteraristokratie. Daher erhebt Gottfried recht deutliche Vorwürfe gegen die auf bloße Außenwirkung bedachten, aber sonst sinnleeren Tugenden des Kampfes und betont statt dessen die »inneren Werte« der Bildung und feinen Lebensart. Einem auf Anpassung an den Adel ausgerichteten bürgerlichen Publikum bieten sich insbesondere in der Figur des Tristan, dem eine stark empfindsam-künstlerische Natur eigen ist, vielfältige Identifikationsmöglichkeiten, obwohl sich das Romanpersonal aus dem Adel rekrutiert und die Handlung ausschließlich im höfischen Milieu – allerdings nicht am Artushof – spielt.
Im Mittelpunkt der Ereignisse steht die durch irrtümliche Einnahme eines Minnetrankes ausgelöste Liebesleidenschaft zwischen Tristan und Isolde, der Gattin König Markes von England. Die heimliche, verbotene Liebe, mißgünstige Neider Tristans am Königshof, ein gutmütiger, aber mißtrauischer Ehemann – dies alles führt zu vielfältigen Verwicklungen und zu einem höchst dramatischen Verlauf des Geschehens. Als König Marke die Liebenden zum wiederholten Male in flagranti ertappt, muß Tristan Hals über Kopf England verlassen und sich auf dem Kontinent als Söldner verdingen. Von den Fortsetzern des leider unvollendeten Romans – *Ulrich von Türheim* (etwa 1195–1250) und *Heinrich von Freiberg* (1278–1329) – wissen wir, daß die Geschichte einen tragischen Ausgang nehmen sollte: Tristan und Isolde sterben an gebrochenem Herzen.
Die Dichtertrias Hartmann, Wolfram und Gottfried bildet den unumstrittenen Höhepunkt mittelhochdeutscher Epik (neben der mittelhochdeutschen Lyrik die wichtigste literarische Gattung dieser Zeit). Ihre Dichtungen sind

Schreibermönch (um 1170)
Fast 400 Jahre lang lag die Literatur auf deutschem Boden in den Händen der Kirche. Es war ausschließlich Sache der Mönche in den Skriptorien der Klöster, Texte zu kopieren bzw. zu illustrieren. Schon sehr bald bilden sich bestimmte Mal- und Schreibzentren in Deutschland aus, z. B. in Fulda unter Hrabanus Maurus oder auf der Reichenau. Das Bild zeigt den Schreibmönch Eadwine an seinem Pult bei der mühevollen Arbeit des Textkopierens. Deutlich erkennt man die Schreibfeder und ein Tintenhorn.

ABB. SEITEN 122–123:
Text- und Bildseite aus dem »Parzival« (Anfang 13. Jh.)
Neben dem Fragment gebliebenen »Titurel« und dem ebenfalls unvollendeten »Willehalm« bildet der »Parzival« das dichterische Hauptwerk Wolframs von Eschenbach. Die Bildseite illustriert drei Szenen aus dem umfangreichen »Parzival«-Epos. Oben kommt eine festliche Tafel am Artushof zur Darstellung. Einige der abgebildeten Personen sind durch ein Namensband kenntlich gemacht. Die Mitte illustriert den Zweikampf Parzivals mit seinem Halbbruder Feirefiz, die sich auf dem unteren Bild als Brüder erkennen. Feirefiz hat sein Schwert von sich geworfen.

SCRIPTOR · SRIPTORVM PRINCEPS EGO · NEC OBITURA DEINCEPS LAVS MEANEC FAMA · QVIS
SIM MEA LITTERA CLAMAT · LITTERA · TE TUA SRIPTURA QVEM SIGNAT PICTA FIGURA ·
PREDICAT EADWINVM FAMA PER SECULA VIVUM · INGENIUM CVIUS LIBRI DECUS IND
CAT HVIUS · QVEM TIBI SEQUE DATUM MVNUS DEUS ACCIPE GRATUM ·

herre ir welt gewalt nv tůn.
Swaz ir mir grôzen wider saget.
ich bin doch niht so gar verzaget.
ichen bringez an ander frage.
ir habet man vn mage.
vnt den chunch selbe enteret.
vnser laster gemeret.
des erwirbe ich iv die hulde.
daz der chunch lat die schulde.
welt ir nach minem rate leben.
vnde gesellschaft her vur in geben.
des chunch gahmurtes chint.
don vn flegen was im ein wint.
der tavelrunder hoher bris.
gawan was dirre note alwis.
er heste dech vnsanfte erchant.
do er mit dem meßer dur die hant.
stach des twangin minnen chraft.
vnt wort wiplich geselleschaft.
in schiet von tode ein chungin.
do der chône lehelin.
mit einer tioste riche.
in twanch sus volleliche.
dir senfte sůze wolgevar.
zephande satze ir höbet dar.
do sprach min her gawan.
waz op dirre minne disen man.
twinget als si mih do twanch.
vnd sin getriulich gedanch.
der minne müz ir siges iehen.
er marhte des waleis sehen.
war stunden dir ögen sin.
eine vale von surin.

Gesvrriet von gelwem zendal.
die swanger vber dir bůch mal.
do dir vele wart der zaher dach.
so daz ir parzival niht sach.
im gap her wider witze sin.
von pelrapeire dir chungin.
dir behielt iedoch sin herze dort.
Nv rûchet horen disiv wort.
Er sprach owe minne vn wip.
wer hat benomen mir dinen lip.
erwarp mit riterschaft min hant.
dine werde minne chrone vn lant.
bin ich der dich von clamide.
loste ich vant ach vn we.
vnde sufzen manch herze frebel.
in diner helfe ögen nebel.
hat dich bi liehter sunnen hie.
mir benomen nune weiz ich wie.
er sprach owe war chom min sper.
daz ich mit mir brahte her.
do sprach min her gawan.
herre ez ist mit tiost vertan.
gein wem sprach der degen wert.
ir traget hie schilt noch daz swert.
waz moht ih brises an iv beiagen.
doch wil ich iwer spotten tragen.
ir biet mirz lihte hernach baz.
etswenne ich dech von tiost gesaz.
vinde ih nimer an iv fort.
doch sint dir lant wol so wit.
ich mach da bris mit arbeit holen.
beidiv frôde vn angest dolen.
des chunges lotes sun do sprach.
swaz hie mit rede gein iv geschach.
daz ist liuter vn minnechlich.
nv iht mit valscher trôbe rich.
ich ger als ichz gedienen wil.
hie ist ein chunch vn riter vil.
mit wunnechlicher frowen schar.
geselleschaft gibe ih iv dar.
lat mih mit iv riten.
so bewar ich iwch vor striten.
got lone iv herre ir sprecht wol.
daz ih vil gerne dienen sol.

Sit ir companie biet mir.
wer ist iwer herre oder ir.
ich heize herren einen man.
von dem ih manch vrbor han.
Ein teil ich der nenne hie.
er phlach gein mir des willen ie.
daz er mirz willechlichen bot.
sine swester hat der chunch lot.
div mich zer werlde brahte.
swes got an mir gedahte.
daz biut dienst siner hant.
der chunch artus ist er genant.
Dich ist min name vnverstolen.
an manger stat vil vnverholen.
liute die mich erchennent.
gawanen mich die nenent.
Iv dient min lip vn och min name.
welt irz cheren mir von schame.
do sprach er bistuz gawan.
vil chranchen bris ich des han.
op dv mirz wol erbiutst hie.
ich hort von dir sprechen ie.
dv biutest ez allen liuten wol.
din dienst ich doch enphahen sol.
niwan vf dienstes gelt.
nv sage wes sint div gezelt.
der mangez ist dort vf geslagen.
ist artus da so müz ich chlagen.
daz ih in mit den eren min.
niht mach gesehen noch die chungin.
ich sol rechen noch ein blöwen.
dar vmbe ih sit mit riwen.
für von solhen sachen.
ein werdiv maget ir lachen.
mir bot die slůch der furschaft.
durch daz von ir der walt.
vnsanfte daz ist gerochen.
sprach gawan im ist zerbrochen.
der zeswe arm vn daz winster bein.
riten her schöwe ors vnt den stein.
bie lugenah drunzune vf dem sne.
dines spers von dem dv frageste e.
do parzival die warheit sach.
du dahter mer vn sprach.
daz laze ich an dich gawan.
op daz si der selbe man.
der mir hat laster vor gelebt.
so rite ich mit dir swar dv wilt.
ich nemach gein dir niht lugens phlegen.
sprach gawan hie ist von tiost gelegen.
segremors ein strites helt.
des tat gein prise ie was gezelt.
daz was e kai wurde gevalt.
an in beiden habtu bris bezalt.
si riten mit ein ander dan.
der waleis vn gawan.
vil volches ze orse vn ze fůz.
dort inne bot in werden grůz.
wan in ir zuht daz gebot.
gawane vn dem riter rot.
gawan cherte da er sin pavelun vant.
fron kunewaren delalant.
der frode vile an die sine gienc.
si wart fro mit fröden si enphienc.
den magit ir riter der si rach.
daz ir von kei e geschach.
si nam ir brůder an die hant.
vnde fron ieschuten von karnant.
sus sach si chomen parzival.
der was gevar durch yseres mal.
Als töwege rosen warn dar gestigen.
im was sin harnasch abe gelogen.
er spranch vf do er si
chomen sach.
Nv horet wie kuneware sprach.
got alrest dar nach mir.
willechomen sit daz ir.
bluber bi manlichen siten.
ich hete lachen gar vermiten.
e wich min herze erchande.
sit ir mich an fröden phande.

kay der mich do so slůch.
daz habet gerochen ir genůch.
ich chust iwh ware ih chusses wert.
des hete ih hiute sa gegert.
sprach parzival getorste ih so.
wan ih pin werts chusses fro.
si chusten vn sazte in nider.
eine iunchfröwen si sande wider.
vnde hiez ir bringen richiv chleit.
div waren gesniten alberet.
vz phelle von ninive.
si solte der chunch clamide.
ir gevangen han getragen.
div maget si brahte vn begunde chlagen.
der mandel ware ane snůr.
kuneware alsus gefůr.
vz blancher site ein snůrelin.
si zuchte vn zoch im daz dar in.
mit vrlöbe er sich do twůch.
den ram von im der iunge trůch.
bi rotem munde liehtiz vel.
gechleit wart der degen snel.
do was er phier vn chlar.
swer in sach der iach fur war.
geblömet in vur alle man.
diz lop sin varwe müse han.
parzivale stůnt wol sin wat.
einen tiuren smarat.
spien sin vur sin höbtloch. 15
div fröwe gap im me danoch.
einen tiuren gurtel vier.
von edelen steinen manch tier.
wůse ylen vf dem borten sin.
dir rinke was ein rubin.
Wie was der iunge ane bart.
geschichet do er gechleidet wart.
daz mare giht wol genůch.
daz volch im holdez herze trůch.
beidiv man vn wip.
die heten wert sinen lip.
der chunch messe hete gehort.
man sach artusen chomen dort.
mit der tavelrunder diet.
der deheine valschez nie geriet.
die heten alle e wol vernomen.
der rote riter ware chomen.
in gawans pavelun.
dar chom artus der britun.
der zerblöwen antanor.
spranch dem chunge allez vor.
vrlop den waleis ersach.
den fraget sit vil der mich rach.
vnde mine frowen de lalant.
vil brises giht man werre hant.
kay hat verphendet. sin dron ist ny gelendet.
ich furht wenich sinen swanch.
der zeswe arm ist im zechranch.
do trůch der iunge parzival.
ane fluge engels mal.
sus geblömet vf der erden.
artus mit den werden.
enphienc in riterliche.
got dez willen waren riche.
alle die in sahen da.
ir herzen volge dir sprach ia.
gein sinem lobe sprach niemen nein.
so rehte minnechlicher schein.
artus sprach zeim san.
ir habet mir liep vn leit getan.
doch habet ir mir der ere.
braht vn gesendet mere.
danne ih ir ie von manne enphienc.
min dienst da gein noch chleine gienc.
het ir brises niht me getan.
wan daz dir herzogin sol han.
fröde ieschute die hulde.
dich ware iv kay schulde.
gewandelt vngerochen.
het ich iwch e gesprochen.

ART
PARZIVA
PARZIVAL

ABB. SEITE 124
Minneszene (Große Heidelberger Liederhandschrift, Anfang 14. Jh.)
Die angebetete Dame verleiht dem Minnesänger als Zeichen ihrer Gunst einen Kranz. Allerdings macht es ihm die »frouwe« nicht leicht, den verdienten Lohn seiner Sangeskunst in Empfang zu nehmen: Der Sänger muß über eine hohe Leiter zum Gemach der Dame emporsteigen. Welch kühnes Unterfangen dies für den Ritter bedeutet, wird dadurch angedeutet, daß der Betrachter der Szene nicht erkennen kann, welche Stufen der Leiter der Sänger bereits hinter sich hat: Er schwebt gleichsam in der Luft.

ABB. SEITE 125:
Kampfszene (Große Heidelberger Liederhandschrift, Anfang 14. Jh.)
Das ritterliche Dasein war in entscheidendem Maße vom Kampf geprägt. In den mittelhochdeutschen Artusepen werden immer wieder ausführliche Schlachtszenen geschildert, in denen sich die Helden erfolgreich auszeichnen können. Das Bild zeigt den erbitterten Kampf um eine Stadt. Auf den Zinnen der Stadt schauen die Damen angstvoll dem Kampfgetümmel zu.

ABB. LINKS:
Geselliges Dasein (Große Heidelberger Liederhandschrift, Anfang 14. Jh.)
Minnesang war eine Gesellschaftskunst. Der Sänger trug sein Lied öffentlich einem adligen Publikum vor und bereitete Rittern und auch Damen auf diese Weise Abwechslung in ihrem höfischen Alltag. Oftmals war der Sänger selbst Mitglied des adligen bzw. ritterlichen Kreises einer Burg und machte in seinem Lied Anspielungen auf bestimmte Personen und Ereignisse, die seinem Vortrag eine besonders pikante Note verliehen. Die meisten Minnelieder wurden, wie auf dem Bild ersichtlich, durch ein Musikinstrument (Fiedel, Harfe oder Dudelsack) begleitet.

wegweisend und beeinflussen eine ganze Reihe weniger bedeutender Dichter, die ganz im Stile der großen drei weiterdichten, ihre Werke zum Teil neu bearbeiten oder ganz einfach fortsetzen. Zunehmend deutlicher artikuliert sich unter Dichtern wie *Ulrich von Zazikhoven* oder *Wirnt von Grafenberg* der Wille zum reinen Unterhaltungsroman: Zugunsten einer mitreißenden Geschichte wird jedes didaktische Anliegen zurückgestellt. Helden wie Ulrichs Lanzelet oder Wirnts Wigalois bleiben von Problemen oder Gewissenskonflikten unbehelligt. Sie gehen ohne Fehl und Tadel durch ein Leben, das sich ganz im Heldendasein erfüllt. Die Märchenwelt der Artusromane bevölkert sich mit immer gräßlicheren Ungeheuern und Fabelwesen, die nur darauf zu warten scheinen, daß ihnen ein Lanzelet, ein Wigalois oder wie immer die Heroen heißen mögen, den Garaus macht: Der »Phantasy«-Roman findet hier seine früheste Ausprägung.

Später als im übrigen staufischen Herrschaftsbereich macht sich im Raume des heutigen Österreich der Einfluß französischer Kunst und romanischen Geistes bemerkbar, so daß hier einheimische Stoffe der germanischen Heldensage viel leichter Eingang in die Dichtung finden können. Am Ende einer langen Kette mündlicher Überlieferungen steht das um 1200 von einem anonymen Dichter bearbeitete *Nibelungenlied* (2379 Strophen zu je 4 Versen). Da es im Kern historische Ereignisse behandelt, zeichnet das *Nibelungenlied* im Gegensatz zum Artusroman ein größeres Maß an Realismus aus. Im ersten Teil wird von Siegfried erzählt, der im Kampf die im Ruf der Unbesiegbarkeit stehende Brunhild bezwingt und sie für den Burgundenkönig Gunther gewinnt; und zum Lohn erhält er dessen Schwester Kriemhild zur Frau. Eifersucht zwischen Brunhild und Kriemhild führt den Tod Siegfrieds herbei. Von nun an beherrscht Kriemhilds Leben nur noch ein Gedanke: Rache an den Burgunden für Siegfrieds Tod. Der zweite Teil des *Nibelungenliedes* schildert, wie es Kriemhild gelingt, den Untergang des burgundischen Volkes herbeizuführen und ihren unmäßigen Rachedurst zu stillen.

Etwa zeitgleich mit dem Artusroman entsteht die ritterliche Lyrik, der *Minnesang*. Wenn wir im folgenden von Lyrik sprechen, so meinen wir damit etwas gänzlich anderes, als man heute darunter versteht. Während man heute ein Gedicht in aller Regel für sich allein im stillen Kämmerlein liest, heißt Lyrik im Mittelalter öffentlicher, zumeist gesungener Vortrag eines gereimten Liedes vor höfisch-ritterlichem Publikum. Minnesang ist keine Erlebnislyrik, sondern *Rollenlyrik*, die sich in engen, festgelegten Bahnen bewegt. Sowohl die Rolle der Frau als auch die des Mannes sind klar umrissen. Die Dame *(frouwe)*, oftmals die (bereits verheiratete) Burgherrin des Minnesängers, erscheint als Inbegriff der Schönheit schlechthin. Ihre zentrale Aufgabe besteht darin, die charakterliche Veredelung des Mannes zu bewirken, ihn »golde gelîch« (»Golde gleich«) zu machen, wie der *Burggraf von Rietenburg* ihre Funktion umschreibt. Das Ziel des Sängers ist es, die Gunst der Dame zu erlangen. Paradoxerweise – und für den modernen Menschen nur schwer nachvollziehbar – erwartet der Sänger keinesfalls die Erfüllung seines sehnsüchtigen Liebesbegehrens, denn nur wenn die *frouwe* für ihn in unerreichbarer Ferne bleibt, kann sie ihr didaktisch-moralisches Amt erfüllen. Zunächst sind die Rollen von Sänger und *frouwe* allerdings noch nicht so streng festgesetzt. Im sogenannten *frühen Minnesang* (etwa 1150–1180) tritt die Dame bisweilen als Werbende und Fordernde auf, während der Ritter sich ihr entsagt und so den unmäßigen Zorn der *frouwe* auf sich zieht, wie im folgenden Lied des *Kürenbergers* (Mitte des 12. Jahrhunderts):

Walther von der Vogelweide (aus der »Weingartner Liederhandschrift«, erstes Viertel 14. Jh.) Walther war der erste Dichter deutscher Sprache, der mit seiner sog. Spruchdichtung auf aktuelle politische Geschehnisse Bezug nahm. Seine zwischen 1198 und 1201 entstandenen drei »Reichssprüche« schildern nicht nur die Wirren der Thronkämpfe nach dem Tod Heinrichs VI. (1197), sondern rufen gleichzeitig zu Einheit und Ordnung auf. Illustriert wird auf dem Bilde der erste der Reichssprüche:
Ich saz ûf eime steine
und dahte bein mit beine:
darûf satzt ich den ellenbogen
ich hete in mîne hant gesmogen
daz kinne und ein mîn wange.
(...)

Jô stuont ich nehtint spâte, vor dînem bette.
dô getorste ich dich, frouwe, niwet wecken.
'des gehazze iemer got den dînen lîp.
jô enwas ich niht ein eber wilde', sô sprach daz wîp.
Etwa: [Er:] Wahrhaftig, ich stand gestern abend spät
an deinem Bette.
Da wagte ich nicht, Herrin, dich zu wecken.
[Sie:] 'Dafür möge dich Gott immer hassen!
Wahrhaftig, ich war doch kein wilder Eber', sprach die Frau.

Auch die (sexuelle) Erfüllung der Liebe ist in dieser Frühzeit noch ohne weiteres ein Thema und wird unverhüllt zur Sprache gebracht:
ab zoch er den mantel sein, er warfft in in das grass.
da lagen die zway die langen nacht, piss an den liechten tag.
Etwa: Er nahm seinen Mantel ab, er warf ihn ins Gras,
da lagen die zwei die lange Nacht bis an den hellen Tag.
(sog. *Kerensteinballade*)
Dann aber macht sich in der Lyrik sehr bald schon die französische Dicht- und Verskunst bemerkbar: Der Dame fällt – von nun an verbindlich – der Part der Entsagenden, dem Sänger der des vergeblich Begehrenden zu. Die lyrische Sprache verfeinert sich, die Begegnungen von *frouwe* und *man* reduzieren sich auf einige typische Situationen. Allein Strophenform, lyrische Bilder und Vergleiche sind in die freie Wahl des Dichters gestellt: der hohe Minnesang (etwa 1180–1230) erhält den Charakter der Variationskunst.
Die mit Abstand schillerndste Persönlichkeit unter den Minnesängern ist *Walther von der Vogelweide* (etwa 1170–1230). Ihn rühmt Gottfried von Straßburg in seinem *Tristan* als den unbestrittenen Anführer der »Nachtigallen« (Minnesänger). Walther erlernt den Minnesang um 1190 bei *Reinmar dem Älteren*, einem der führenden Minnesänger seiner Zeit. Bald löst er sich von seinem Vorbild und entwickelt seinen eigenen, unverwechselbaren Stil, der vor allem von seinem Bemühen geprägt ist, den Minnesang durch größere Lebensnähe aus seiner starren Konventionalität zu befreien. In seinem umfangreichen lyrischen Werk (rd. 80 Lieder) wird die Dame von ihrem überhohen Podest gestürzt und erhält lebensnahe Züge. Nun ist auch wieder Platz für *erfüllte minne*, wenngleich ein Mädchen niederen Standes den Platz der adligen Dame einnimmt *(sog. niedere minne)*. Es sind Lieder wie »Unter der Linde auf der Heide« oder »Nehmt, Herrin, diesen Kranz«, die durch ihren volksliedhaften Charakter über Jahrhunderte hinaus lebendig bleiben. Bis zu seinem 50. Lebensjahr etwa führt Walther ein unstetes Wanderleben, das ihn an verschiedene Höfe Europas bringt. Hier entstehen seine politischen Gedichte und Sprüche, in denen er sich u.a. gegen das Papsttum für ein starkes Kaisertum einsetzt (z.B. in »Ich saz ûf eime steine«). Walther wird dadurch zum ersten Dichter deutscher Sprache, der unmittelbar zu aktuellen politischen Zeitereignissen Stellung nimmt.
Das gleiche Unbehagen, das auch Walther gegenüber dem blutleeren hohen Minnesang verspürt haben muß, veranlaßt *Neidhart von Reuental* (etwa 1190–1246) zu einer geradezu revolutionären Neubelebung der höfischen Lyrik: Er führt das Bauerntum in den Minnesang ein (sog. *Dörperdichtung*). An die Stelle des höfischen Ritters und der *frouwe* treten ein Landjunker, Bauern und ein Mädchen niederen Standes *(frouwelîn)*. Der Schauplatz wird von der Burg ins Dorf verlegt. Ein Landadliger wirbt beim Tanz um die Gunst eines

Dörflicher Tanz (Ende 15. Jh.)
Die genauen Entstehungsbedingungen des deutschen Minnesangs sind bis auf den heutigen Tag nicht restlos geklärt. Eine der verschiedenen Entstehungstheorien besagt, der Minnesang sei auf »volkstümliche« Tanz- und Liebeslieder zurückzuführen. Das folgende Tanzliedchen (aus den »Carmina Burana«) gilt als ein möglicher Vorläufer der späteren ritterlichen Standeslyrik:
Swaz hie gât umbe,
daz sint alle megede,
die wellent ân man,
allen disen sumer gân.

Mädchens, gerät aber in Konkurrenz zu den anwesenden Bauern. Das Ergebnis ist eine handfeste Keilerei, bei der der Adlige oftmals den kürzeren zieht. Dies ist die eine Standardsituation in Neidharts Liedern. Die andere: Eine Mutter versucht, ihrer tanzlustigen Tochter das Tanzen zu verbieten. Die Tochter setzt ihren Willen durch, besucht das Tanzvergnügen und wird zum Streitobjekt zwischen Bauern und Landjunker. Neidharts Lieder wenden sich trotz ihres Inhalts nicht an die Bauern, die Adressaten bleiben die höfischen Ritter, die sicherlich ihre Freude an den derben Späßen hatten.
Nicht zu Unrecht hat man Neidhart als den »Totengräber« des Minnesangs bezeichnet. Zwar gibt es Minnesang noch bis weit ins 16. Jahrhundert hinein – ab 1300 sprechen wir von *Meistersang*, weil nun bürgerliche Zunfthandwerker wie *Hans Sachs* dichten –, aber spätestens seit Neidharts *Dörperdichtung* verflacht die ritterliche Sangeskunst zusehends. Bis zur sozialen Umschichtung der Gesellschaft im 14. Jahrhundert bilden Minnesang und Artusdichtung die zentralen Gattungen mittelhochdeutscher Literatur. Sie sind der Ausdruck ritterlich-höfischer Kultur, die mit dem Erstarken des (städtischen) Bürgertums und dem sich wandelnden Selbstverständnis der Adligen an Bedeutung verliert.

Denk- und Bewußtseinsformen im hohen Mittelalter

von Günter Meller

Vorlesung an einer Universität (Holzschnitt, Anfang 16. Jh.)
Ein stetig wachsendes Erkenntnisbedürfnis, das nicht länger von Dom- bzw. Klosterschulen befriedigt werden konnte, führte im Mittelalter zur Gründung der ersten Universitäten. Diese Hochschulen waren Zusammenschlüsse privater Gelehrtenschulen, die nach und nach mit besonderen kaiserlichen oder päpstlichen Privilegien ausgestattet wurden (z. B. Lehrfreiheit, Satzungsautonomie, Steuerfreiheit, eigene Gerichtsbarkeit). Die bedeutendste mittelalterliche Universität war in Paris (gegründet 1253), die den im 14. Jahrhundert gegründeten frühesten deutschen Hochschulen als Vorbild diente – die von Karl IV. gegründete Universität Prag war die erste auf deutschem Boden eingerichtete Hochschule (1365: Wien, 1386 Heidelberg, 1388: Köln).

In seinem Buch über den hochmittelalterlichen Dichter Wolfram von Eschenbach[1] macht Dieter Kühn ein spannendes Experiment. Er selbst, ein historisch gebildeter Schriftsteller des 20. Jahrhunderts, beschreibt eine Reise, die ihn von der Eifel nach Eschenbach in Süddeutschland und zugleich durch die Jahrhunderte zurück ins Hochmittelalter führt. Das Spannende an dieser Zeitreise ist der Versuch, die Welt so zu sehen und zu erleben wie ein Mensch damals. Im Hochmittelalter angekommen, ist unser moderner Schriftsteller zum Beispiel ein Dienstmann niederen Adels geworden, Bligger heißt er. Der Ruf des Nachtwächters, der das erste Morgengrau ankündigt, weckt ihn. Neben ihm, fast sitzend in einem kurzen Bett, seine Frau; vier Kinder liegen auf Kissen schlafend auf dem Boden. Eigentlich, so schweift er in Gedanken aus, müßte die Szene eine andere sein: Nicht er wird vom Morgenruf des Wächters geweckt, sondern die *frouwe*, d. h. nicht seine Ehefrau, sondern die Frau eines Ritters. Sie küßt ihn wach, denn er muß aufbrechen, bevor die anderen Frühaufsteher merken, daß er bei dieser Frau war, während ihr Mann im Auftrag seines Herrn unterwegs ist.

Bligger ist durch reisende Sänger mit der Literatur seiner Zeit bekannt geworden, die auf seine Phantasievorstellungen wirkt. Er überlegt, bei welcher Frau welchen Ritters in der Umgebung er denn morgendlich so aufwachen könnte. Zwar hat er bereits eine Geliebte, ein junges Mädchen aus niederem Stand, wie es sich gehört; am Nachmittag wird er sie im Badehaus treffen. Aber das ist nicht die Liebe, von der ihm ein Mönch, der in der Schreibstube eines benachbarten Klosters arbeitet, aus einem Buch erzählt hat, das er kopieren muß. Eine solche grenzenlose Liebe zu einer adligen Dame müßte man erleben, denkt der Bligger des Dieter Kühn. Warum träumt Bligger von einer solchen Liebe? Wie fühlt er sich in seiner Ehe?

Der Autor unterbricht an dieser Stelle seine Erzählung. Er will nicht fiktiv etwas beschreiben, worüber es keine Zeugnisse aus dem Mittelalter gibt. Über Gefühle, die Ehepartner füreinander hatten, ist so gut wie nichts bekannt. Über persönliche, individuelle Züge eines mittelalterlichen Menschen – seine Gedanken, seine Gefühle – ist überhaupt wenig zu erfahren. In der bildenden Kunst wie in der Literatur haben alle Darstellungen und Beschreibungen, die sich auf Individuen beziehen, etwas Stilisierendes, Allgemeines. Können wir daraus schließen, daß den Menschen im Mittelalter die Unterscheidung von Innenwelt und Außenwelt fremd war, daß das Bewußtsein ihrer selbst als Individuen weniger stark ausgeprägt war als heute? Dann hatten sie wohl auch eine geringere rationale Distanz zu ihrer Objektwelt wie zu ihrem inneren Erleben? Eine solche Vermutung ist naheliegend.

Sie findet Unterstützung in Überlegungen Norbert Elias', die er an eine Darstellung mittelalterlicher Umgangsformen anschließt. In *Tischzuchten* aus dieser Zeit, die sich an Menschen der Oberschicht richteten, fand er Anweisungen wie »Reinige dir die Zähne nicht mit dem Messer«, »Spucke nicht auf den Tisch«, »Biete nicht anderen den Rest deiner Suppe an oder das Brot, von dem du schon abgebissen«, »Wirf den abgenagten Knochen nicht in die gemeinsame Schüssel zurück« und andere mehr. Elias stellt den Verhaltens-

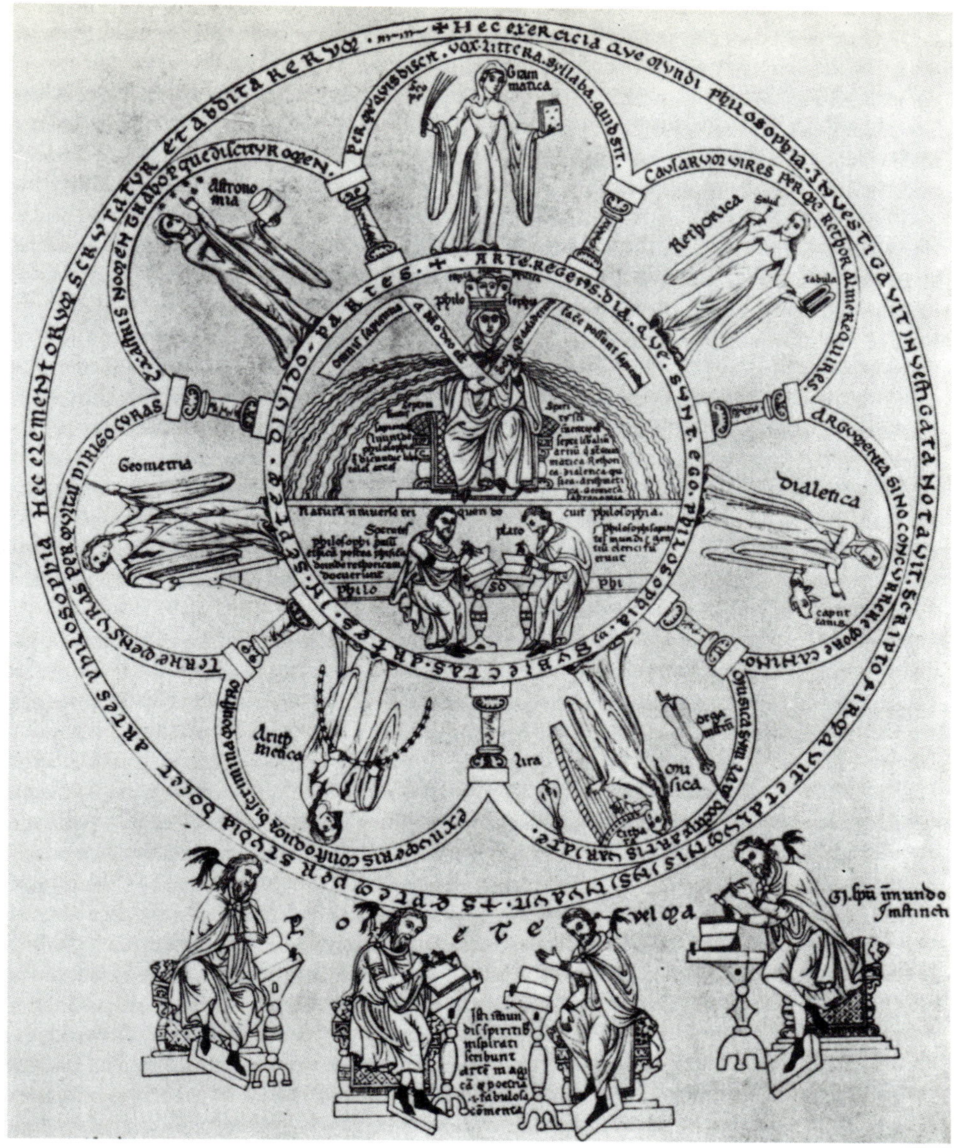

Die Sieben Freien Künste aus dem »Hortus Deliciarum«, 12. Jh.)
Das mittelalterliche Studium war entsprechend den Sieben Freien Künsten (»artes liberales«) geordnet. Man nannte sie die Freien Künste, weil sie im alten Rom nur die »liberi«, die »Freien«, betreiben durften. Seit Augustinus (354–430) war die Siebenzahl festgeschrieben: das »Trivium« mit den sprachlichen Disziplinen Grammatik, Rhetorik und Dialektik und das »Quadrivium« mit den mathematischen Fächern Musik, Geometrie, Arithmetik und Astronomie.

standard, der sich diesen Benimmregeln ablesen läßt, in einen engen Zusammenhang mit den zwischenmenschlichen Beziehungen und den Eigentümlichkeiten emotionalen Lebens damals, die so ganz anders waren als die unsrigen heute: »Menschen, die so miteinander essen, wie es im Mittelalter Brauch ist, ... standen in einer anderen Beziehung zueinander als wir, und zwar nicht nur in der Schicht ihres klar und präzise begründenden Bewußtseins, sondern offenbar hatte ihr emotionales Leben eine andere Struktur und einen anderen Charakter. Ihr Affekthaushalt war auf Formen der Beziehung und des Verhaltens hin konditioniert, die, entsprechend der Konditionierung unserer Welt, heute als peinlich, mindestens als wenig anziehend empfunden werden.«[2] Elias spricht von dem ganz anderen Niveau der »Peinlichkeitsschwelle« und »Schamgrenze« der mittelalterlichen Menschen. Das heißt, daß bei ihnen die Kontrolle ihrer Affekte weniger stark ausgeprägt war als bei den Menschen heute. Was hier über den Charakter der Emotionalität ausgesagt ist, wird man vielleicht mit unserer Vermutung von oben verbinden dürfen: Die Menschen im Mittelalter hatte eine geringere rationale Distanz zu ihrer Objektwelt wie zu ihrem inneren Erleben. Dinge, die wir heute eher als Ideen, Vorstellungen oder Prinzipien begreifen, waren für sie objektive bzw. wirklich existierende Gegebenheiten, z. B. Dämonen, Teufel, Kardinaltugenden und -laster. Andererseits konnte Äußeres so stark auf sie wirken, daß sie es wie eine in ihrem

Mappa mundi (11. Jh.)
Die Kartographie des Mittelalters war im lateinischen Bereich Universalkartographie, d. h., die Erde wurde immer als Ganzes dargestellt. Mittelalterliche Kartenwerke dienten hauptsächlich der Bibelauslegung, indem sie das Heilshandeln Gottes auf Erden dokumentierten. Die Erde hatte eine vorgegebene, durch feste Grenzen bestimmte Form, die vom Kartenzeichner nur ausgefüllt zu werden brauchte. Am weitesten verbreitet war die sog. T-Karte (s. Abb.): Die drei damals bekannten Erdteile Asien, Europa und Afrika wurden in einem kreisförmigen Gebilde wie ein T angeordnet. Asien nahm die obere Hälfte ein, das linke Viertel Europa, das rechte Afrika: Gewässer trennten die Erdteile voneinander. In aller Regel wurden Karten geostet, nur die Griechen in der Antike nordeten, und die Araber südeten.

Inneren herrschende Macht erlebten: die höfische Gebärde, das furzende Schwein, das unbändiges Lachen auslösen konnte, der golddurchwirkte Gürtel, den man unbedingt besitzen wollte.

Aufschlußreich für die Besonderheiten mittelalterlichen Denkens sind die gegenüber heutigem Verständnis stark abweichenden Vorstellungen von Raum und Zeit. Durch die Allgegenwärtigkeit von Uhren sind wir an die exakte Meßbarkeit von Zeit so sehr gewöhnt, daß wir uns ein durch andere Gegebenheiten bestimmtes »Zeitgefühl« kaum mehr vorstellen können. Das gleiche gilt für den kartographisch vermessenen Raum, in dem wir in unserer Vorstellung Punkte verorten und sie gedanklich durch Strecken verbinden können. Die uns geläufigen Maßeinheiten sind Meter und Kilometer, ab einer bestimmten Größenordnung werden sie in Lichtjahre umgerechnet. Natürlich übersteigen Lichtjahre auch unsere Vorstellungskraft; aber darin, daß wir wie selbstverständlich mit solchen abstrakten Größen operieren, liegt ja gerade das Besondere unseres Zeit- und Raumbegriffs im Vergleich zu dem früherer Jahrhunderte, als das Messen und die Maßeinheiten noch unmittelbaren Bezug zu den menschlichen Tätigkeiten und Erfahrungen hatten.

Wenngleich es bereits im Mittelalter Sonnen- und Wasseruhren und ab dem 13. Jahrhundert auch mechanische Räderuhren gab, erfolgte eine zeitliche Orientierung doch in erster Linie am Stand der Sonne, an der Folge von Tag und Nacht, der Fülle des Mondes (Monat) und am Wechsel der Jahreszeiten. In den Klöstern waren es die Stundengebete (Horen), die den Tag zusätzlich gliederten. Besonders hier, in diesen Gesellschaften im kleinen, zeigte sich ein stärker ausgeprägtes Bedürfnis nach genauen Zeiteinteilungen. Sie hatten u. a. ordnungsstabilisierende Funktion. Der Umstand, daß in der mittelalterlichen Agrargesellschaft Zeit im wesentlichen an natürlichen Gegebenheiten gemessen wurde, hatte auch Auswirkungen auf die spezifische Struktur des Bewußtseins der Menschen. Die im Kreislauf der Natur angelegte ständige Wiederkehr des Gleichen prägte z. B. bestimmte Werthaltungen aus: »Nicht die Veränderung, sondern die Wiederholung war das bestimmende Moment dieses Bewußtseins und Verhaltens. Das Einmalige, niemals vorher Gesehene besaß für sie keinen selbständigen Wert ... Die archaische Gesellschaft negierte die Individualität und das ungewohnte Verhalten. Norm und sogar Tugend war es, sich wie alle zu verhalten, so aufzutreten, wie die Menschen von alters her es taten. Nur ein solches traditionelles Verhalten besaß eine moralische Kraft.«[3]

Das enge Verhältnis des mittelalterlichen Menschen zur Natur bestimmte auch sein Raumverständnis. Nicht distanzierte Beobachtung oder kontemplative Betrachtung prägten dieses Verhältnis zur Natur, sondern die konkreten Tätigkeiten auf dem Lande. In seinem Körper und seinen Tätigkeiten fand der Mensch denn auch den Maßstab zur Vermessung des Raumes. Anstatt mit abstrakten Größeneinheiten berechnete er den Weg nach der Anzahl der Schritte; weitere gebräuchliche Maße waren der Fuß, die Elle, die Spanne und der Finger. Ein »Morgen« Acker war die Fläche, die man in der entsprechenden Zeit pflügen konnte. Räumliche Orientierung über diese konkreten menschlichen Vermessungsgrundlagen hinaus bereiteten Schwierigkeiten. Wegbeschreibungen mündeten in Erzählungen, was man da und dort erlebt hatte. Wo der Raum unmittelbarer Erfahrung verlassen wurde, wie bei der Vorstellung des irdischen Raumes, trat an die Stelle des Menschen Gott und sein Heilsplan für die Welt als das Maß aller Dinge.

Die räumlichen Darstellungen in der bildenden Kunst lassen ebenfalls diesen

Bezug zu christlich geprägter Bedeutungshaltigkeit erkennen. In der hochmittelalterlichen Malerei ging es nicht darum, Nahegelegenes und Fernes perspektivisch korrekt zu erfassen, sondern vielmehr darum, Wichtiges hervorzuheben. Wenn das Wichtige an einem Haus die Tür war, zeigte man eben eine unproportional große Tür, vielleicht mit dem Umriß eines kleinen Spielhäuschens darum. Ein Detail konnte symbolisch für das Ganze stehen. Für den umgebenden Raum stand häufig der helle Lichtstrahl, der vom Antlitz Gottes auf die Erde fiel. Das irdische Geschehen war gleichsam eingebettet in die Güte und Wärme Gottes. »Der Raum ist nichts anderes als das hellste Licht«, sagte der Mystiker. »Unten« und »oben« bedeuteten mehr als abstrakte Raumangaben: Unten war die Hölle mit Teufeln und das Fegefeuer, oben war der Himmel, wo Gott thronte und um ihn die Engel musizierten. Die Welt war die Gesamtheit der Bauernhöfe, das Weltall so etwas wie ein ins Riesige vergrößerter menschlicher Körper. Das räumliche Denken im Mittelalter war symbolisch und erlebnisbestimmt; man könnte auch von der Magie der Orte sprechen: So wurden z. B. Verbrechen, die in der Nähe religiöser Orte begangen wurden, strenger bestraft.

Der Kosmosmensch (Miniatur aus den »Revelationes« der Hildegard von Bingen, erste Hälfte 13. Jh.)
Das Mittelalter verstand den Menschen als Mikrokosmos, d. h. als Abbild der sichtbaren Welt im verkleinerten Maßstab. Isidor von Sevilla beschrieb das Verhältnis von Welt und Mensch folgendermaßen: »Im übernatürlichen Sinne aber wird die Welt passender Weise als Mensch bezeichnet: Denn wie sie aus vier Elementen zusammengesetzt ist, so besteht er aus vier Säften (Temperamenten), und zwar in einem bestimmten gemischten Verhältnis. Deshalb haben die Alten den Menschen in einen Zusammenhang mit dem Bau der Welt gestellt, da ja auf griechisch die Welt Kosmos, der Mensch aber Mikrokosmos, das heißt kleinere Welt, genannt wird ... «

Die bedeutungshaltige, nichtabstrakte Raum- und Zeitvorstellung der mittelalterlichen Menschen stand in einem engen Zusammenhang mit ihrer mathematischen Schwäche. Des Lesens und Schreibens meist unkundig, waren sie mit Geometrie und Algebra erst recht überfordert. Auch die gelehrten Mönche auf der Reichenau scheiterten beispielsweise bei dem Versuch, einen Plan ihres Klostergartens zu zeichnen. Sich vorzustellen, daß die hintere Begrenzung des Gartens schräg an einem Bach entlang verlief, überforderte den armen grübelnden Kopf. Die Sache war eine Preisaufgabe wert: Wie konnte es gelingen, daß die Querwege parallel zur hinteren Mauer verliefen und trotzdem den Hauptweg gerade kreuzten? Die Lösung bestand darin, daß man die hintere Mauer abriß, um dem Problem der schrägen Beete Herr zu werden. Eine andere Preisaufgabe lautete, ob man zweimal hundert in drei Teile teilen kann. Diese Frage erwies sich als nicht beantwortbar. Die Mönche zählten und zählten, aber 200 war einfach zuviel. Mit den römischen Ziffern konnten sie schriftliche Rechenverfahren nicht durchführen. Es gab Rechenbretter, in denen man die Einer-, Zehner- und Hunderterstellen zu ordnen versuchte, um sie dann zusammenzuzählen. Multiplizieren und dividieren konnte man mit diesem Hilfsmittel nicht. Erst die Rechenbücher von Adam Riese setzten im Spätmittelalter die arabischen Ziffern durch und damit die Möglichkeit, im Dezimalsystem schriftliche Verfahren durchzuführen. Zahlenangaben hatten im Mittelalter meist eine symbolische Bedeutung. Man sprach von 11 000 getöteten Jungfrauen oder von 100 000 erschlagenen Helden. Aber dies besagte nur, daß es in bedeutungsvoller Weise ganz viele waren.

Aus dem bisher Dargestellten läßt sich das mittelalterliche Denken knapp so charakterisieren: Es war geprägt von konkreten Vorstellungen. Alles, was es in der Welt gab bzw. was Gegenstand des Denkens war, schien in einem bedeutungshaltigen Zusammenhang zu stehen. Die »Zentralperspektive« dabei war das Wirken Gottes, das jedem Ding in der Welt seinen Platz zuwies und seine Bestimmung festlegte. Das mittelalterliche Denken war Einheitsdenken; Analyse, Abstraktion, rationale Distanz waren wenig entwickelt: Eine Sache für sich zu betrachten, sie aus bestehenden Zusammenhängen gedanklich zu lösen und – vor allem – sie neutral, ohne religiös geprägten Wertbezug zu sehen bereitete nahezu unüberwindliche Schwierigkeiten. Oder anders gesagt: Es kam einfach nicht in Betracht.

Alma mater (aus einer mittelalterlichen Handschrift der Vatikanischen Bibliothek)
Die mittelalterliche Universität gliederte sich in zwei Fakultäten: eine obere mit den Fächern Theologie, Medizin und Jura sowie eine untere, die sog. »Artistenfakultät«. Das Studium an der »Artistenfakultät« beinhaltete die Sieben Freien Künste und bildete die Voraussetzung für eine Studienaufnahme an der oberen Fakultät. Der Unterricht wurde in lateinischer Sprache gehalten und umfaßte »lectiones« (Vorlesungen) sowie »disputationes« (Streitgespräche). Nach Abschluß des Studiums an der »Artistenfakultät« wurde der akademische Grad des »baccalaureus« vergeben, der »licentiatus«, »magister« bzw. »doctor« ließ den Absolventen eines Studiums der höheren Fakultät erkennen.

Mit Blick auf diesen Befund könnte man zu dem Urteil geneigt sein, daß die genannten »Schwächen« und »Schwierigkeiten« einem intellektuellen Unvermögen zuzuschreiben seien. Außer Frage steht, daß die meisten Menschen damals keine reguläre Schulbildung genossen, daß somit der Stand ihres elementaren Weltwissens im Vergleich zu heute gering war. Doch wird man deswegen ihre grundsätzlichen intellektuellen Kapazitäten nicht bezweifeln dürfen. Bevor man von »Defiziten« spricht, muß man sich hinlänglich klarmachen, daß das Leben im hohen Mittelalter anders »funktionierte«, daß es im Zeichen des christlichen Glaubens stand und in Zusammenhang damit auch die akzeptierten »Beglaubigungsverfahren« des Denkens ganz andere waren als heute. – Natürlich waren auch damals Aussagen über die Welt, Urteile über Richtiges und Falsches geltungsdifferent, d. h., sie konnten wahr oder falsch sein. Sie hatten es deswegen nötig, »beglaubigt« zu werden. Dieser Ausdruck ist für die meisten Anwendungsfälle zutreffender als der des Beweises.

Beglaubigung war eine Sache der Tradition und der Schrift. Schriftlichkeit hatte als Überdauerndes, Beständiges, einen eigenen Kredit. Diese Glaubwürdigkeit war im wesentlichen abgeleitet von der Heiligen Schrift, der Bibel. Auch die frühen – spätantiken – Vermittler, Interpreten und Verteidiger der christlichen Lehre, die Kirchenväter, und unter ihnen besonders Augustinus, genossen eine hohe Autorität. Jahrhundertelang genügte es, sich auf sie als Kronzeugen der kirchlichen Tradition zu berufen: Dogmatische Streitfälle wurden nicht mit Hilfe von Argumenten, sondern von Zitaten entschieden. In der Berufung auf die Kirchenväter drückte sich die traditionsmächtige Vorstellung geistiger »Vaterschaft« aus; die Anerkennung ihrer Autorität beruhte auf Ehrfurcht, Vertrauen und Gehorsam – Einstellungen allemal, die in unserem Wissenschaftsverständnis an Bedeutung verloren haben.

Daß etwas schriftlich dokumentiert und mit dem Siegel autorisierter Personen versehen war, hatte auch bei kirchlichen Dekreten und gesetzlichen Verfügungen weltlicher Herrscher große gültigkeitsverbürgende Kraft. Das verführte Schreiber und Kopierer solcher Dokumente dazu, sie zu fälschen. Das Mittelalter war eine hohe Zeit der Fälschungen (das berühmteste Beispiel ist die »Konstantinische Schenkung«). Unter den Urhebern stößt man auf große Namen, darunter Bischöfe und Päpste; überhaupt gehen die meisten Fälschungen zu Lasten von Geistlichen. Das ist nicht verwunderlich, wenn man bedenkt, daß sich unter den Geistlichen die meisten Schreibkundigen befanden. Auch die Gründe, um deretwillen häufig »gefälscht« wurde, relativieren diese Feststellung. Eine Untersuchung der mittelalterlichen Fälschungspraxis gibt einigen Aufschluß über die mentale Verfassung der Menschen damals. Der Historiker Horst Fuhrmann hat einige interessante Ergebnisse zusammengetragen, die uns zugleich mit der mittelalterlichen Rechtsauffassung bekannt machen und deswegen hier kurz referiert werden sollen.[4]

Die mittelalterliche Morallehre hat im Anschluß an den Kirchenvater Augustinus jegliche Art von Fälschung abgelehnt. Mit Blick auf diese eindeutige Position und die Tatsache, daß ihr in der Praxis so häufig entgegengehandelt wurde, haben einige Historiker von einem eklatanten Mangel an Moral im Mittelalter gesprochen. Fuhrmann stellt diesem entschiedenen Werturteil die Frage gegenüber, was Fälschung eigentlich heißt. Es geht ihm darum zu zeigen, daß aufgrund eines anderen Rechtsverständnisses im Mittelalter der Tatbestand der Fälschung selbst anders zu bewerten sei als heute. Als Recht werden heute die auf legalem Weg eingesetzten und in Rechtssatzungen gefaßten

Thomas von Aquin (Gemälde von Carlo Grivelli)
Thomas von Aquin (1225–1274) war der bedeutendste Theologe und Philosoph des Hochmittelalters. Wie sein Lehrer Albertus Magnus gehörte er dem Orden der Dominikaner an. Zwischen 1248 und 1252 studierte er in Paris und Köln; ab 1254 unterrichtete er selbst in Paris und an verschiedenen italienischen Hochschulen. Ein Großteil seiner Werke entstand während dieser Lehrtätigkeit, so auch sein Hauptwerk »Summa Theologiae« (zw. 1267 u. 1273). Neben der »Summa contra Gentiles« (»Gegen die Heiden«, begonnen 1259) zählen die Aristoteles-Kommentare zu seinen wichtigsten Schriften, in denen er eine philosophisch-theologische Synthese zwischen platonisch-augustinischem und aristotelischem Denken versucht.

Normen begriffen. Einen solchen positiven (lat. *ponere* = setzen) Rechtsbegriff kannte das Mittelalter nicht: »Recht wurde in einem höheren und von menschlicher Satzung unabhängigen Sinne vorgestellt. Recht und Gerechtigkeit waren eine Einheit ... Dem gerechten Urteil entsprach ein Recht, das beseelt war vom Geist der Billigkeit. Diese Billigkeit – ein im Mittelalter unendlich oft wiederkehrender Begriff – bedeutete in eins: persönlich empfundene Gerechtigkeit und allgemeine Sittlichkeit.«[5]
Fälschungen konnten im Mittelalter also durchaus in dem Bewußtsein erfolgen, der Gerechtigkeit oder der Heilsordnung zu dienen. Die Umformulierung eines Rechtstextes geschah dann etwa in der Absicht, den guten Sinn einer Vorschrift hervorzuheben, der vorher durch bestimmte Formulierungen verstellt war; Streichungen von Passagen hatten vielleicht das Ziel, eine Vorschrift der eigenen Zeit oder regionalen Besonderheiten anzupassen. Solche

Albertus Magnus (Hans Holbein d. Ä; Hochaltar des ehemal. Dominikanerklosters Frankfurt/Main, 1501)
Der universell gebildete Naturforscher, Philosoph und Theologe Albertus Magnus (um 1200–1280) stammte aus einer staufischen Ministerialenfamilie. 1229 trat er in den Dominikanerorden ein, zwischen 1242 und 1248 war er Lehrer in Paris und danach in Deutschland (u. a. 1248–1254 in Köln). Seine Hauptbedeutung für die mittelalterliche Philosophie lag in der Erforschung und Verbreitung aristotelischer, arabischer und jüdischer Schriften.

»guten« Absichten sind in vielen Fällen anzunehmen, insbesondere dann, wenn persönliche oder parteiliche Interessen für die Fälschung der Sache nach auszuschließen sind. Sieht man also von den Fälschungen in eigener Sache, zum persönlichen Vorteil ab, so erkennt man an diesen Fälschungen »im Dienste der Gerechtigkeit« bzw. der »rechten Ordnung«, daß für den mittelalterlichen Menschen der Geist vor dem Buchstaben rangierte und daß er es deswegen mit der Treue der Formulierungen nicht so genau nahm. Fuhrmann sieht in dieser Einstellung auch den wesentlichen Grund dafür, daß der mittelalterlichen Kritik Fälschungen häufig unbemerkt blieben: Dem formalen Echtheitsbefund eines Textes maß man kein sonderliches Gewicht bei, wenn in ihm nur Gottes durchwaltender Geist aufzuspüren war.
Dem allegorischen Umgang mit Texten, bei dem die Worte in extensiver Weise christlich ausgelegt wurden, entsprach der christlich-symbolische Umgang mit der Wirklichkeit. Ein weiteres Beispiel hierfür ist das mittelalterliche Geschichtsverständnis. Obwohl der mittelalterliche Mensch Chroniken kannte, wußte er nicht, wie lange auf Jahr und Tag ein bestimmtes Ereignis zurücklag. Er wußte z. B. nicht oder recht ungenau, wie alt er war. Das spielte auch keine Rolle, denn das Vergangene war für den mittelalterlichen Menschen insofern zugleich Gegenwart, als sich die Dinge in ihrem Wesen nicht wandelten. Man konnte sich offensichtlich nicht vorstellen, daß es historisch andere Bewußtseins- und Verhaltensformen gab als die eigenen: Jesus und seine Jünger waren eben auch fahrende oder tafelnde Ritter wie Dietrich von Bern und König Artus. Die biblischen Gestalten wurden stets als Zeitgenossen dargestellt, weil man in ihnen Gestalten des eigenen Zeitalters sah. Im frühen – heidnischen – Mittelalter zählte man die Generationen zurück, wobei man nur die wichtigsten Vorfahren berücksichtigte. Sehr schnell war man dabei in der Göttergeschichte angelangt: Bereits der siebte oder achte Vorfahr der frühmittelalterlichen Germanenkönige war ein Gott oder Halbgott. Im hohen Mittelalter setzte sich immer mehr die Vorstellung einer geschichtlichen Zweiteilung mit der Geburt Christi als Jahr Null und als Mitte der geschichtlichen Zeit durch. Dieses Datum fungierte als historische Spiegelachse: Historischen Gestalten und Ereignissen der Nach-Jesu-Geschichte wurden Gestalten und Ereignisse der Vor-Jesu-Geschichte zugeordnet (Schema der Typologie). Hier wirkte wieder das starke Bedürfnis nach Verbindung, auch der Geschichte mußte schließlich die gottgeschaffene Ordnung zugrunde liegen.
Was sich schon in historischer Perspektive zeigte, das Unvermögen, sich die Andersartigkeit anderer Zeiten vorzustellen, galt auch für die Begegnung mit dem Fremden der eigenen Zeit: Der mittelalterliche Mensch war kaum in der Lage, dessen Andersartigkeit zu verstehen. Das Fremde (am Fremden) war eine Monstrosität, über die man lachen konnte oder vor der man sich grauste. Schnell wurde da die Paradoxie der Dummheit wirksam: daß, wer nicht verstand, alles schon verstanden hatte. Was fehlte, war eine kritische Distanz, ein Wissen des eigenen Nichtwissens. Die Dialektik des Nichtverstehens führte den mittelalterlichen Menschen dazu, daß er projizierte: Er erkannte das andere nur insoweit, als er sich selbst darin zu erkennen glaubte. Darin zeigte sich ein Mangel – nicht an Intelligenz, sondern an Reflexivität.
Wo und wie aber hätte sich der mittelalterliche Mensch darin schulen können? Er hätte lernen müssen, unvoreingenommen zu beobachten und genaue, eigene Fragen zu stellen. Doch genau dies, Fragen zu stellen, war etwas, was kaum jemand vermochte. Die Fragen in den Lehrgesprächen und Schulbüchern waren im wesentlichen Fragen der Tradition, auf die man mit auswen-

Pestprozession (Ausschnitt einer Miniatur aus den »Très Riches Heures«, Anfang 15. Jh.) Krankheit, Seuchen und Tod war der mittelalterliche Mensch ohnmächtig ausgeliefert. Allein der Glaube an ein Leben nach dem Tode ließ den frommen Christenmenschen die Furcht vor dem Sterben ertragen. Brach eine schwere Seuche über die Menschen herein, wie die Beulenpest Mitte des 14. Jahrhunderts, die rund ein Viertel der europäischen Bevölkerung dahinraffte, so faßte man sie als göttliches Strafgericht auf. Die Folge waren fanatische religiöse Bußpraktiken wie die der Flagellanten, Aberglauben, Satanskulte, aber auch Ohnmacht, Wut und Verzweiflung.

dig gelernten Definitionen zu antworten hatte. Lernen im Hochmittelalter hieß, tradierten Stoff auswendig zu lernen. Auch in den Disputationen der gelehrten Denker an den Universitäten herrschte eine bestimmte Denkfigur vor, der Syllogismus: Alle Menschen, die Gajus heißen, sind Römer. Dieser Mensch heißt Gajus. Ergo ... Man gab eine Definition, ordnete einen Einzelfall zu, folgerte messerscharf. Methodisches Denken folgte im Mittelalter der alten Rhetoriktradition, war deduktives, also aus allgemeinen Sätzen ableitendes Denken. Der umgekehrte Fall, aus Einzelfällen auf eine Regel zu schließen, kam nicht in Betracht. Die mittelalterlichen Denker gingen auch nicht pragmatisch vor, wie Aristoteles bei vielen Fragen empfohlen hatte. Dieser sagt in der Einleitung der »Topik«, daß es auch wahrscheinliche und geltende Sätze gibt, wenn sich ihre Wahrheit nicht deduzieren läßt. Wahrscheinlich ist das, was die Mehrheit für wahrscheinlich hält und zugleich den Gelehrten bzw. der Mehrheit der Besten unter ihnen wahrscheinlich erscheint. Für dieses pragmatische Vorgehen fehlten die institutionellen Voraussetzungen. Es gab keine Foren beratender und abwägender Diskussion. Die Wahrheit war unteilbar: Strittiges mußte sofort und kämpferisch zu Ende gebracht werden. Sich selbst thematisierte das mittelalterliche Denken nicht.

Was hier summarisch über den Denkstil der an Kloster- und Domschulen Gebildeten gesagt wurde, kennzeichnet insbesondere die übliche Praxis, den theologisch-philosophischen Standard. Die herausragenden Vertreter der hochmittelalterlichen Philosophie wie Anselm von Canterbury, Peter Abälard, Albertus Magnus und vor allem Thomas von Aquin wird man sicher differenzierter zu beschreiben und anders einzuschätzen haben. Und doch bleibt: Die mittelalterliche Philosophie insgesamt steht nicht in dem Ruf, wesentliche Anregungen oder gar wirkmächtige Neuerungen für die nachfolgenden Jahrhunderte hervorgebracht zu haben. Es fällt deswegen nicht leicht, ihr historisch gerecht zu werden. Hegel hat sie in seinen Vorlesungen zur Geschichte der Philosophie »ebenso umfassend als dürftig, schrecklich geschrieben und voluminös«[6] genannt.

Auch hier gilt es wieder zu relativieren: Die *Scholastik* ist insofern etwas Neues, als sie den Geist der im 13. Jahrhundert gegründeten *Universitäten* prägte und ihn selbst durch diese neuen Institutionen repräsentierte. Ihr Tradi-

Grabmal eines Domherrn
Die peinvollen, schrecklichen Erfahrungen der Pest verstärkten das ohnehin schon stark ausgeprägte Gefühl der mittelalterlichen Menschen, daß in jedem Augenblick des Daseins das Lebensende bevorstehen könne, in erheblichem Maße. Hatte bisher eine eher idealisierende künstlerische Abbildung des Verstorbenen auf den Grabplastiken, die an die Taten und Leistungen des Toten zu seinen Lebzeiten erinnern sollten, vorgeherrscht, so setzte sich nun ein realistisch-naturalistischer, die physische Verwesung drastisch herausstellender Darstellungsstil durch, der die Angst vor dem Tod eindrucksvoll dokumentiert.

tionsbezug war nicht mit jenem gläubigen Kirchenväter-Vertrauen gleichzusetzen, das an den Kloster- und Domschulen vorherrschte; Traditionsbezug hieß in ihrem Fall: Aufnahme und Aneignung der antiken Weltweisheit, insbesondere der Aristotelischen Philosophie, und begriffliche Durchdringung der Kirchenväter-Theologie. Darin, daß sie wesentlich begriffliches Denken war, lag selbst schon eine kritische Tendenz gegenüber dem symbolischen, bild- und metaphergeprägten Denken ihrer Zeit. Das uns heute so befremdliche »Schulmäßige« der mittelalterlichen Philosophie, worauf schon der Name »Scholastik« hindeutet, ist daraus zu erklären, »daß sie vor allem ein beispielloser Lernvorgang gewesen ist, eine durch mehrere Jahrhunderte durchgehaltene schulische Veranstaltung von ungeheurem Ausmaß«[7]. »Schrecklich geschrieben«, wie Hegel meinte, ist die mittelalterliche Philosophie gerade deswegen, weil sie ihre Aufgabe vornehmlich darin sah, das assimilierte Erbe der antiken Welt unter dem Aspekt von Lehr- und Lernbarkeit zu ordnen. Das war ein nüchternes Geschäft, bei dem natürlicherweise das reizvolle Element der persönlichen Unmittelbarkeit zu kurz kam.

Die Identifizierung von *Scholastik* mit mittelalterlicher Philosophie ist eine Einschränkung des Begriffs; *Scholastik* ist vielmehr der Titel für die hochmittelalterliche Gestalt von »Wissenschaft« überhaupt. Auch Medizin, Jurisprudenz und Theologie – wo wären im übrigen die inhaltlichen Grenzen zwischen Theologie und Philosophie zu ziehen? – sind von der scholastischen Darstellungsform geprägt. Diese ist im übrigen nicht allein auf die Präsentation von »wissenschaftlichen« Texten beschränkt, sie ist auch ein charakteristisches Stilelement der innerscholastischen Diskussion: Zunächst werden die zu einem Problem vorgebrachten Argumente verzeichnet und gewertet. »Das wissenschaftliche Resultat wird auf dem Wege der ausgebreiteten Dokumentation der Argumente und deren Kritik erreicht, am Ende steht die Determination des Magisters: Das ist das Schema der schulmäßigen Disputation und auch der literarischen Form der quaestio, in der sich der Prozeß wissenschaftlicher Urteilsbildung am angemessensten darstellt.«[8]

Die Rezeption des antiken Erbes, insbesondere der wirkmächtigen Aristotelischen Philosophie ist zum großen Teil der Leistung von übersetzenden und kommentierenden Philosophen zu verdanken. Unter ihnen nimmt der an der Wende zum Mittelalter lebende Römer Anicius Manlius Boethius (um 480–524) eine besondere Stellung ein. Er hatte es sich zum Ziel gemacht, alle Werke von Platon und Aristoteles, deren er nur habhaft werden konnte, ins Lateinische zu übertragen und zu interpretieren. Zwar ist er dabei über einige logische Schriften des Aristoteles nicht hinausgekommen, doch haben gerade sie einen außerordentlichen Einfluß auf die mittelalterliche Philosophie ausgeübt. Die Hochzeit der Aristoteles-Rezeption fällt in das Jahrhundert zwischen 1150 und 1250. Sie erfolgte durch die Berührung mit der orientalischen Kultur, hauptsächlich auf dem Wege der Kreuzzüge und durch die maurische Herrschaft in Spanien. Die arabische wie die jüdische Wissenschaft hatte die Tradition des griechischen Denkens unmittelbar und vollständiger bewahrt als die Klöster des Abendlandes. So wurde der größte Teil des Aristotelischen Werkes aus dem Arabischen ins Lateinische übertragen. Die besondere Herausforderung für die christlich-abendländische Welt bestand darin, daß sie sich das am höchsten entwickelte philosophische System der Antike in einer bereits systematisch – und zwar nicht christlich – ausformulierten Interpretation anzueignen hatte.

Dem Dominikaner Albertus Magnus (um 1200–1280) gelang es, den Plan des Boethius 700 Jahre nach dessen Tod zu realisieren: Er kommentierte sämtliche Schriften des Aristoteles. Darüber hinaus hinterließ er ein so umfangreiches Gesamtwerk, daß man ihn schon um der einzigartigen Fülle des behandelten bzw. gesammelten Materials willen »den Großen« nennen könnte. Nach Abschluß eines theologischen Studiums und zehnjähriger Lehrtätigkeit in verschiedenen deutschen Klöstern bestieg Albertus Magnus 1242 als erster Deutscher einen Lehrstuhl an der Universität Paris, der ersten und berühmtesten seiner Zeit. Hier begegnete ihm zwanzigjährig sein größter Schüler, der aus Neapel stammende Thomas von Aquin. Er wurde 1225 bei Neapel als jüngster Sohn einer hochadligen Familie geboren. Gegen den erbitterten Widerstand seiner Familie, die ihn über ein Jahr gefangenhielt, trat er mit achtzehn Jahren in den Dominikanerorden ein. Ab 1248 studierte er in Paris und in Köln, u. a. bei Albertus Magnus; 1257 erhielt er selbst die vollen Rechte eines Magisters der Theologie. Thomas von Aquin übte seine Lehrtätigkeit in Paris und in verschiedenen Orten in Italien bis zu seinem Tod im Jahr 1274 aus.

Anders als Albertus Magnus, der als Verfasser auch von naturkundlichen Büchern stärker empirisch und, mit Blick auf den Umfang seines Werkes, mehr auf die Sammlung von Material ausgerichtet war, besaß Thomas von Aquin eine große Gabe zur Durchdringung, Ausformung und Ordnung seiner Themen. Mit seinen berühmten »Summen« (der »Summa contra Gentiles« und der »Summa Theologiae«) und seinen zahlreichen »Quaestionen« gilt er vielen als der größte hochmittelalterliche Theologe und Philosoph, was sachlich insbesondere dadurch gerechtfertigt wird, daß es Thomas von Aquin wie keinem mittelalterlichen Denker vor und nach ihm gelungen ist, *fides* und *ratio,* Glauben und Vernunft, miteinander zu verbinden. »Verknüpfe, soviel du nur vermagst, den Glauben mit der Vernunft« – dieser Satz des Boethius formulierte die für die gesamte mittelalterliche Philosophie wesentliche Aufgabe, »das Geglaubte in eine immer neu zu stiftende, sinnvolle Zuordnung zu bringen und zu dem unaufhörlich und ins Unabsehbare sich vervielfachenden Gesamtbestand des natürlichen Wissens von Mensch und Welt«[9]. Um hier wenigstens ein Beispiel für die Behandlungsart eines hochmittelalterlichen Lehrstücks zu geben, sei im folgenden ein Abschnitt aus den Gottesbeweisen des Thomas von Aquin zitiert. Die zahlreichen »Gottesbeweise« verdeutlichen das Bemühen um Vermittlung von *fides* und *ratio* in besonderer Weise.

»Daß Gott ist, kann, so läßt sich sagen, auf fünf Wegen bewiesen werden. Der erste und augenfälligere Weg aber ist der, welcher von der Bewegung her genommen wird. Es ist nämlich gewiß und steht für die Sinneswahrnehmung

Boethius im Kerker von der personifizierten Philosophie getröstet (aus einer Handschrift. Anfang 13. Jh.)
Der römische Philosoph, Schriftsteller und Staatsmann Boethius (um 480–524) gehörte zu den Ratgebern des Ostgotenkönigs Theoderich. Wegen seines Eintretens für einen des Hochverrats angeklagten Freund geriet er selbst in Kerkerhaft und wurde hingerichtet. Während seiner Haftzeit verfaßte er den berühmten Dialog »De Consolatione Philosophiae« (»Trostbuch der Philosophie«), ein Gespräch zwischen ihm selbst und der personifizierten Philosophie. Diese Schrift fand weite Verbreitung im Mittelalter und wurde schon früh von dem St. Gallener Mönch Notker Labeo ins Althochdeutsche übersetzt. Boethius' Übersetzungen Aristotelischer Schriften sowie der Werke des Porphyrius gehörten zu den Hauptquellen für die mittelalterliche Kenntnis griechischer Philosophie.

fest, daß einige Dinge in dieser Welt bewegt werden. Alles aber, was bewegt wird, wird von etwas anderem bewegt. Nichts nämlich wird bewegt, außer sofern es sich zu dem in Möglichkeit verhält, wozu es bewegt wird. Etwas bewegt aber, sofern es in Wirklichkeit ist; denn bewegen heißt nichts anderes als etwas aus der Möglichkeit in die Wirklichkeit überführen. Aus der Möglichkeit kann aber etwas nicht überführt werden außer durch etwas Seiendes in Wirklichkeit: z. B. etwas Warmes in Wirklichkeit, wie das Feuer, bewirkt, daß das Holz, das warm der Möglichkeit nach ist, in Wirklichkeit warm wird, und dadurch bewegt es dieses und verändert es. Es ist aber nicht möglich, daß dasselbe (Ding) zugleich in derselben Hinsicht in Wirklichkeit und in Möglichkeit sei, sondern nur in verschiedenen Hinsichten: Was nämlich in Wirklichkeit warm ist, kann nicht zugleich in Möglichkeit warm sein, sondern es ist zugleich kalt in Möglichkeit. Es ist also unmöglich, daß etwas in derselben Hinsicht und auf dieselbe Weise bewegend und bewegt ist oder sich selbst bewegt. Alles also, was bewegt wird, muß von etwas anderem bewegt werden. Wenn also das, wovon es bewegt wird, (seinerseits) bewegt wird, dann muß es auch selbst von einem anderen bewegt werden und jenes (wiederum) von einem anderen. Hier aber kann es nicht ins Unendliche gehen, weil so nicht etwas erstes Bewegendes wäre, und infolgedessen auch kein anderes Bewegendes, weil die zweiten bewegenden (Ursachen) nur dadurch bewegen, daß sie von einem ersten Bewegenden bewegt sind, wie z. B. der Stab nur dadurch (etwas) bewegt, daß er von der Hand bewegt ist. Also ist es notwendig, zu etwas erstem Bewegenden zu kommen, das von nichts bewegt wird. Und dies verstehen alle als Gott.«[10]

In dieser Form werden auch die anderen »Gottesbeweise« vorgetragen, also durch das Verfahren des Ableitens aus Begriffen. Erst Kant hat im 18. Jahrhundert in seiner »Kritik der reinen Vernunft« gezeigt, daß und warum man auf diesem Weg nicht zu wirklicher Erkenntnis kommen kann. Für die mittelalterlichen Philosophen war allenfalls die eine oder andere Prämisse falsch, dieser oder jener Schluß unzulässig, das spekulative – aus Begriffen abgeleitete, Begriffsinhalte und ihre »logischen« Verknüpfungen entfaltende – Denken selbst stand für sie als Erkenntnismittel außer Frage.

Doch sei zum Schluß noch einmal betont, daß der Weg zu Gott, um den sich alle auf ihre Art bemühten, nicht für alle so »rational« war wie hier gezeigt. Die einfachen Leute lebten ohne Einfluß von solchen Gedanken in ihrem symbolischen Welt- und Gottesverhältnis fort. Und die Mystiker, darunter viele Frauen, kultivierten ein meditatives Verfahren der innigen Begegnung mit Gott, über das sie im Ton der Verzückung und Erleuchtung sprachen, um andere an ihren Gotteserfahrungen teilhaben zu lassen.

Anmerkungen

1) Kühn, D.: Der Parzival des Wolfram von Eschenbach. Frankfurt/M. 1986.
2) Elias, N.: Über den Prozeß der Zivilisation. Bd. 1, Frankfurt/M. [5]1978, S. 88.
3) Gurjewitsch, A. J.: Das Weltbild des mittelalterlichen Menschen. München 1986, S. 102.
4) Fuhrmann, H.: Einladung ins Mittelalter. München 1987, S. 195–236.
5) Ebd., S. 200.
6) Hegel, G. W. F.: Sämtliche Werke (Jubiläumsausgabe). Hg. H. Glockner, Bd. 19, Stuttgart 1928, S. 149.
7) Pieper, J.: »Scholastik«. Gestalten und Probleme der mittelalterlichen Philosophie. München 1960, S. 28.
8) Kluxen, W.: Thomas von Aquin: Das Seiende und seine Prinzipien. In: Speck, J. (Hg.), Grundprobleme der großen Philosophen. Philosophie des Altertums und des Mittelalters. Göttingen 1972, S. 182.
9) Pieper, J. (s. Anm. 7), S. 160.
10) Thomas von Aquin: Die Gottesbeweise. Hg. Horst Seidl, Hamburg 1982.

Das Reich und Frankreich
z. Zt. Kaiser Friedrichs I. (1152–90)
Grenze des Römisch-Deutschen Reiches
Reichsgut und Staufisches Hausgut
Staufische Herzogtümer und Grafschaften
Welfisches Hausgut
Welfische Herzogtümer
Babenberger
Wettiner
Askanier
Savoyer
Grenze des Königreiches Frankreich
Französisches Kronland
Englischer Besitz (Plantagenet)
Hausgut der Grafen von Toulouse
Lehen " " " "
Städte des Veroneser und Lombarden-Bundes (seit 1164/67)
I
Nordsee
Deutsches Reich
Kgr. Frankreich
Poitou 1152 mit Anjou vereinigt
Hzm. Aquitanien (Guyenne)
Hzm. Normandie
Hzm. Bretagne
Hzm. Sachsen
Hzm. Schwaben
Baiern
Böhmen
Mähren
Österreich 1156 Hzm.
Polen
Kleinpolen
Schlesien
Pommern
Kgr. Ungarn
Kroatien
Slawonien
Bosnien
Dalmatien
Kgr. Serbien
Kgr. Italien
Lombardei
Adriat. Meer
Kgr. Aragon
Navarra
Gascogne
Gft. Toulouse
Provence
Burgund
Champagne
Lothringen
Franken
Korsika zu Pisa
Maßstab 1:10 000 000
0 50 100 200 km
5° östl. L. v. Gr.

Europa
z. Zt. Friedrichs II.
(1212–50)
Reichsgut und Staufisches Hausgut
Französisches Krongut 1241
Staatengrenzen um 1240
Maßstab 1:20 000 000
0 100 200 300 km
II
Atlant. Ozean
Irland
Kgr. England
Kgr. Schottland
Nordsee
Kgr. Norwegen
Kgr. Schweden
Kgr. Dänemark
Ostsee
Litauer
Schwertbrüderorden 1202
Deutscher Orden 1237
Russische Fürstentümer
Kgr. Polen
Röm. Deutsches Kaiserreich
Kgr. Frankreich
Kgr. Ungarn
Walachei
Kumanen
Schwarzes Meer
Kgr. Bulgarien
Kgr. Serbien
Kirchenstaat
Kgr. Sizilien
Despotat Epirus
Sultanat Ikonion
Klein-Armenien
Kgr. Cypern (Lusignan)
Kgr. Leon
Kgr. Kastilien
Kgr. Aragon
Kgr. Granada
Portugal
Reich der Almohaden
Mittelmeer
Sardinien
Korsika zu Pisa
Balearen

Bibliographie

Lebensformen der ständisch gegliederten Gesellschaft im hohen Mittelalter

ALLGEMEINES

Boockmann, H.: Einführung in die Geschichte des Mittelalters. München ²1981.
Borst, A.: Lebensformen im Mittelalter. Frankfurt, Berlin 1973.
Ennen, E.: Frauen im Mittelalter. München ³1987.
Evans, J. (Hg.): Blüte des Mittelalters. München, Zürich 1966.
Goetz, H.-W.: Leben im Mittelalter. München ²1986.
Wolf, A.: Deutsche Kultur im Hochmittelalter. 1150-1250. Essen 1986.

DIE BÄUERLICHE WELT

Abel, W.: Geschichte der deutschen Landwirtschaft vom frühen Mittelalter bis zum 19. Jahrhundert. Stuttgart ²1967.
Baumgarten, K.: Das deutsche Bauernhaus. Eine Einführung in seine Geschichte vom 9. bis zum 19. Jahrhundert. Berlin, Neumünster 1980.
Brunner, K./Jaritz, G.: Landherr, Bauer, Ackerknecht. Der Bauer im Mittelalter: Klischee und Wirklichkeit. Wien, Köln, Graz 1985.
Epperlein, S.: Der Bauer im Bild des Mittelalters. Leipzig, Berlin, Jena 1975.
Franz, G.: Geschichte des deutschen Bauernstandes vom frühen Mittelalter bis zum 19. Jahrhundert. Stuttgart 1970.
Franz, G. (Hg.): Deutsches Bauerntum im Mittelalter. Darmstadt 1976.
Rösener, W.: Bauern im Mittelalter. München 1985.

DER ADEL

Borst, A. (Hg.): Das Rittertum im Mittelalter. Darmstadt 1976.
Brunner, K./Daim, F.: Ritter, Knappen, Edelfrauen. Ideologie und Realität des Rittertums im Mittelalter. Wien, Köln, Graz 1981.
Droege, G.: Landrecht und Lehnrecht im hohen Mittelalter. Bonn 1969.
Duby, G.: Krieger und Bauern. Die Entwicklung von Wirtschaft und Gesellschaft im frühen Mittelalter. Frankfurt/M. 1977.
Fleckenstein, J. (Hg.): Herrschaft und Stand. Untersuchungen zur Sozialgeschichte im 13. Jahrhundert. Göttingen 1977.
Hensen, W.: Die Ritter. Eine Reportage über das Mittelalter. 1976.
Hotz, W.: Pfalzen und Burgen der Stauferzeit. Geschichte und Gestalt. Darmstadt 1981.
Rösener, W.: Bauer und Ritter im Hochmittelalter. Aspekte ihrer Lebensform, Standesbildung und sozialen Differenzierung im 12. und 13. Jahrhundert. In: Festschrift J. Fleckenstein 1984, S. 665-692.
Das ritterliche Turnier im Mittelalter. Beiträge zu einer vergleichenden Formen- und Verhaltensgeschichte des Rittertums (= Veröffentlichungen des MPI für Geschichte 80). Göttingen 1985.

MÖNCHISCHE LEBENSFORMEN

Bosl, K.: Des Mönches Leben am Rande der Gesellschaft und sein Wirken in ihr. Der konstitutive Beitrag des Benediktinerordens zu Europas Christlichkeit und Geistigkeit, Gesellschaft und Kultur. In: Regulae Benedicti studia 10-11, 1981/82, S. 91-107.
Fechter, J.: Cluny, Adel und Volk. Studien über das Verhältnis des Klosters zu den Ständen (910-1156). Diss. Tübingen 1966.
Frank, K. S.: Grundzüge des christlichen Mönchtums. Darmstadt 1975.
Kuchenbuch, L.: Bäuerliche Gesellschaft und Klosterherrschaft im 9. Jahrhundert. Studien zur Sozialstruktur der Familia der Abtei Prüm. 1978.
Schneider, A./Wienand, A. (Hg.): Die Zisterzienser. Geschichte, Geist, Kunst. Köln 1974.
Tellenbach, G. (Hg.): Neue Forschungen über Cluny und die Cluniacenser. Freiburg/Br. 1959.
Wollasch, J.: Mönchtum des Mittelalters zwischen Kirche und Welt. München 1973.
Zimmermann, G.: Ordensleben und Lebensstandard. Die cura corporis in den Ordensvorschriften des abendländischen Hochmittelalters. 2 Bde. Münster 1973.

Königtum und Adel: Vom empfindlichen Gleichgewicht der Machtverhältnisse im Mittelalter

Gebhardt, B.: Handbuch der deutschen Geschichte. Bd. 1: Frühzeit und Mittelalter. Hg. H. Grundmann. Stuttgart ⁹1970.
Schieder, Th. (Hg.): Handbuch der europäischen Geschichte. Bd. 1: Europa im Wandel von der Antike zum Mittelalter. Hg. Th. Schieffer. Stuttgart 1976.
Bd. 2: Europa im Hoch- und Spätmittelalter. Hg. F. Seibt. Stuttgart 1987.
Boockmann, H.: Stauferzeit und spätes Mittelalter. Deutschland 1125-1577. Berlin 1987.
Brunner, O.: Land und Herrschaft. Grundfragen der territorialen Verfassungsgeschichte Österreichs im Mittelalter, Wien ⁵1965.
Engels, O.: Zur Entmachtung Heinrichs des Löwen. In: Festschrift für Andreas Kraus. Kallmünz 1982, S. 45-59.
Fleckenstein, J.: Grundlagen und Beginn der deutschen Geschichte. Göttingen 1974.
Ganshof, F. L.: Was ist das Lehnswesen? 6. erw. Aufl. Darmstadt 1983.
Gerlich, A.: Geschichtliche Landeskunde des Mittelalters. Genese und Probleme. Darmstadt 1986.
Haverkamp, A.: Aufbruch und Gestaltung. Deutschland 1056-1273. (= Neue Deutsche Geschichte, Bd. 2), München 1984.
Heinemeyer, K.: Der Prozeß Heinrichs des Löwen. In: Blätter für deutsche Landesgeschichte 117 (1981), S. 1-60.
Hlawitschka, E.: Vom Frankenreich zur Formierung der europäischen Staaten- und Völkergemeinschaft 840–1046. Darmstadt 1986.
Keller, H.: Zwischen regionaler Begrenzung und universalem Horizont. Deutschland im Imperium der Salier und Staufer 1024-1250. (= Propyläen Geschichte Deutschlands, Bd. 2), Berlin 1986.
Moraw, P.: Von offener Verfassung zu gestalteter Verdichtung. Das Reich im späten Mittelalter 1250 bis 1490. (= Propyläen Geschichte Deutschlands, Bd. 3), Berlin 1985.
Patze, H. (Hg.): Der Deutsche Territorialstaat im 14. Jahrhundert. 2 Bde. Sigmaringen 1970-71.
Prinz, F.: Grundlagen und Anfänge. Deutschland bis 1056. (= Neue Deutsche Geschichte, Bd. 1), München 1985.
Schmid, K.: Gebetsgedenken und adliges Selbstverständnis im Mittelalter. Sigmaringen 1983.
Schmidt, U.: Königswahl und Thronfolge im 12. Jahrhundert. Köln, Wien 1987.
Schubert, E.: König und Reich. Studien zur spätmittelalterlichen deutschen Verfassungsgeschichte. Göttingen 1979.
Schulze, H. K.: Grundstrukturen der Verfassung im Mittelalter. 2 Bde. Stuttgart 1985-86.
Stehkämper, H.: Der Kölner Erzbischof Adolf von Altena und die deutsche Königswahl (1195-1205). In: Historische Zeitschrift. Beiheft N.F. 2 (1973), S. 5-83.
Wenskus, R.: Stammesbildung und Verfassung. Das Werden der frühmittelalterlichen gentes. Köln, Wien ²1977.

Formen des Wirtschaftslebens im hohen Mittelalter

AGRARWIRTSCHAFT

Bader, K. S.: Studien zur Rechtsgeschichte des mittelalterlichen Dorfes.
Teil 1: Das mittelalterliche Dorf als Friedens- und Rechtsbereich. Weimar 1957.
Teil 2: Dorfgenossenschaft und Dorfgemeinde. Köln, Graz 1962.
Teil 3: Rechtsformen und Schichten der Liegenschaftsnutzung im mittelalterlichen Dorf. Wien, Köln, Graz 1973.
Blum, J. (Hg.): Die bäuerliche Welt. Geschichte und Kultur in sieben Jahrhunderten. München 1982.
Buntzien, U.: Bauernarbeit im Feudalismus. Landwirtschaftliche Arbeitsgeräte und -verfahren in Deutschland von der Mitte des 1. Jahrtausends

u. Z. bis um 1800. Berlin 1980.
Donat, P.: Haus, Hof und Dorf in Mitteleuropa vom 7. bis 12. Jahrhundert. Berlin 1980.
Ennen, E./Janssen, W.: Deutsche Agrargeschichte. Vom Neolithikum bis zur Schwelle des Industriezeitalters. Wiesbaden 1979.
Kümmel, J.: Dorfbewohner im späten Mittelalter. In: Journal für Geschichte 2 (1984), S. 22-29.
Lütge, F.: Geschichte der deutschen Agrarverfassung vom frühen Mittelalter bis zum 19. Jahrhundert. Stuttgart ²1967.
Radbruch, R. M./Radbruch, G.: Der deutsche Bauernstand zwischen Mittelalter und Neuzeit. ²1962.
Schlesinger, W. (Hg.): Die deutsche Ostsiedlung des Mittelalters als Problem der europäischen Geschichte. Sigmaringen 1975.
Schröder, K. H./Schwarz, G.: Die ländlichen Siedlungsformen in Mitteleuropa. ²1978.

STÄDTISCHE WIRTSCHAFT

Dirlmeier, U.: Untersuchungen zu Einkommensverhältnissen und Lebenshaltungskosten in oberdeutschen Städten des Spätmittelalters. 1978.
Diestelkamp, B. (Hg.): Beiträge zum hochmittelalterlichen Städtewesen. Köln, Wien 1981.
Ennen, E.: Wechselwirkungen mittelalterlicher Agrarwirtschaft und Stadtwirtschaft, aufgezeigt am Beispiel Kölns. Warschau 1976.
Ennen, E.: Die europäische Stadt des Mittelalters. Göttingen ³1979.
Haase, C. (Hg.): Die Stadt des Mittelalters. 3 Bde. Darmstadt ³1978.
Rausch, W.: Die Städte Mitteleuropas im 12. und 13. Jahrhundert. Linz 1983.
Stoob, H.: Forschungen zum Städtewesen in Europa. Bd. 1: Räume, Formen und Schichten der mitteleuropäischen Städte. Köln, Wien 1970.
Schwineköper, B.: Gilden und Zünfte. Kaufmännische und gewerbliche Genossenschaften im frühen und hohen Mittelalter. Sigmaringen 1985.
Töpfer, B. (Hg.): Stadt und Städtebürgertum in der deutschen Geschichte des 13. Jahrhunderts. Berlin 1976.

Das Zeitalter der Christenheit: Einblicke in das Leben der hochmittelalterlichen Christenmenschen.

Frank, I. W.: Kirchengeschichte des Mittelalters. Düsseldorf 1984.
Grundmann, H.: Religiöse Bewegungen im Mittelalter. Darmstadt ²1961.
Hegel, E., u. a. (Hg.): Geschichte des Erzbistums Köln, Bd. I. Köln ²1972.
Jedin, H. (Hg.): Handbuch der Kirchengeschichte, Bd. III. Freiburg u. a. 1966.
Lambert, M. D.: Ketzereien im Mittelalter. Häresien von Bogumil bis Hus. München 1981.
Meinhold, P.: Kirchengeschichte in Schwerpunkten. Köln u. a. 1982.
Mirgeler, A.: Rückblick auf das abendländische Christentum. Mainz 1961.
Runciman, S.: Geschichte der Kreuzzüge. 3 Bde. München 1957.
Schieffer, Th.: Krisenpunkte des Hochmittelalters. Opladen 1976.
Ullmann, W.: Kurze Geschichte des Papsttums im Mittelalter. Berlin 1978.
Wollschläger, H.: Die bewaffneten Wallfahrten gen Jerusalem: Geschichte der Kreuzzüge. Zürich 1973.

Bildende Kunst des hohen Mittelalters

Appuhn, H.: Einführung in die Ikonographie der mittelalterlichen Kunst in Deutschland. Darmstadt 1979.
Budde, R.: Deutsche romanische Skulptur 1050-1250. München 1979.
Buschhausen, H.: Der Verduner Altar. Das Emailwerk des Nikolaus von Verdun im Stift Klosterneuburg. Wien 1980.
Duby, G.: Das Europa der Kathedralen, 1140-1280. Genf 1966.
Dupont, G./Gnudi, C.: Gotische Malerei. Genf 1954.
Franz, H. G.: Spätromanik und Frühgotik. Baden-Baden 1969.
Hoving, Th.: The Secular Spirit: Life and Art at the End of the Middle Ages. New York 1975.
Jantzen, H.: Die Gotik des Abendlandes, Idee und Wandel. Köln 1962.
Legner, A. (Hg.): Die Parler und der Schöne Stil, 1350-1400. Europäische Kunst unter den Luxemburgern. 5 Bde. Köln 1978.
Rothe, E.: Buchmalerei aus zwölf Jahrhunderten. Die schönsten illustrierten Handschriften in den Bibliotheken und Archiven in Mecklenburg, Berlin, Sachsen und Thüringen. Berlin 1966.
Sauerländer, W.: Die Skulpturen des Mittelalters. (= Ullstein Kunstgeschichte, Bd. 11), Frankfurt/M. 1962.
Sauerländer, W.: Gotische Skulptur in Frankreich 1140-1270. München 1970.
Simson, O. v.: Das Mittelalter II. Das hohe Mittelalter. (= Propyläen Kunstgeschichte, Bd. 6), Berlin 1972.
Simson, O. v.: Die gotische Kathedrale. Beiträge zu ihrer Entstehung und Bedeutung. Darmstadt 1972.
Warnke, M.: Bau und Überbau. Soziologie der mittelalterlichen Architektur nach den Schriftquellen. Frankfurt/M. 1976.

Artusdichtung und Minnesang: Die deutsche Literatur im hohen Mittelalter

TEXTAUSGABEN

Hartmann von Aue: Erec. Mittelhochdeutscher Text und Übertragung von Th. Cramer. Frankfurt/M. 1984.
Hartmann von Aue: Iwein. Ubersetzung und Anmerkungen von Th. Cramer. Berlin 1981.
Gottfried von Straßburg: Tristan. 3 Bde. Nach dem Text von Fr. Ranke neu hg., ins Neuhochdeutsche übersetzt, mit einem Stellenkommentar und einem Nachwort von R. Krohn. Stuttgart 1980.
Kühn, D.: Der Parzival des Wolfram von Eschenbach. Frankfurt/M. 1986. (Darin Übersetzung des Parzival und Biographie.)
Das Nibelungenlied. Mittelhochdeutscher Text und Übertragung. 2 Bde. Übersetzt u. mit einem Anhang versehen von Helmut Brackert. Frankfurt/M. ¹¹1984.
Deutsche Lyrik des Mittelalters. Auswahl und Übersetzung von Max Wehrli. Zürich 1984.
Nemt, frouwe disen kranz ... Mittelhochdeutsche Gedichte. Hg., übertragen u. mit einem Nachwort versehen von G. u. U. Pörksen. Frankfurt/M., Berlin, Wien 1982.
Walther von der Vogelweide: Gedichte. Frankfurt/M. ¹⁶1984.
Kühn, D.: Liederbuch für Neidhart. Frankfurt/M. 1983.

SEKUNDÄRLITERATUR

Bumke, J.: Höfische Kultur. 2 Bde. München 1986.
Bumke, J.: Ministerialität und Ritterdichtung. Umrisse der Forschung. München 1976.
DeBoor, H.: Die höfische Literatur. Vorbereitung, Blüte, Ausklang. 1170-1250. In: Geschichte der deutschen Literatur. Von den Anfängen bis zur Gegenwart. Hg. DeBoor/Newald. Bd. 2. München 1979.
Kühn, D.: Herr Neidhart. Frankfurt/M. 1984.
Obermeier, S.: Walther von der Vogelweide. Der Spielmann des Reiches. Biographie. München, Wien 1980.
Wapnewski, P.: Deutsche Literatur des Mittelalters. Ein Abriß von den Anfängen bis zum Ende der Blütezeit. Göttingen 1980.
Wapnewski, P.: Hartmann von Aue. Stuttgart ⁷1979.
Wapnewski, P.: Waz ist minne. Studien zur Mittelhochdeutschen Lyrik. München ²1979.
Weber, G.: Gottfried von Straßburg. Stuttgart ⁵1981.

Denk- und Bewußtseinsformen im hohen Mittelalter

Copleston, F. C.: Geschichte der Philosophie im Mittelalter. München 1976.
Duby, G.: Die drei Ordnungen. Das Weltbild des Feudalismus. Frankfurt/M. 1986.
Fuhrmann, H.: Einladung ins Mittelalter. München 1987.
Gilson, E.: Der Geist der mittelalterlichen Philosophie. Wien 1950.
Grabmann, M.: Die Geschichte der Scholastischen Methode. 2 Bde. Darmstadt 1956.
Gurjewitsch, A. J.: Das Weltbild des mittelalterlichen Menschen. München 1986.
Pieper, J.: »Scholastik«. Gestalten und Probleme der mittelalterlichen Philosophie. München 1960.
Speck, J. (Hg.): Grundprobleme der großen Philosophen. Philosophie des Altertums und des Mittelalters. Göttingen 1972.
Steinen, W. v. d.: Der Kosmos des Mittelalters. Von Karl dem Großen zu Bernhard von Clairvaux. Bern ²1967.
Steinen, W. v. d.: Vom Heiligen Geist des Mittelalters. Anselm von Canterbury, Bernhard von Clairvaux. Darmstadt 1968.
Welzel, H.: Naturrecht und materiale Gerechtigkeit. Göttingen 1980.
Windelband-Heimsoeth: Lehrbuch der Geschichte der Philosophie. Tübingen 1976.

Herausgeber und Verlag danken der **Bayerischen Staatsbibliothek,** München, der **Österreichischen Nationalbibliothek,** Wien, dem **Rheinischen Bildarchiv,** Köln, dem **Westermann Schulbuchverlag** (Karte S. 141) sowie der **Universitätsbibliothek Heidelberg** für erteilte Reproduktionserlaubnis. Für die Wiedergabe von Abbildungen aus der vollständigen und originalgetreuen Faksimile-Edition *Das Stundenbuch des Herzogs von Berry* (1984) geht unser besonderer Dank an den **Faksimile-Verlag Luzern.**